中等职业教育汽车专业技能人才培养规划教材

ZHONGDENG ZHIYE JIAOYU QICHE ZHUANYE JINENG RENCAI PEIYANG GUIHUA JIAOCAI

汽车故障 诊断与排除

U0740773

■ 顾晓庆 主编

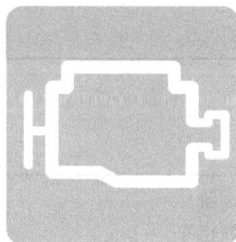

人民邮电出版社

北 京

图书在版编目（CIP）数据

汽车故障诊断与排除 / 顾晓庆主编. -- 北京 ：人
民邮电出版社，2011.9（2024.7重印）
中等职业教育汽车专业技能人才培养规划教材
ISBN 978-7-115-26216-5

Ⅰ. ①汽… Ⅱ. ①顾… Ⅲ. ①汽车－故障诊断－中等
专业学校－教材②汽车－车辆修理－中等专业学校－教材
Ⅳ. ①U472.4

中国版本图书馆CIP数据核字(2011)第189868号

内 容 提 要

　　本书是中等职业学校汽车运用与维修专业的一门主要专业课程的教材，以汽车所有专业课为前提，介绍汽车故障诊断的思路、流程，汽车故障诊断的手段、方法，典型汽车故障综合诊断分析等相关知识。全书共4个模块，主要内容包括绪论、汽车故障诊断基础知识、汽车故障诊断测试方法、汽车维修资料和电路图使用以及汽车故障诊断与排除案例。通过理论实践一体化的教学，使学生掌握汽车故障诊断的基本思路和流程，熟练掌握汽车故障诊断的具体手段和方法，能够比较熟练地运用检测诊断设备对汽车进行不解体的故障诊断，对典型汽车故障进行综合诊断分析；使学生能够将前面所学的专业知识融会贯通，为学生毕业后从事汽车故障诊断工作打下必备基础。

　　本书可作为中等职业学校汽车运用与维修专业的教材，也可供汽车修理厂、汽车运输部门的工人和技术人员参考。

◆ 主　　编　顾晓庆
　　责任编辑　刘盛平

◆ 人民邮电出版社出版发行　　北京市丰台区成寿寺路 11 号
　　邮编　100164　电子邮件　315@ptpress.com.cn
　　网址　http://www.ptpress.com.cn
　　北京七彩京通数码快印有限公司印刷

◆ 开本：787×1092　1/16
　　印张：13.75　　　　　　　2011 年 9 月第 1 版
　　字数：354 千字　　　　　　2024 年 7 月北京第 20 次印刷

ISBN 978-7-115-26216-5

定价：26.00 元

读者服务热线：(010)81055256　印装质量热线：(010)81055316
反盗版热线：(010)81055315
广告经营许可证：京东市监广登字20170147号

汽车故障诊断技术是以汽车及内燃机结构原理、计算机控制技术以及汽车运用性能为分析依据，以现代汽车检测技术为测试手段的综合技术，从汽车故障症状出发，通过正确的诊断流程，最终达到发现故障原因并排除故障的过程。

过去传统的汽车故障诊断排除使用设备比较少，往往是以汽车故障的表征现象作为切入点，随之而来的是维修人员的技术体现（形容为经验更为贴切），直接检查所怀疑的故障点，验证怀疑的零部件，通过调整、修复或更换等维修手法来排除故障，缺少了分析判断和推理假设的环节，淡化了流程设计和测试确认的重要环节（不否定经验操作）。

现代汽车是大量现代新技术的综合体现，特别是计算机控制技术在汽车上的广泛应用，使汽车各个系统成为机、电、液、热、光一体化综合控制系统。传统的汽车故障诊断只有人对车的单向沟通特征，现代汽车计算机控制系统中加入了自诊断功能，可以直接从自诊断结果入手，具有人车互动的特征，使得当今的汽车故障诊断技术有症状分析和自诊断分析两个切入点，彰显了汽车诊断测试技术的提高和汽车诊断分析方法改进的重要性，做到了维修技能和教学过程的工艺化、规范化。

本课程参考教学时数为 120 学时，各课题的参考教学课时见以下的课时分配表。

模　　块	课　程　内　容	课 时 分 配	
		讲　授	实 践 训 练
绪论	课题　汽车故障诊断的基本内容	2	
模块一 汽车故障诊断基础知识	课题一　汽车故障基本概念	1	
	课题二　汽车故障产生原因	1	2
	课题三　汽车故障诊断原理	2	2
模块二 汽车故障诊断测试方法	课题一　数字万用表	1	4
	课题二　汽车故障诊断仪器	1	6
	课题三　汽车尾气分析仪器	2	2
	课题四　燃油压力表、真空表	2	6
模块三 汽车维修资料和电路图使用	课题一　汽车电路图的表达方法	2	
	课题二　大众车系电路识读	2	2
	课题三　丰田车系电路识读	2	2

续表

模　　块	课 程 内 容	课 时 分 配	
		讲　　授	实 践 训 练
模块四 汽车故障诊断与排除案例	课题一　车辆诊断维修前期准备和后期整理工作	2	4
	课题二　有故障代码故障的诊断与排除案例	2	12
	课题三　无故障代码故障的诊断与排除案例	2	6
	课题四　发动机无法起动着车故障诊断与排除案例	2	6
	课题五　电子控制单元电源电路故障诊断与排除案例	2	6
	课题六　照明系统故障诊断与排除案例	2	6
	课题七　安全舒适性系统故障诊断与排除案例	2	6
	课题八　自动空调系统故障诊断与排除案例	2	6
	课题九　车载网络系统故障诊断与排除案例	2	6
课时总计		36	84

本书由苏州建设交通高等职业技术学校顾晓庆任主编，并编写模块四，邱斌编写模块一及模块二中的课题四，徐兴振编写模块二中的课题一至课题三，花建新编写模块三。

由于编者水平有限，书中难免存在错误和不妥之处，恳切希望广大读者批评指正。

编者
2011 年 7 月

目录

CONTENTS

绪论 ·· 1

  课题 汽车故障诊断的基本内容 ·········· 1

模块一 汽车故障诊断基础知识 ·········· 8

  课题一 汽车故障基本概念 ·················· 8
  课题二 汽车故障产生原因 ·················· 10
  课题三 汽车故障诊断原理 ·················· 17
  模块总结 ······································· 26
  思考与练习 ····································· 26

模块二 汽车故障诊断测试方法 ·········· 27

  课题一 数字万用表 ························· 28
  课题二 汽车故障诊断仪器 ·················· 34
  课题三 汽车尾气分析仪器 ·················· 52
  课题四 燃油压力表、真空表 ·············· 59
  模块总结 ······································· 67
  思考与练习 ····································· 67

模块三 汽车维修资料和电路图使用 ·········· 70

  课题一 汽车电路图的表达方法 ·········· 70
  课题二 大众车系电路识读 ·················· 73
  课题三 丰田车系电路识读 ·················· 82

  模块总结 ······································· 99
  思考与练习 ····································· 99

模块四 汽车故障诊断与排除案例 ·········· 101

  课题一 车辆诊断维修前期准备和
      后期整理工作 ·················· 102
  课题二 有故障代码故障的诊断与
      排除案例 ······················ 112
  课题三 无故障代码故障的诊断与
      排除案例 ······················ 139
  课题四 发动机无法起动着车故障
      诊断与排除案例 ·············· 146
  课题五 电子控制单元电源电路故障
      诊断与排除案例 ·············· 154
  课题六 照明系统故障诊断与排除
      案例 ···························· 165
  课题七 安全舒适性系统故障诊断与
      排除案例 ······················ 174
  课题八 自动空调系统故障诊断与
      排除案例 ······················ 183
  课题九 车载网络系统故障诊断与
      排除案例 ······················ 197
  模块总结 ······································· 210
  思考与练习 ····································· 211

参考文献 ·· 214

绪论

随着科学技术的日益进步，汽车已经成为高新技术的载体，现代汽车已成为机、电、液、热、光一体化产品，其结构越来越复杂，故障诊断难度越来越大；另外，汽车维修方式也已从传统的以零件修复为主转向以零部件和总成更换为主。因此，快速、准确、有效的诊断是保证汽车运行安全，提高经济性，减少排放和噪声，提高维修效率，降低维修成本，并延长汽车使用寿命的前提。

知识目标

◎ 了解汽车故障诊断技术的概念
◎ 熟悉汽车故障诊断的基本流程，了解每个流程的作用
◎ 掌握汽车故障诊断中问询试车的要求及内容
◎ 掌握汽车故障诊断的步骤

课题一　汽车故障诊断的基本内容

一、汽车故障诊断技术概念

汽车故障诊断是在汽车不解体（或仅拆卸个别小件）的条件下，为确定汽车技术状况或查明故障部位及原因而进行的检测、分析与判断。

汽车诊断工作中常涉及以下术语。

（1）汽车技术状况：定量测得的表征某一时刻汽车外观和性能参数的总和。

（2）汽车故障：汽车部分或完全丧失工作能力的现象。

（3）故障率：使用到某种程度的汽车，在该行程之后单位行程内发生故障的概率。

（4）故障树：表示故障因果关系的分析图。

（5）诊断参数：供诊断用的，表征汽车、总成及机构技术状况的参数。

（6）诊断标准：对汽车诊断的方法、技术要求和限制等的统一规定。

（7）诊断规范：对汽车诊断作业技术要求的规定。

（8）诊断周期：汽车诊断的间隔期。

（9）汽车检测：确定汽车技术状况或工作能力的检查。

（10）汽车故障现象：汽车故障的具体表现。

二、汽车故障诊断与排除基本流程

1. 汽车故障诊断的基本思路

汽车故障诊断的基本思路是从问诊入手了解症状，经过试车验证症状，通过分析弄清原理，再推理假设出可能的原因，最后经过测试验证故障点是否成立的全过程，如图 0.1 所示。

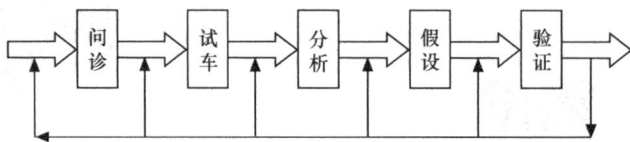

图 0.1　汽车故障诊断基本思路

当验证的环节证明假设的故障点不成立时，应该返回到前一个环节提出新的假设，然后再去验证。当提不出新的假设时，就要再向前一个环节进行重新分析，如果重新分析还得不到更新的假设，就要再向前一个环节，应更加仔细地试车发现新的特征，必要时还可以进一步重复问诊过程以了解更多的信息，重新提出新的假设并加以验证，直至发现真正的故障点为止，这就是汽车故障诊断的基本思路。

2．汽车故障诊断的基本流程

汽车故障诊断的基本流程是根据基本思路而来的，但比基本思路的内容更加详细，增加了诊断流程设计和修复后的验证环节，使之成为完备的汽车故障诊断基本流程。基本流程是汽车故障诊断中最基础的诊断过程，是对诊断内容的概述和总结，汽车故障诊断基本内容包括从故障症状出发，通过问诊试车（验证故障症状）、分析研究（分析结构原理）、推理假设（推出可能原因）、流程设计（提出诊断步骤）、测试确认（测试确认故障点）、修复验证（排除故障后验证），最后达到发现故障最终原因的目的，如图 0.2 所示。

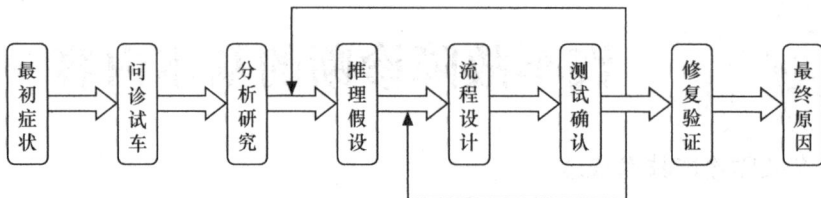

图 0.2　汽车故障诊断基本流程

（1）最初症状。最初症状是故障诊断的出发点，它包括可感觉到的性能和功能发生改变的症状，可察觉到的外观和状态发生改变的症状以及可检测到的参数和指标发生改变的症状。对于汽车性能、功能和外观变化导致的症状，在确认故障症状时相对简单，但对于因车辆状态发生变化，或者参数和指标发生改变导致的故障现象，我们需要以各种诊断工具、相关维修手册以及长期的经验总结作为基础，达到准确把握汽车症状的效果。

对故障症状的确认，首先应该要力求达到描述术语的一致性，这里包含从车主的描述到维修技术人员之间描述的一致性，避免同一故障症状的歧义性描述，要逐渐形成规范化的定性描述语言文字，同时还应该向着标准化定量描述参数图形的方向发展。例如，怠速游车、怠速抖动、怠速不稳、怠速波动、怠速喘振、怠速上下变化等怠速状况描述的多重化语言，带来了对怠速转速状态描述的不规范和不准确，这就给故障诊断分析时的记录与交流带来很多的不确定性，因此，怠速转速变化的描述应该从参数化入手，即引入转速最大值、最小值、变化频率等参数来定量描述，并且应该向测试图形化方向发展，从波形的形状、幅值、斜率、信号分析等多种途径出发更加细致地研究怠速转速的变化规律。

（2）问诊试车。问诊是通过对车主的询问了解汽车故障症状的过程，试车则是对汽车故障症状的实际验证，进一步确认故障症状的过程。

问诊不仅要达到全面了解故障症状的目的，更重要的是要把握故障症状发生时的前因后果，包括车主及汽车的基本情况、故障发生的时间、地点、曾经维修保养的情况等。问诊的详细与完备程度直接影响到故障分析和诊断的准确性，问诊是维修技术人员了解故障发生情况的第一个环节，是维修人员与车主沟通的起点，也是维修人员间接掌握故障发生特征的最好途径，汽车发动机故障诊断问诊表如表0.1所示。

表0.1　　　　　　　　　　　　　发动机故障诊断问诊表

客户姓名		登记号	
车型		登记日期	/ /
控制系统类型		车身代号	
接车日期	/ /	里程表读数	km
	故障发生日期		
	故障发生频次	□经常 □有时 □仅一次 □其他	
使用情况	经常运行环境	□城市道路 □乡间道路 □高速公路 □其他	
	经常行驶速度	□低速行驶 □高速行驶 □城市走走停停 □其他	
	经常使用的挡位	□1挡 □2挡 □3挡 □4挡 □5挡	
	经常使用的燃料	□严格按照车辆要求燃料标号 □使用较低标号燃料 □经常使用乙醇汽油 □偶尔添加乙醇汽油	
维护和维修情况	上次维护时间		
	调整过哪些部件		
	拆装过哪些部件		
	加装过哪些部件		
	是否使用添加剂	□是 □否 什么样的添加剂	
	曾经发生过什么故障		
	更换过哪些部件		
	最近是否维修过	□是 □否 因什么故障维修	
	修后故障症状是否消失	□是 □否	
	维修后是否又产生其他异常现象	□是 □否 产生的新故障现象	
故障发生的条件	天气	□晴天 □阴天 □雨天 □雪天 □其他	
	气温	□炎热天 □热天 □冷天	
	地点	□高速公路 □一般公路 □市内 □上坡 □下坡 □粗糙路面 □其他	
	发动机水温	□冷机 □暖机时 □暖机后 □任何温度	
	发动机工况	□起动 □起动后 □怠速 □中小负荷 □大负荷 □行驶（□匀速 □加速 □减速） □其他	
	故障出现的频率	□间歇发生 □偶然发生 □一直存在 □有规律性	
	转速或车速	□发动机怠速运转 □发动机中速运转 □发动机高速运转 □所有转速下 □车辆低速行驶 □车辆中速行驶 □车辆高速行驶 □与发动机转速和车速无关	
	其他		

续表

	故障指示灯状态	□常亮 □有时亮 □不亮 □闪亮
发动机故障现象	□不能起动	□发动机不能转动 □无起动征兆 □有起动征兆 □起动后熄灭
	□起动困难	□冷车起动困难 □热车起动困难 □起动时转速发动机转速低
	□怠速不良	□游车（怠速不稳） □怠速高 □怠速低 □怠速抖 □发动机负荷增加时怠速抖动
	□动力不足	□加速迟缓 □回火 □放炮 □喘振 □敲缸 □其他
	□熄火	□起动后立即熄火 □踩加速踏板后熄火 □松加速踏板后熄火 □空调工作时熄火 □挂挡时熄火 □其他
	□其他	

试车的目的在于再现车主所述的故障症状，以验证故障症状的真实性，同时试验故障症状再现时的特征、时间、地点、环境、条件、工况等客观状态。完整的试车应该包括汽车各种性能的试验过程，即从发动机冷起动、冷机高怠速、暖机到热机怠速、加速、急加速全过程的运行状况，以及仪表指示情况，还应该包括汽车起步、换挡、加速、减速、制动、转向等过程的行驶试验，检查汽车的动力性能、制动性能、行驶性能、行驶稳定性、操纵可靠性、振动摆动异响等状况，感受驾驶和操纵过程的各种反映，以便检查是否有车主未感受到的汽车故障症状存在，消除汽车行驶中的各种隐患，保证车主行车的安全性要求。

（3）分析研究。分析研究是在问诊试车后根据故障症状，对汽车结构和原理进行的深入研究分析，目的在于分析故障生成的机理、故障产生的条件和特点，为下一步推出故障原因做准备。分析研究首先要收集汽车故障部位的结构原理资料，了解汽车正常运行的条件和规律，并且与故障状态进行对比分析。分析研究的基础材料是车辆结构与原理方面的知识，以及相关汽车维修手册、技术参数表、技术信息通报等重要信息。所以当接触一款陌生车型时，首先需要了解该车的技术特点，通过厂方提供的维修资料熟悉车辆机械系统的机构、线路布置的特点、元器件的原理及安装位置、车辆的标准参数、系统控制特点等内容。

（4）推理假设。在分析研究汽车故障部位的结构原理、查找对比汽车技术资料后，根据逻辑分析和经验判断，接下来就应该做出对故障可能原因的推理假设。推理假设是对故障原因的初步判断，这个初步判断是基于理论和实践两个方向的，理论上是根据机构原理或控制原理知识，加上故障症状的表现，再从逻辑分析出发推出导致故障症状发生的可能原因，这个推导从原理上是能够成立的逻辑推理，这是基于理论的逻辑推理。实践上是根据以往故障诊断的经验，对相同或相似结构的类似故障作出的可能故障原因的经验推断，这个推断有类比判断的性质，这就是基于实践的经验推断。

推理假设的过程是从大方向上寻找故障原因的过程，这个过程探究的是故障的基本机理和基本方向，因此，采用因果分析法的主干、支干图能够有助于故障分析过程的逻辑判断。例如，发动机混合气过浓的故障现象，其逻辑主干为"混合气过浓"，造成这种故障的机理主要包括喷油过多和进的空气偏少两个枝干，通过层层分析，可以确定故障的基本方向，如图0.3所示。

对于一个优秀的汽车故障诊断技术人员来说，汽车各种典型故障的症状现象与故障机理之间的因果关系应该了如指掌。对于初次接触到汽车新结构、新技术故障的症状现象与故障机理之间的逻辑关系虽然不是十分清楚，但通过对结构组成和工作原理的学习了解，应该能够很快地形成对故障症状与故障机理之间逻辑关系的认识，提出新的推理假设方向，并形成因果关系图。

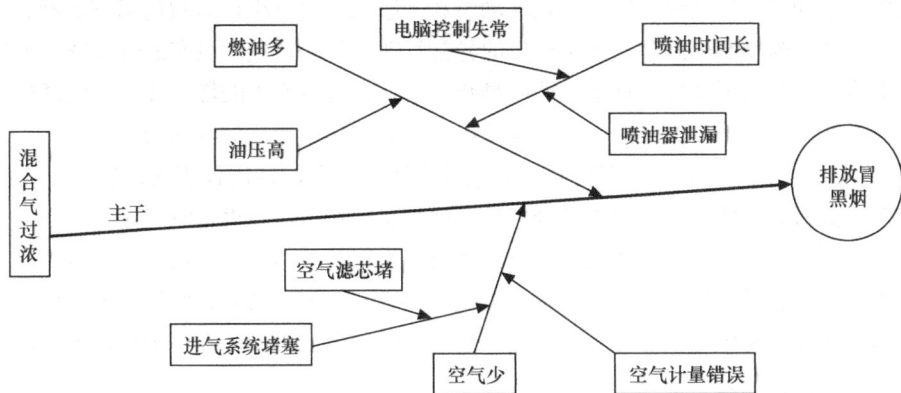

图 0.3　故障推理假设

（5）流程设计。流程设计是在推理假设环节之后，根据假设的可能故障原因，设计出实际应用的故障诊断流程图的过程。汽车故障诊断流程图的设计是汽车维修技术人员必须掌握的汽车故障诊断工艺设计技术，它是汽车维修工作中技术层面最高的技术工作，在汽车维修过程中具有十分重要的地位和意义，我们将在后面的学习过程中重点介绍汽车故障诊断流程图的设计。

（6）测试确认。测试确认是在故障诊断流程设计后，按照流程设计的步骤通过测试的手段逐一测试确认中间事件或底端事件是否成立的过程。测试确认过程是从最高一层的中间事件逐一到最低一层的中间事件，然后再到底端事件，直至确认故障点部位的全过程。

测试确认是在不解体或只拆卸少数零部件的前提下完成对汽车整体性能、系统或总成性能、机电装置性能、管线路状态以及零部件性能的测试过程，它包含检测、试验和确认 3 部分。检测主要指通过人工直观察看和设备仪器分析进行的检查和测量来完成的技术诊察过程。确认主要指通过诊断流程的逻辑分析，对检测和试验的结果做出判断，最后确认故障发生的部位。

检测即检查与测量，主要指基本检查和设备仪器测量两个方面。基本检查包括人工直观检查和仪表仪器检查两个部分。

① 人工直观检查。人工直观检查主要是通过人的感官功能对汽车各个部分的外观、声响、振动、温度、状态和气味进行的直接观察，它包括看、听、摸和闻 4 个部分。

看：主要通过眼睛的视觉或借助放大镜、内窥镜等对汽车各个部位的观察，发现比较明显的异常现象。例如，故障灯的指示情况，各部分的液体是否渗漏，液体流动是否正常，各部件运动是否正常，连接部件是否松脱、裂纹、变形、断裂等现象，线路有无破损折断，导线连接器是否松脱，各操纵杆、拉线、拉杆调整是否正常得当，进气管和气缸内及排气门处有无结焦，发动机的排气颜色是否正常，各种液体的颜色、轮胎气压是否正常，轮胎磨损状况，车架、车桥、车身及各总成外壳、护板等有无明显变形，相关部位有无刮蹭痕迹等。

听：主要通过耳朵的听觉或借助听诊器对汽车各个部分发出的声响进行监听，发现比较清晰的异响现象，例如，机械传动部分的轴承、齿轮异响，皮带打滑声，发动机各种异响，进、排气系统的异响，高压跳火的漏电声，气流异常声响，车身、车轮在行驶中的异响等。

摸：主要通过手的触觉或借助温度计感觉或测量汽车各总成的运行温度，例如，发动机冷却液温度、机油温度、排气温度等；各个电器元件，如点火线圈、电动机的外壳温度，线路外皮和电路接头以及熔断器、继电器等温度。用手感觉各种液体的质感、黏度。拉动各个机械零接部件感觉其间隙和松动量，转动旋转装置感觉转动量和平顺性，感觉机械装置的运行振动状况等。

闻：主要通过嗅觉感知汽车各部位产生的异常气味，例如，发动机有燃烧异味、各种油液的焦糊味，离合器、制动器摩擦片打滑时的糊臭味，皮带打滑后产生的烧焦味，导线过热发出的胶皮味，橡胶及塑料件过热后发生的异味，车厢内汽油味和排放废气的异味等。

② 仪表与设备仪器检测。仪表检测主要指采用比较简单的常用仪表对汽车各个系统进行的基本检测项目的检查。例如，发动机部分包括发动机怠速转速、点火正时、进气真空度、蓄电池电压、排气背压、气缸压力、燃油压力、机油压力、水箱盖工作压力；底盘部分包括自动变速器主油压、失速油压和发动机失速转速、各个总成油温、制动盘（鼓）温度等；电器部分包括发电机输出电压与电流、蓄电池电压与充电电流、起动机起动电压电流、各种用电设备的电压电流、空调系统温度与高低压力、漏电电流等。

设备仪器检测主要是通过设备仪器测量参数和图形及诊断结果显示来反映汽车各个部分的技术状况，它包括整车性能测量、总成性能测量、系统性能测量、机械参数测量、电器参数测量、电脑控制系统测量6部分，这6个部分测量所使用的设备仪器如下。

（a）整车性能测量。制动减速度测试仪、声级仪、耗油计、车速表试验台、侧滑检测台、轴重计、轴距仪。

（b）总成性能测量。发动机综合分析仪、汽车尾气分析仪、柴油机烟度计、汽油机转速表、柴油机转速表、底盘测功机、悬架振动检验台、车轮定位仪、车轮动平衡机、车轮转角仪、转向盘转角及转向力测试仪、电器试验台、灯光检测仪。

（c）系统性能测量。燃油压力表、燃油箱盖测试仪、汽油机气缸压力表、气缸漏气率测试仪、曲轴箱窜气率测试仪、进气真空表、手动真空泵、进气压力表、排气背压表、机油压力表、润滑油质量检测仪、冷却系统压力测试仪、汽油机点火正时灯、示波器、火花塞清洗测试仪、喷油器清洗测试仪、柴油机气缸压力表、电源系统及起动系统测试仪、密度计、蓄电池测试仪、荧光测漏仪、温度计、湿度计、空调系统压力表、电子测漏仪、红外测温仪、自动变速器压力表、制动压力表、转向助力压力表、轮胎压力表、轮胎胎纹深度检测仪。

（d）机械参数测量。钢直尺、厚薄规、游标卡尺、百分表、外径千分尺、前束尺、皮带张紧力测试仪、火花塞间隙规、拉力计。

（e）电器参数测量。万用表、示波器、模拟与逻辑信号记录仪、电路元件测试表、直流电流钳。

（f）电脑控制系统测量。汽车故障电脑诊断仪、汽车防盗系统解码仪、汽车 CAN-BUS 局域网分析仪。

（7）修复验证。修复验证是在测试确认最小故障点发生部位后，对故障点进行的修复以及对修复后的结果所进行的验证。修复后进行的验证应该达到车辆要求的技术参数和性能。

（8）最终原因。在经过对前面环节中找到的最小故障点进行修复验证后，故障现象可能被消除，但是这时不能认为故障诊断工作到此可以结束，因为导致这个最小故障点发生故障的最终原因还没有被认定，如果不再次继续追究下去，就此结束修理，让汽车出厂继续行驶，很可能导致故障现象再次产生。对故障点的最终原因进行分析，找到其产生的内部原因和外部原因，彻底消除故障发生的根本原因，杜绝故障再次发生的可能性，是汽车故障诊断基本流程最后一个环节的重要内容，同时也是提高技术人员技术水平的重要途径。

3．障诊断步骤

在整个汽车故障诊断流程中，技术人员除了利用问诊、试车的手段作为发现故障的切入点外，同时还在试车的过程中运用各种诊断仪器读取车辆的相关信息，如故障码和数据流。按有无故障码我们将诊断路径分为故障码诊断分析法和症状诊断分析法，故障码诊断分析法通常按照维修手册给出的故障码诊断流程图表来分析故障。症状诊断分析法根据维修手册有无提供症状诊断流程图表，分为按照维修手册提供的症状诊断图表分析故障和自行设计诊断流程图分析故障两条途径。故障诊断基本路径的示意图如图 0.4 所示。

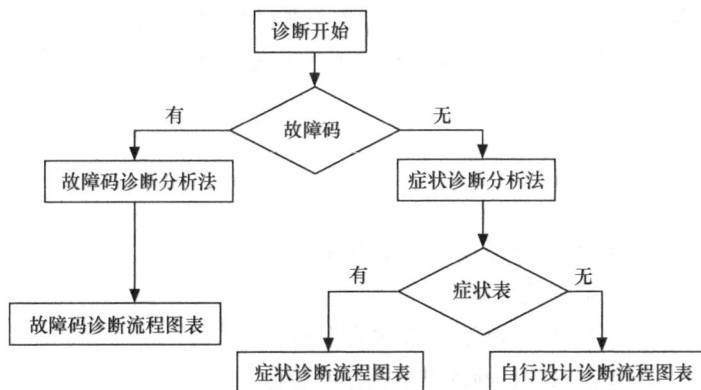

图 0.4　故障诊断基本路径示意图

故障诊断的基本步骤是汽车故障诊断过程实施循序的工艺指导，是完整的汽车故障诊断工艺过程的具体步骤。在这个基本步骤中，问诊试车的具体方法、故障流程的设计方法和测试确认的实施方法是最重要的难点。即使是采用维修手册中提供的故障码诊断流程图表或症状诊断流程图表，也无法做到测试确认的完备性，有些维修手册给出症状诊断表没有提供诊断流程，只给出了可能的原因，要找到故障点还必须在使用中自己确定测试方法和试验方法。即使是给出了诊断流程的故障码诊断流程表或症状诊断流程表，也不能完全保证按照流程查找就一定能够发现故障点，这样就必须学会自己设计出详细的诊断流程，并确定测试方法和试验方法。

在汽车故障诊断中，除了运用所学知识及维修手册诊断故障外，随着诊断技术的不断发展，我们可以利用的诊断手段也越来越丰富，通过技术人员熟练地使用诊断设备，能够更快的分析出故障部位和故障原因。这些诊断设备的使用，我们将在后面的模块中详细介绍。

在汽车运行过程中，由于汽车本身缺陷、外界运用条件等多种因素的影响，汽车技术状况不断发生变化。随着汽车行驶里程的增加，故障率将增大。汽车诊断的目的是为了确定汽车技术状况，查找故障或者异常，并在此基础上，通过及时维护和修理，确保汽车安全、经济、可靠地工作。因此，汽车诊断的基础之一是对引起汽车技术状况变化及其故障的主要原因有所了解，并掌握科学的诊断分析方法。

知识目标

◎ 掌握汽车故障的定义
◎ 掌握汽车故障的分类及定义
◎ 了解机械故障产生的原因
◎ 熟悉电控故障产生的原因及种类
◎ 掌握故障诊断的方法及诊断流程

能力目标

◎ 掌握继电器的工作原理及检测方法
◎ 掌握保险丝的作用及检测方法
◎ 根据故障现象设计故障树及流程图

课题一 汽车故障基本概念

【基础知识】

一、汽车故障

产品分为可修复产品和不可修复产品两大类。不可修复产品是指产品发生故障以后不进行维修而直接报废的产品，其中有的产品是技术上不便进行维修，一旦发生故障只能报废；有的产品是技术上可维修，但维修不经济；还有一些产品是本身属一次性使用产品，不存在维修问题。可修复产品是指产品发生故障后通过维修恢复其规定功能的产品。

通常不可修复产品不能完成规定功能时称为失效。可修复产品不能执行规定功能的状态称为故障。

汽车故障是指汽车部分（或完全）丧失工作能力或性能降低的现象，它包括汽车不能行驶、功能不正常和个别性能指标超出规定的技术要求。例如，发动机轴瓦烧损和拉缸属于功能立即丧失的破坏性故障，而汽车制动距离超标则属于性能降低的故障。

想一想　汽车当中还有哪些是属于破坏性故障和性能降低故障?

二、汽车故障的分类

根据分类目的不同，汽车故障的分类方法多种多样，常见的故障分类方法如下。

1. 按故障发生的性质分为自然故障和人为故障

自然故障是指汽车在使用期内，由于受到外部、内部不可抗拒的自然因素的影响而产生的故障。例如，在汽车的使用过程中零件的自然磨损；在长期交变载荷下零件的疲劳损坏；在外载荷及温度残余应力作用下零件产生的变形；此外，非金属零件的电器元件会产生老化失效等，这些原因造成的故障都属于自然故障。

人为故障是指由于人为不慎而造成的故障。例如，汽车在制造和维修过程中使用了不合格的配件；违反了装配技术条件；使用过程中没有遵守使用条件以及未按技术规程进行操作等都属于人为故障。

2. 按故障发生的速度分为突发性故障和渐进性故障

突发性故障是指零件在损坏前没有可以察觉到的征兆，零件损坏是瞬时出现的。这是由于各种不利因素以及偶然的外界影响共同作用的结果。这种作用已经超出了产品所能够承受的限度。例如，汽车运行时由于遇到意外障碍物而引起的超载造成零部件的损坏；轮胎被地面尖锐物刺破；导线松脱以及驾驶员操作失误引起的事故性损坏故障。故障发生的特点具有偶然性，一般不受运转时间的影响，无法进行监控，因而这种故障是难以预测的。但这种故障容易排出，因此，通常不影响汽车的使用寿命。

渐进性故障是指由于汽车某些零件的初始参数逐渐恶化，其参数超出允许范围而引起的故障。例如，发动机的汽缸—活塞，由于磨损使配合间隙超过了允许范围，导致润滑油消耗量增加、曲轴箱窜气量增加；火花塞长时间使用以后因电蚀原因导致间隙过大，点火性能下降。这些故障的特点是故障发生的概率与使用时间有关，它只是在汽车有效寿命的后期才明显表现出来。渐进性故障的发生标志着产品寿命的终结，其程度是由弱到强逐渐形成，具有渐强性和必然性。由于这种故障是逐渐发展的，所以是可以进行预测的。通过诊断和检测仪器进行测试或监控，能预测故障的发生时间。

3. 按故障表现的稳定程度分为持续性故障和间歇性故障

持续性故障一旦发生，其出现规律明显，症状表现稳定，俗称"硬故障"。引起这类故障的故障部位技术状态稳定，可以方便地对诊断参数进行示波方式采集，获取故障诊断参数比较容易。例如，发动机出现缺缸现象、发动机怠速高等。

间歇性故障具有突发性，时有时无，且无明显规律，俗称"软故障"。其原因是引起这类故障的故障部位的技术状况发生不规则变化，故障原因不稳定。这样的故障在诊断时需要造成故障发生时的工况条件和环境，故障诊断参数的获取比较困难。例如，发动机抖动时有时无、发动机异响时隐时现等。

4. 按故障表现特征分为功能性故障、警示性故障以及隐蔽性故障

功能性故障是指具有明显的可感觉到的使用性能发生变化的故障。如起动困难、加速不良、行驶跑偏等。

警示性故障是指具有明显的可察觉到的外观状况发生变化的故障。如排气冒黑烟、故障灯点亮等。

因为功能性故障和警示性故障是可以感觉或察觉到的故障，所以也统称为可见故障。

隐蔽性故障是指故障发生后无法察觉到故障现象的故障。这种故障通常要通过检测才能够发现，因此也称之为检测性故障。另外，渐进性故障在发展初期尚未对功能产生影响时也属于隐蔽性故障，也称之为潜在性故障。

> **提示**　汽车故障的分类繁多，很多时候一个故障症状可以同时属于多个分类内容，例如，因为制动摩擦片过度磨损导致制动性能降低，既属于自然故障，同时还属于渐进性故障、持续性故障和功能性故障。

课题二　汽车故障产生原因

汽车故障形成的内因是零件或元器件失效，外因是运行条件。汽车运行过程中，汽车的零部件之间，工作介质、燃油及燃烧产物与相应零部件之间，均存在相互作用，从而引起零部件受力、发热、变形、磨损、腐蚀等，使汽车在整个使用寿命期内，故障率由低到高，技术状况由好变坏。同时由于电子控制技术在汽车上的广泛应用，各元器件及线路在长期的使用过程中同样会出现损坏，因而元器件失效也是导致汽车故障的重要因素。汽车运行条件（如道路、气候、车速、载荷等）的改变会导致汽车故障形成规律发生变化，但产生的机理和类型依然是以汽车零件或元器件的失效为主。

一、金属零件的失效

汽车金属零件失效的主要表现为磨损、断裂、变形和蚀损。

1. 磨损

磨损是指汽车零件摩擦表面的金属在相对运动过程中不断损失的现象。磨损的发生将造成汽车零件尺寸、形状精度降低，表面配合性质发生变化，使零件的工作性能逐渐降低，是产生各种故障的主要原因之一。按磨损机理的不同，磨损可分为磨料磨损、粘着磨损、疲劳磨损和腐蚀磨损等。

（1）磨料磨损。磨料磨损是指摩擦表面与硬质颗粒或硬质凸出物摩擦引起的磨损。这种硬质颗粒或硬质凸出物就是磨料。汽车各摩擦副之间的磨料主要来自外界空气中的尘土、油料中的杂质、零件表面的磨屑及燃烧积碳。因此，避免油料（燃油、润滑油）污染，保持"三滤"（空气滤清器、机油滤清器、燃油滤清器）技术状况良好，可大大减轻磨料磨损。

易于发生磨料磨损的部位主要有气缸壁、曲轴颈、凸轮轴凸缘表面和气门挺杆等。

> **提示**　摩擦副是指相接触的两个物体产生摩擦而组成的一个摩擦体系。

（2）粘着磨损。粘着磨损是指摩擦表面间接触点发生粘着现象，使一个零件表面的金属转移到另一个零件表面所引起的磨损。所谓粘着就是两个摩擦表面接触点金属熔化、原子互相扩散、化合以及再结晶的过程。摩擦副运动进程中，局部接触点油膜或氧化膜被破坏，在摩擦高温下发生粘着，在随后的运动中又撕裂，如此粘着—撕裂—再粘着—再撕裂反复进行就形成粘着磨损。

粘着磨损易发生在承受载荷大、滑动速度高、润滑条件差的摩擦表面。此时，摩擦副产生大量热，使表面温度升高并形成局部热点，塑性变形增大，材料强度降低。这又使得摩擦副间的润滑油膜遭到破坏，进一步加剧了摩擦过程，表面温度进一步上升，如此逐渐恶化，最终形成局部热点间的"点焊"现象。"点焊"部位由于相互运动再被撕开，从而形成表面物质的撕脱和从一个摩擦表面到另一个摩擦表面的转移。

粘着磨损是破坏性极强的磨损，粘着磨损一旦发生，便能在很短的时间内对零件表面造成严重损坏，从而使相应机构的功能立即丧失。在汽车零件中，产生粘着磨损的典型事例是"拉缸"和"烧瓦"。汽车主减速器缺少润滑油时，其锥齿轮也很容易产生粘着磨损。

在汽车使用过程中，应注意避免粘着磨损的发生。粘着磨损的产生除与零件材料的塑性和配合表面的粗糙度有关外，还与工作条件（如工作温度、压力、摩擦速度）和润滑条件有关，因此，在汽车工作过程中，要设法改善上述条件特别是润滑条件，防止粘着磨损的发生。

> ◆ 点焊是焊件在接头处、接触面的个别点上被焊接起来的过程。
> ◆ 拉缸是指气缸内壁被拉成很深的沟纹，活塞、活塞环与气缸壁摩擦副丧失密封性，从而导致气缸压缩压力降低，动力性丧失；可燃混合气下窜使曲轴箱压力增大；排气管冒烟严重；发动机噪声异常；发动机不能正常工作甚至熄火。
> ◆ 烧瓦主要是由于轴颈与轴瓦之间润滑不足或间隙过小而造成的。烧瓦后，轴颈表面会出现严重的擦伤划痕，并氧化烧成蓝色。

（3）疲劳磨损。疲劳磨损是指在摩擦表面间接触应力反复作用下，因表面材料疲劳而产生物质损失的现象。

在交变载荷作用下，摩擦表面产生塑性变形和裂纹并逐渐积累、扩散，润滑油渗入裂纹，而在交变压力下产生的楔入作用进一步加剧了裂纹形成过程，使之加深、扩散，从而导致表面材料剥落。

汽车上的齿轮、滚动轴承、凸轮等，在经过一定使用时间后，摩擦面所产生的麻点或凹坑均是表面磨损的典型例子。

（4）腐蚀磨损。腐蚀磨损是指在腐蚀和摩擦共同作用下导致零件表面物质损失的现象。

在腐蚀介质作用下，零件表面产生腐蚀产物。由于摩擦的存在，腐蚀产物被抹掉，腐蚀介质又接触到未被腐蚀的金属，再次产生新的腐蚀产物，使腐蚀向深处发展。腐蚀产物的不断生成和磨去，使摩擦表面产生了物质损失，如曲轴轴颈、气缸、活塞销、齿轮啮合表面都会产生腐蚀（层剥落）磨损。

2．变形

汽车零件在长期工作中，由于受到外载荷、工作温度和残余应力的不断作用与影响，使零件的尺寸或形状发生改变的现象，称为零件的变形。变形分为弹性变形和塑性变形。弹性变形是指外力去除后能完全恢复的变形。塑性变形是指外力去除后不能恢复的变形。在汽车的使用过程中，常会因为零部件的塑性变形而导致参数改变。

> ◆ 材料发生形变时内部产生了大小相等、方向相反的反作用力抵抗外力，把分布内力在一点的集度称为应力。
> ◆ 残余应力是当物体没有外部因素作用时，在物体内部保持平衡而存在的力。

零件变形失效的原因除了设计、制造方面的原因外，还有使用过程中的残余应力、外载荷、温度以及使用维修不当等原因。汽车在使用中因温度引起变形的原因主要是热应力。所谓热应力是指气缸体、缸盖和变速器壳体等零件，在从高温冷却下来的过程中，由于结构厚薄不均，冷却速度不同，收缩有先后，因而在零件内部产生彼此相互制约的内应力。另外，金属材料的弹性极限会因温度的升高而降低，所以零件的工作温度越高，越容易引起变形。

汽车零件的变形，特别是各总成基础件，如气缸体、气缸盖、曲轴、变速器壳体、前后桥等的变形，将导致各零件正常的配合性质被破坏，润滑条件变差，并产生一定的附加载荷，使零件的磨损加剧，使用寿命降低。

> **想一想** 在汽车使用过程中，还有哪些零件容易因变形而导致参数改变，从而影响使用性能？

3．断裂

断裂是在应力作用下产生的，包括裂纹和折断，它是一种最危险的零件失效形式。按产生应力的载荷性质分类，断裂可分为一次加载断裂和疲劳断裂。

一次加载断裂指零件在一次静载荷或动载荷作用下发生的断裂。载荷过大时，零件内产生的工作应力过大，若与其他形式的应力叠加后超过了材料的强度极限，便可导致零件断裂。

实际上，在汽车正常使用时，其零部件发生一次加载断裂的情况很少。汽车超载过多及遇到过大的行驶阻力或动载荷时，一次加载断裂可能发生。例如，车轮掉入坑中，钢板弹簧折断；汽车突然碰撞障碍物，传动系零部件受到阶跃载荷而断裂。

疲劳断裂是在交变载荷作用下，经历反复多次应力循环后发生的断裂。汽车零件的断裂故障中，60%～80%属于疲劳断裂。

疲劳断裂是发生在应力低于屈服强度的情况下，断裂前一般不产生明显的塑性变形。断裂是在交变应力产生的疲劳裂纹积累、扩展到一定程度后突然发生的。首先，在交变应力作用下，零件表面出现疲劳裂纹。这些裂纹通常出现在存在材料缺陷或应力集中的区域。裂纹在应力反复作用下逐渐加深和扩展，使零件强度大大降低。当受到较大载荷时，零件就会突然断裂。

> **提示** 屈服强度是指材料开始产生宏观塑性变形时的应力。"屈服"是指达到一定的变形应力之后，金属开始从弹性状态非均匀的向弹—塑性状态过渡，它标志着宏观塑性变形的开始。

4．蚀损

蚀损是指在周围介质作用下产生表面物质损失或损坏的现象。按发生机理的不同可分为腐蚀、气蚀和浸蚀。

（1）腐蚀。腐蚀是指零件在腐蚀性物质作用下而损坏的现象。汽车上较易产生腐蚀破坏的零件有燃料供给系统和冷却系的管道及车身、驾驶室、车架等裸露的金属件等。

（2）气蚀。气蚀又称蚀穴，指在压力波和腐蚀共同作用下产生的破坏现象。气蚀经常发生在与液体接触并有相对运动的零件表面，如湿式气缸套外壁、水泵叶轮表面等。

液体中一般溶有一定的气体，当压力降低时，便会以气泡的形式析出，若液体中某些部分的压力低于液体在当时温度下的饱和蒸气压，液体也会蒸发形成气泡。压力升高后，气泡崩破产生压力波，不断冲击与其相接触的金属零件表面氧化膜并使其破坏，促使液体金属表面的腐蚀逐步向深层次发展而形成穴坑。发动机工作时，活塞上下敲击气缸壁产生振动。当缸壁外表面因振动稍离开冷却液时，缸壁外表面处压力降低，于是低压区液体蒸发产生气泡，并向缸壁外表面低压区集中；压力再次升高后，气泡在靠近缸壁处崩破，产生的压力波冲击缸壁外表面的氧化膜，使其遭到破坏。如此循环往复，氧化膜不断生成又不断被破坏，使腐蚀得以发展而在缸壁外表面形成许多麻点状的直径为 0.2～1.2mm 的穴坑。

（3）浸蚀。由于高速液流对零件的冲刷导致其表面物质损失或损坏的现象称为浸蚀。

在高速液流冲刷下，零件表面的氧化膜被破坏，继而重新产生。如此周而复始，导致冲刷表面产生麻点、条纹或凹坑，使零件损坏。

二、电子元器件的失效

根据电子元器件的类型、使用环境和故障表现形式，电子元器件的故障模式和机理通常可以按照电子元器件的种类来划分类别。常见电器有电阻器、电容器、接插件、焊接件、线圈、集成电路芯片、电动机及变压器等。

1. 电阻器故障机理

在电子设备中电阻使用的数量很多，而且是一种发热元器件，电器设备中因电阻器失效导致的故障占有一定比例。其故障原因与产品的结构、工艺特点、使用条件有密切关系。电阻器失效分为两类，即致命失效和参数漂移失效，电阻器大多数情况是致命失效，常见的有断路、机械损伤、接触损坏、短路和击穿等。

2. 电容器故障机理

电容器的故障模式常见的有击穿、开路、参数退化、电解液泄漏和机械损伤等。电容器在工作应力和环境应力的共同作用下工作，因而有时会产生一种或几种故障模式和故障机理，还会由一种模式导致另外一种模式或机理发生。各种故障模式又是相互影响。电容器的故障与产品类型、材料种类、结构差异、制造工艺及工作环境等诸多因素密切相关。

提示

◆ 击穿是绝缘物质在电场的作用下发生剧烈放电或导电的现象。

◆ 开路又叫断路，是指用为电路中某一处因断开而使电阻过大，电流无法正常通过导致电路中的电流为零。

◆ 电参数退化主要是由于潮湿或电介质老化或热分解，电极材料的金属离子迁移，表面污染，电极的电解腐蚀或化学腐蚀、杂质或有害离子的影响，材料的金属化电极的自愈效应等。

3. 集成电路芯片故障机理

集成电路芯片的故障模式主要有电极开路或时通时断、电极短路、引线折断、机械磨损和封装裂缝、电参数漂移、可焊接性差和无法工作等。

4. 接触件故障机理

接触件是指用机械压力使导体与导体接触，并具有导通电流的功能元器件。通常包括开关、插接件、继电器和起动器等。接触件的可靠性较差，往往是导致电子设备或系统可靠性不高的关键因素。开关件和插接件以机械故障为主，电器故障为次，故障模式主要是磨损、疲劳和腐蚀等，而继电器等接触件的故障模式主要是接点故障和机械故障。具体故障形式及故障机理如表 1.1 和表 1.2 所示。

表 1.1 开关与插接件常见故障形式及机理

常见故障形式	故 障 机 理
接触不良	接触表面污染、插接件未压紧到位、接触弹簧片应力不足和焊剂污染
绝缘不良	表面有尘埃、焊剂污染、受潮、绝缘材料老化及电晕和电弧烧毁、炭化等
机械失效	主要由弹簧失效、零件变形、底座裂缝和推杆断裂等引起
绝缘材料破损	主要原因是绝缘体存在残余应力、绝缘老化和焊接热应力等
弹簧断裂	弹簧材料的疲劳、损坏和破裂等

表 1.2 继电器常见故障及机理

常见故障形式	故 障 机 理
继电器磁性零件去磁或特性恶化	主要是由于磁性材料缺陷或外界电磁应力过大造成的
接触不良	解除表面污染或有介质绝缘物、有机吸附膜及炭化膜等，接触弹簧片应力不足和焊剂污染等
节点误动作	结构部件在应力下出现谐振
弹簧断裂	弹簧材料疲劳、裂纹损坏或脆裂、有害气体腐蚀等
线圈断路	潮湿条件下的电解腐蚀和有害气体的腐蚀等
线圈烧毁	线圈绝缘热老化、引出线焊接头绝缘不良引起短路而烧毁等

5．电动机故障机理

汽车电动机故障主要分为电气故障和机械故障两类，电器故障主要模式为换向器和电刷损坏、电枢线圈搭铁短路、永久磁铁去磁等特性恶化、励磁线圈搭铁短路烧坏。机械故障主要模式为电枢弯曲变形和断裂、电枢与轴承磨损、擦伤与腐蚀，电动机外壳变形与烧坏。

【课题实施】

下面以北京现代悦动车型发动机为例，介绍继电器及保险丝的检测。

操作一 **继电器性能检测**

步骤一 通过继电器和保险丝标注中的提示认识继电器在汽车上的安装位置，并认识各继电器的名称，如图 1.1 所示。

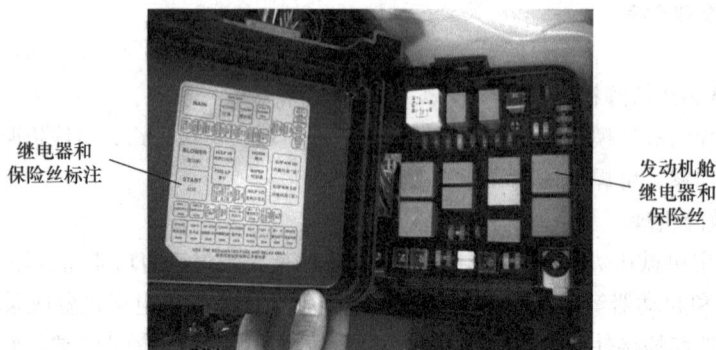

图 1.1 发动机舱继电器和保险丝

步骤二 学会看继电器的电路符号，并掌握其工作过程，如图 1.2 所示。

步骤三　从汽车上拔下任一继电器，观察它们的结构特点，并小心拆卸继电器外壳，熟悉其工作原理，如图 1.3 和图 1.4 所示。

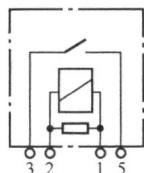

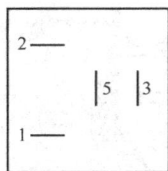

图 1.2　常开继电器　　　　　图 1.3　继电器外观　　　图 1.4　继电器结构

步骤四　将万用表调整指欧姆挡，并进行校零，如图 1.5 所示。

步骤五　测量继电器线圈绕组的阻值，如图 1.6 所示。

图 1.5　欧姆挡校零　　　　　　　　图 1.6　继电器线圈阻值

步骤六　利用蓄电池给继电器线圈供电，测量继电器开关两端子的阻值，如图 1.7 所示。

图 1.7　继电器工作性能

> 想一想　在继电器线圈通电后测得开关两端子的阻值为 0，说明继电器处于怎样的状态？

操作二　保险丝性能检测

步骤一　分别拆卸继电器盒中的保险丝、熔断器和易熔丝，如图 1.8 所示。

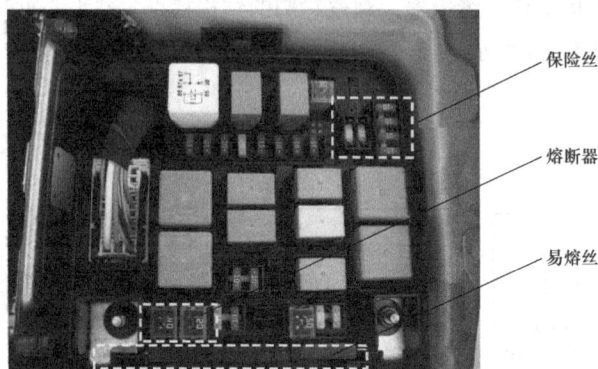

图 1.8　保险丝、熔断器、易熔丝

想一想

易熔丝和保险丝的作用有何不同？

步骤二　观察保险丝、熔断器和易熔丝的结构特点，如图 1.9 所示。

图 1.9　保险丝、熔断器、易熔丝结构

想一想

易熔丝和保险丝是如何起到保护电路的作用的？

步骤三　观察不同颜色保险丝的容量，如图 1.10 所示。

步骤四　将万用表置于电阻 200Ω 挡，校零并测量保险丝通断，从而判断其性能好坏，如图 1.11 所示。

图 1.10　保险丝容量

图 1.11　保险丝检测

课题三　**汽车故障诊断原理**

一、汽车故障诊断参数及标准

1. 诊断参数

汽车诊断参数是能够反映出汽车发动机和底盘的机械装置结构特征、运动状态、工作性能的技术参数（见表 1.3），是能够反映出汽车电器装置工作状态及性能和汽车电子控制系统工作状态及性能的检测试验参数，是能够反映出汽车车身结构尺寸的几何参数，这些参数在汽车不解体或部分解体的情况下，可以通过检测诊断仪器设备方便地测量出来。

表 1.3　　　　　　　　　　　汽车常用诊断参数

诊 断 对 象	诊 断 参 数
汽车总体	最高车速，km/h 最大爬坡度，% 加速时间，s 驱动车轮输出功率，kW 驱动车轮驱动力，kN 汽车滑行距离，m 汽车拉动阻力，N 侧倾稳定角，° 燃油消耗量，L/km、L/100km、L/（100t·km）、km/L
发动机总体	发动机功率，kW 燃油消耗量，L/h 发动机转速，r/min 单缸断火（油）转速下降值，Δr/min 发动机异响 发动机排放 CO、CO_2、O_2，%；HC，ppm 排气温度，℃ 自由加速烟度，FSN
燃烧室	气缸压力，MPa 气缸漏气率，% 气缸漏气量，L/min 曲轴箱窜气量，L/min
进气系统	进气压力、真空度，kPa 进气温度，℃
排气系统	排气背压，kPa 排气温度，℃
曲轴连杆机构	曲轴主轴承间隙，mm 连杆轴承间隙，mm
配气机构	配气相位，mm 气门间隙，mm

续表

诊 断 对 象	诊 断 参 数
汽油燃油系统	供油压力，kg/cm^2 油泵出油量，L/min 回油量，L/min 喷油脉宽，ms 喷油量，mL/s 喷油雾化状态 喷油器电压、电流波形 喷油器电源电压，V
柴油燃油系统	喷油提前角，° 各缸供油间隔角，° 各缸喷油量，mL 各缸供油均匀度，% 喷油器针阀开启、关闭压力，kPa 输油泵压力，kPa 高压喷油管最高、残余压力，kPa
润滑系统	机油压力，kPa 机油温度，℃ 机油清净度 机油铁谱分析（铜、铬、铝、硅等），% 机油透光度，% 机油介电常数 机油黏度、颜色、质量 机油液面高度
冷却系统	冷却液温度，℃ 冷却液面高度，mm 水箱盖阀门开启压力，kPa 冷却液冰点，℃ 风扇皮带张力，N/mm 散热器进出口温差，℃ 冷却液颜色、质量
点火系统	初级电路电压、压降，V 初级电路电流，A 初级线圈电阻、电感，Ω、mH 次级电路电阻、电感，Ω、mH 各缸点火击穿电压、跳火电压波形，kV 各缸点火跳火时间波形，ms 各缸点火闭合角、时间波形，ms 各缸加速点火击穿电压波形，kV 点火线圈次级开路电压波形，kV 点火提前角，° 电容器容量、绝缘电压实验，μF、220V 各缸点火波形重叠角，° 火花塞型号 火花塞压力断火实验，kg/cm^2 火花塞间隙，mm 高压线电阻，kΩ 高压线、分电器盖、分火头绝缘实验 断电器触点间隙，mm 断电器触点闭合角，°

续表

诊 断 对 象	诊 断 参 数
起动系	起动电压、电流，V/A 起动转速，r/min 起动时间，s 起动机起动电流、电压、力矩，A、V、N·m 起动机空转转速、电压、电流，r/min、V、A
供电系统	发电机输出功率、电压、电流/转速，kW、V、A、r/min 蓄电池充放电压、电流，V、A 蓄电池电解液密度 蓄电池功率放电时间、电压、电流，s、V、A 蓄电池温度，℃ 蓄电池漏电电流，A 蓄池桩头及搭铁线压降，Mv
传动系统	传动系游动角度，° 传动系振动与异响 离合器踏板自由行程，mm 自动变速器油压，kg/cm² 变速器、差速器、驱动桥液面高度、温度，℃ 传动系机械效率，%
制动系统	制动距离，m 制动力、力差，kN、% 制动减速度，m/s² 制动协调时间，s 制动完全释放时间，s 制动时间，s 驻车制动力，N 制动拖滞力，N 制动踏板踏力，N 制动踏板间隙，mm 制动主缸油压，kPa 制动轮缸油压，kPa
转向系统	转向角度，° 转向助于油压，kg/cm² 车轮侧滑量，mm/m、m/km 主销后倾角，° 主销内倾角，° 前轮外倾角，° 前轮前束，mm 最小转弯半径，m 转向盘最大转向力，N

续表

诊 断 对 象	诊 断 参 数
行走系统	车轮动不平衡量, g 车轮静不平衡量, g 车轮端面圆摆动量, mm 车轮径向圆跳动量, mm 轮胎胎面花纹深度, mm
电器系统	前照灯发光强度, cd 前照灯照度, lx 光轴偏斜量, mm 车速表允许误差范围, % 喇叭声级, dB 客车车内噪声声级, dB 驾驶员耳旁噪声声级, dB 电路及元件测量, Ω、L、V、A、Hz、%、ms
计算机控制系统	故障码 数据流 传感模拟, V、Hz 执行器驱动试验, Y/N 传感器输入、输出信号（物阻量电量，化学量、电量，几何参数、电量） 传感器执行器元件测量, Ω、L、V、A、Hz、%、ms 电路测量, V、A、Hz、%、ms 电脑版本编号 传感器执行器波形 电源电压及搭铁, V
空调系统	高低压管路压力, kPa 高低压管路温度, ℃ 出风口温度、湿度, ℃, % 压缩机皮带张力, N/mm 视液窗显示 冷凝器管路出入口温差, ℃ 蒸发器管路出入口温差, ℃

在汽车使用过程中，诊断参数的变化规律与汽车技术状况的变化规律有一定的关系，能表征汽车技术状况的参数有很多，为了保证诊断结果的可信性和准确性，应该选择那些符合下列要求的特征参数作为诊断参数。

（1）灵敏性。诊断参数的灵敏性是指诊断对象的技术状况在正常状态到进入故障状态之前的整个使用时期内，诊断参数相对于技术状况参数的变化率。诊断参数的灵敏性越高，在汽车技术状况参数变化时对应的诊断参数变化也就越大。

（2）单值性。诊断参数的单值性是指诊断对象的技术状况参数从初始值变化到极限值的过程中，诊断参数值与技术参数值是一一对应的，即诊断参数无极值点。

（3）稳定性。诊断参数的稳定性是指在多次测试同一个技术状态参数时，测出的诊断参数值的重复一致性，诊断参数的稳定性越高，每次测出的诊断参数值就越接近，离散度就越小。

（4）信息性。诊断参数的信息性是指诊断参数对汽车技术状况具有的表征性，表征性越好的诊断参数，就越能表明和揭示出汽车技术状况的特征本质，反映出汽车技术状况的准确信息。诊断参数的信息性具体表现为在汽车故障发生的临界线处诊断参数的变化斜率大小。也就是说，诊断参数在故障发生的临界点两侧应该有较大的变化量，有故障和无故障的诊断参数相差数值越大，其故障信息的表征也就越好。

（5）方便性。诊断参数的方便性是指诊断对象进行测试时的难易程度，它包括诊断设备的普及型及诊断参数测试的复杂程度。例如，使用多通道记录仪对发动机多路的工作参数进行采集分析时，连接每条测试线路和设定调试每个测试通道的工作非常复杂烦琐，因此，采用这种方法获取发动机工作参数就不如采用诊断仪的数据流功能方便。

（6）经济性。诊断参数的经济性是指诊断对象进行检测时的费用高低程度，它包括诊断设备的价值高低以及每次使用设备所消耗的费用多少。例如，频谱分析仪的价格比较昂贵，一般的汽车检测诊断中心都没有配置，所以很少在实际的诊断过程中用于汽车的异响和振动分析，大多数企业都采用普通常用的听诊器来进行异响分析。

2．诊断标准

诊断标准是汽车技术标准的一部分，诊断标准是汽车诊断的方法、技术要求和限制等的统一规定，而诊断参数标准仅是对诊断参数限制的统一规定，诊断标准中包括诊断参数标准，有时也把诊断参数标准简称为诊断标准。

（1）诊断标准的类型。汽车诊断标准与其他技术标准一样，分为国家标准、行业标准、地方标准和企业标准4种类型。

① 国家标准。国家标准是国家制定的标准，冠以中华人民共和国国家标准字样。国家标准一般由某行业部委提出，由国家技术监督局批准、发布，全国各级各有关单位和个人都要贯彻执行，具有强制性和权威性。例如，GB/T 3845—1993《汽油车排放污染物的测量 怠速法》、GB/T 18344—2001《汽车维护、检测、诊断技术规范》、GB/T 16739—2004《汽车维修业开业条件》。

② 行业标准。行业标准也称为部、委标准，是部级或国家委员级制定、发布并经国家技术监督局备案的标准，在部、委系统内或行业内贯彻执行，一般冠以中华人民共和国某某部或某某行业标准，也在一定范围内具有强制性和权威性，有关单位和个人也必须贯彻执行。例如，JB 3352—1983《载货汽车燃油消耗量试验方法》是中华人民共和国原机械工业部标准，属于强制性标准。JT/T 201—1995《汽车维护工艺规范》是中华人民共和国原交通部标准，属于推荐性标准。

③ 地方标准。地方标准是省（直辖市、自治区）级、市地级、市县级制定并发布的标准，在地方范围内贯彻执行，也在一定范围内具有强烈性和权威性，所属范围内的单位和个人必须贯彻执行。地方标准中的限制可能比上级标准中的限制要求还要严格。例如，DB 11、T 136—2001《汽车维护竣工出厂技术条件》是北京市地方标准，属于推荐性标准。DB 11/044—1999《汽油车双怠速污染物排放标准》、DB 11/122—2003《汽油车稳态加载污染物排放标准》是北京市地方标准，属于强制性标准。

④ 企业标准。企业标准由汽车制造厂推荐和汽车检测设备制造厂推荐的参考性标准两部分组成。

汽车制造厂推荐标准是将从汽车生产厂家在汽车使用说明书和维修手册公布的汽车使用性

能参数、结构参数、调整数据和使用极限等技术资料中选出来的部分数据作为诊断参数的标准。该标准是汽车制造厂根据设计要求、制造水平，为保证汽车的使用性能和技术情况而制定的。

检测设备制造厂家推荐的参考性标准是检测设备生产厂家针对本设备所检测的诊断参数，在尚没有国家标准和行业标准的情况下根据国内外相关资料制定的诊断参数限制，通过使用说明书提供给使用单位作为参考性标准，用以判断汽车、总成、系统、机构风技术状况。

（2）诊断参数标准的组成。为了定量的评价汽车、总成、系统、机构的技术状况，确定维护、修理的范围和深度，单有诊断参数是不够的，还必须建立诊断参数标准，提供一个可供参考比较的尺度，只有这样才能在检测出诊断后与诊断参数标准值进行对照，进而确定是否应该进厂维修。

诊断参数标准一般由初始值、许用值和极限值 3 部分组成。

① 初始值。初始值是无故障新车或大修车的诊断参数值，往往是最佳值，可以作为新车和大修车的诊断标准。当诊断参数测量值处在初始值范围内时，表明诊断对象技术状况良好，符合新车出厂或大修出厂标准。

② 许用值。许用值是在用汽车的诊断参数值，当诊断参数值处在许用值范围内时，表明诊断对象的技术状况虽然已经发生了变化但尚属处在正常范围之内，无需维修可以继续行驶。假若超过了许用值，就有可能发生故障，应及时安排维修。

③ 极限值。极限值也是在用汽车的诊断参数值，当诊断参数值超过极限值时，表明诊断对象技术状况严重恶化，汽车应立即停驶修理。此时，汽车的动力性、经济性和环保性大大降低，行驶安全性得不到保证，甚至可能发生重大的机械事故，造成更加严重的后果。

二、汽车故障诊断分析方法

汽车是一个由多个不同功能的子系统构成的复杂机电系统。要对其进行技术性能诊断并确认故障所在，除需要先进的诊断设备和手段外，还需要科学有效的诊断分析方法。故障树分析法和故障诊断流程图是常用的汽车诊断分析方法。

1．故障树分析法

故障树分析法是一种图形演绎方法，它以系统故障作为分析对象，通过对可能造成故障症状的各种故障原因进行分析，用图形表示其发生原因之间的逻辑关系，列出故障症状与故障原因的相互关系图，该图形好像一颗倒置的树，因此叫做故障树。根据故障树分析系统发生故障的各种可能途径和可靠性特征量就是故障树分析。对发生的故障事件从总体到部分，从系统到元件按树枝状作逐级展开的细化分析，进一步判明基本故障、确定故障原因、故障影响和发生概率以及分析系统可靠性的方法，叫做故障树分析法。

建立故障树时，常把所研究的故障和引起故障的原因统称为事件，并根据事件的不同性质分为 4 类，即要分析的故障事件、暂时不分析和发生概率很小的事件、偶发性非故障事件和基本事件 4 类。汽车的各个系统和零部件之间是相互联系的，因此上述事件也是相互关联的。事件间的关系通常有两种："与"逻辑关系和"或"逻辑关系。事件性质和事件间的逻辑关系常用规定符号表示，如表 1.4 所示。

表 1.4　　　　　　　　　故障树常用符号表

符　号	名　称	含　义
矩形符号	故障事件	包括除基本事件外所有要分析的故障事件和引发故障事件的原因（中间事件）

续表

符　号	名　称	含　义
圆形符号	基本事件	本能再分解的故障事件，表示故障发生的基本原因
屋形符号	非故障事件	表示事件是偶然发生的
棱形符号	省略事件	表示暂时不分析或发生概率极小的事件
"与"逻辑关系	"与"逻辑关系	事件 x_1、x_2、…、x_n 同时发生，事件才发生
"或"逻辑关系	"或"逻辑关系	事件 x_1、x_2、…、x_n 有一个发生，事件就会发生

　　建立故障树时，首先把要分析的故障事件扼要地写在故障树顶端，记为"T"，称为顶事件；把与故障事件有直接关系的事件作为第二级事件并写在顶事件下方，记为"A"；继续分析还可列出第三级、第四级……，直至列出不能再继续分析的基本事件（记为"x"）为止；分析过程中暂不分析的省略事件记为"D"。分析事件性质和各级事件间的关系，并用表 1.4 中所示符号表示，就形成了故障树。在故障树中，每一级事件的直接原因，同时又是下一级事件的直接结果，上、下级事件之间存在着"或"或者"与"逻辑关系。发动机不能起动故障分析的故障树如图 1.12 所示。

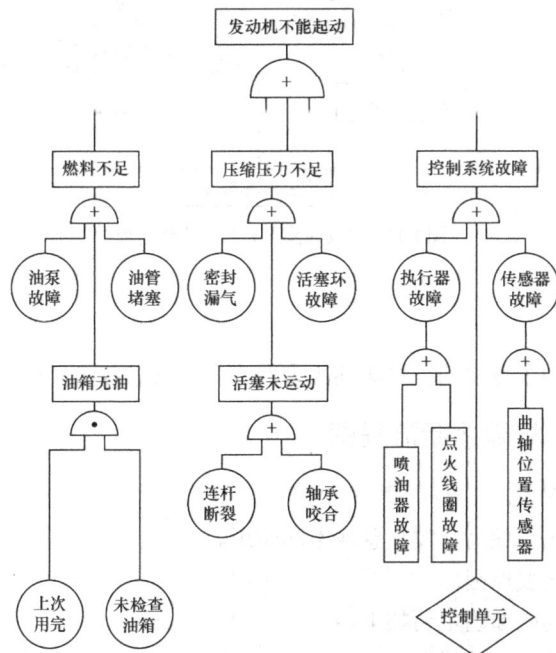

图 1.12　发动机不能起动故障树

2. 汽车故障诊断流程图

汽车故障诊断流程图是汽车故障诊断中检测思路、综合分析、逻辑推理和判断方法最常用的具体表达方式，深受汽车维修一线工作人员的欢迎。汽车故障诊断流程图是根据汽车故障现象的特征和技术状态之间的逻辑关系，反映汽车故障诊断的综合分析、逻辑推理和判断思路，描述汽车故障诊断的操作顺序和具体方法，从原始故障现象到具体故障部位和原因的顺序框图。

在用故障树诊断法绘制出汽车故障的基础上，依据汽车故障诊断和维修的经验，排除部分具体车型汽车发生可能性很小的基本故障原因，根据从总体到局部，先易后难、由表及里、分层推进的原则，列出汽车故障诊断操作顺序，阐明具体操作方法，并用流程图的形式表达出来。电动风扇不转故障的诊断流程如图 1.13 所示。

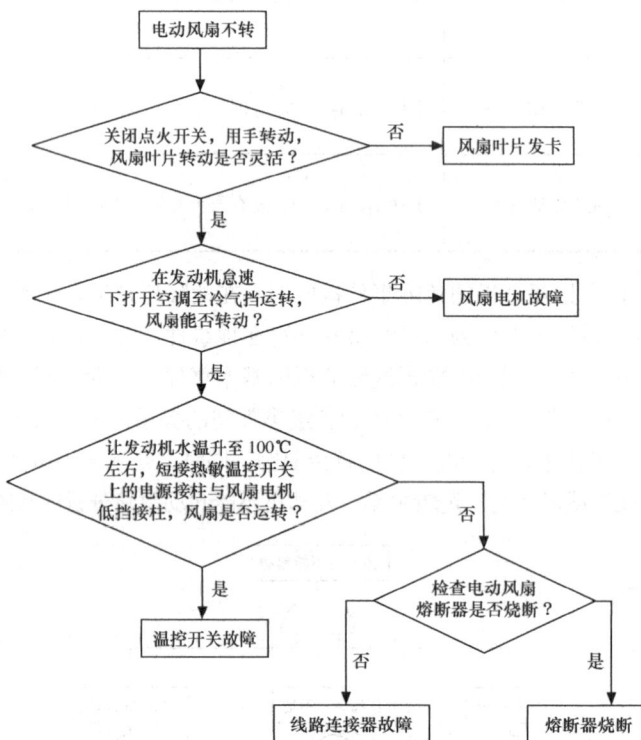

图 1.13　电动风扇不转故障诊断流程

【课题实施】

下面以北京现代悦动车型发动机怠速偏高为例，介绍汽车故障流程图的设计。

操作一　设计汽车故障诊断流程图

步骤一　分析故障现象。

发动机热车后怠速仍然偏高，调整怠速不起作用。

步骤二　分析故障主要原因。

导致发动机怠速偏高的原因主要如下。

（1）冷却液温度传感器信号错误。

（2）转向助力开关信号错误。

（3）空调开关信号错误。

（4）挡位开关信号错误。

（5）怠速空气调节器失调。

（6）节气门后方漏气。

（7）汽油压力过高。

（8）空气流量计（或进气歧管绝对压力传感器）信号错误。

（9）ECU故障。

步骤三　设计故障诊断流程图，如图1.14所示。

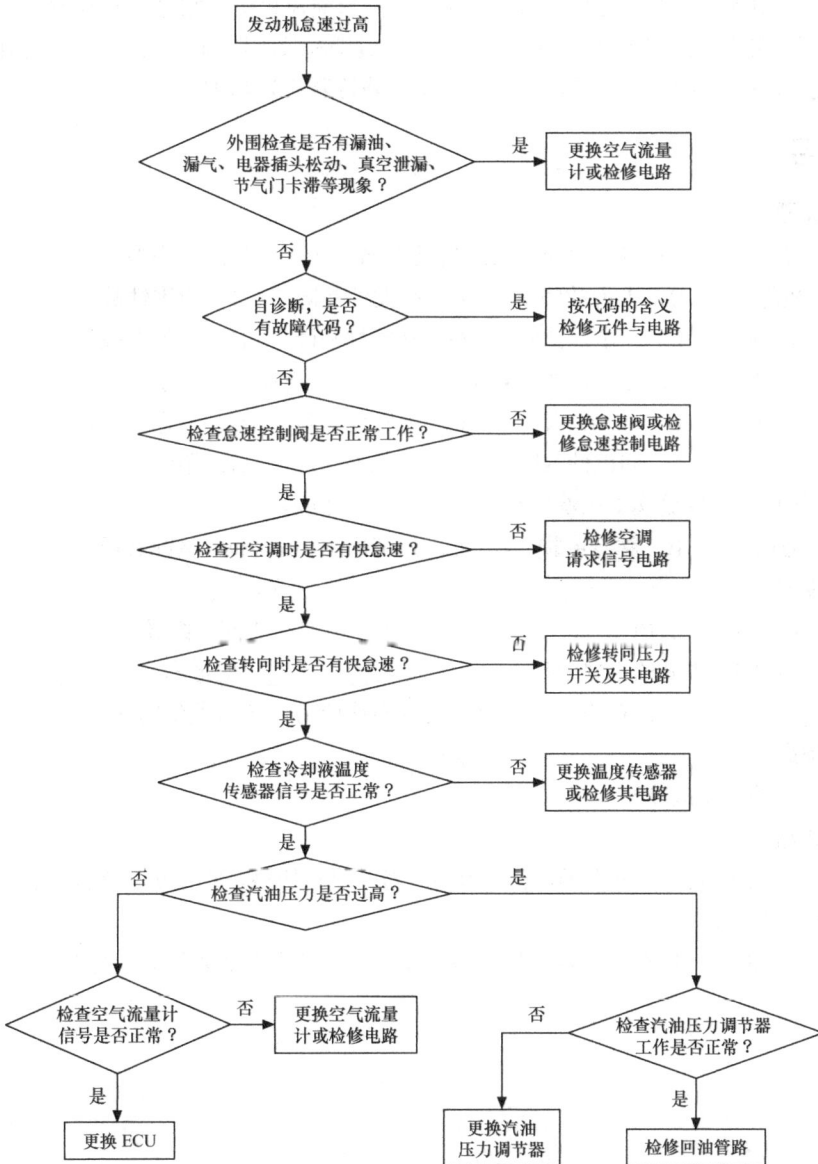

图1.14　故障诊断流程图设计

模块总结

　　本模块重点讲解汽车故障的分类、故障产生的机理及故障形式，这是观察故障、分析故障和排除故障的基础。通过将故障进行分类，对故障机理和故障形式进行分析，可以帮助我们更好的理解故障现象，明确故障诊断过程中的实施方向，在故障诊断排除过程中提供更多的参考帮助和分析指引。

　　汽车故障的诊断参数是利用各种诊断仪器读取数据的参照标准，是表征汽车某一性能好坏的依据。在诊断过程中，通过对故障现象的分析，可以有选择、有针对性的读取汽车的某些参数，为下一步的诊断分析提供参考或依据，最终确认故障。

　　故障诊断常用的分析方法有故障树分析法和故障诊断流程图，它是实施故障诊断过程的"指导书"，对于缺少维修经验的技术人员尤为重要。通过编写故障树和流程图，能够明确诊断思路，理清故障现象和故障点的因果关系，为以后汽车故障诊断打好基础。

思考与练习

一、选择题

1. "发动机因火花塞间隙过大导致缺缸抖动"属于（　　　）故障类型。

A．自然故障　　　　B．人为故障　　　C．突发性故障　　　D．渐进性故障

E．持续性故障　　　F．间歇性故障　　　G．功能性故障　　　H．警示性故障

2. "发动机活塞环磨损导致机油消耗量增加，排气管冒蓝烟"属于（　　　）故障类型。

A．自然故障　　　　B．人为故障　　　C．突发性故障　　　D．渐进性故障

E．持续性故障　　　F．间歇性故障　　　G．功能性故障　　　H．警示性故障　　　I．隐蔽性故障

3. 汽车维护中定期更换"三滤"是防止（　　　）加剧。

A．磨料磨损　　　　B．粘着磨损　　　C．疲劳磨损　　　D．腐蚀磨损

二、填空题

1. 诊断参数标准一般由＿＿＿＿＿、＿＿＿＿＿和＿＿＿＿＿3部分组成。

2. 汽车金属零件失效的主要表现为＿＿＿＿＿、＿＿＿＿＿、变形和＿＿＿＿＿。

3. ＿＿＿＿＿是在交变载荷作用下，经历反复多次应力循环后发生的断裂。

三、简答题

列举继电器的常见故障及故障原因。

四、操作题

1. 任选一款车的某一个继电器，利用万用表对其进行检测，并判断其是否能够正常工作，如果不能，找出具体原因。

2. 某一款车的发动机有缺缸抖动的故障现象，请设计汽车故障诊断流程图。

2 汽车故障诊断测试方法

快速准确地诊断发动机电子控制系统的故障，是正确维修电控发动机的前提，也是维修技术的重要组成部分。发动机电控系统的故障诊断方法很多，最常用的故障诊断方法是利用故障诊断仪和万用表等工量具检测相应的技术参数，以确定故障的原因和部位。

对于现代汽车电控系统的故障自诊断功能，当电控系统出现故障时，故障自诊断系统会将故障分类，并以故障代码的形式储存在存储器里，以供维修人员调用。在维修汽车电控系统时，维修人员可以采用故障诊断仪（解码器）进行故障诊断，只要将故障诊断仪与车上的诊断接口接到一起，操纵诊断仪的按键，选择相应的车型、年代和诊断类型，就可以了解故障代码、故障原因和故障范围。维修人员也可以利用随车故障自诊断系统，按照各公司规定的方法读取故障代码，然后查阅故障代码表，以了解故障的原因和范围，这种诊断故障的方法称为故障代码法。

利用故障诊断仪所得到的信息仅仅是关于电控系统的故障原因和范围，而不是具体的某一故障部件或部位。例如，丰田 COROLLA 轿车 1ZR-FE 型发动机故障代码"P0102"仅表示故障原因是空气流量传感器线路短路或断路、空气流量传感器损坏或电子控制单元（ECM）损坏。

另外，当发动机燃油供给系统压力失准、气缸密封性降低或进气系统漏气时，都会造成发动机工作性能的下降，利用燃油压力表、气缸压力表和真空表可以检测上述参数是否处于正常范围，从而对故障部位作出判断。

知识目标

◎ 了解汽车数字万用表的概念
◎ 了解汽车故障诊断仪的概念
◎ 了解汽车故障诊断仪的组成
◎ 了解汽车污染与汽车尾气、废气中污染物的危害
◎ 掌握燃油压力的含义及真空度的定义
◎ 能对燃油压力、气缸压力和真空度的测试值进行简单分析

能力目标

◎ 会利用汽车数字万用表对电压、电阻、电路导通性、二极管等进行测量
◎ 会正确使用故障诊断仪读取故障代码、数据流、定格数据
◎ 会正确使用故障诊断仪对执行元件做动作测试
◎ 会正确使用示波分析仪采集传感器、执行器波形
◎ 会正确连接汽车尾气分析仪
◎ 会利用汽车尾气分析仪测量尾气，并加以简单分析
◎ 会正确使用燃油压力表、气缸压力表和真空表

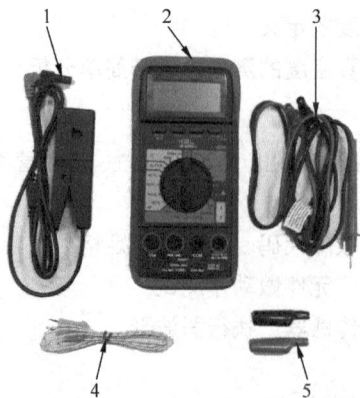

课题一 数字万用表

数字万用表是一种多用途电子测量仪器，一般包含测量电流、电压、电阻等功能。本课题主要讲述 Actron 数字式汽车万用表 KAL3000 的组成及使用方法。

为了判断电子控制单元及其控制线路是否工作正常，可以使用万用表测量电子控制单元线束插头内各端子的工作电压或电阻，检测电子控制单元及其控制线路的故障，其测量结果必须以该车型的详细维修技术资料为依倨。这些资料应包括：电子控制单元与传感器、执行器的连接关系；各端子在汽车不同工作状态下的标准电压值或标准电阻值。如果在检测中发现相应端子的实际工作电压或电阻与标准值不相符，即表明电子控制单元、元件或控制线路有故障，只要通过进一步的检测，即可以找出故障的准确部位。

必须指出的是，这种检测方法对于判断电子控制单元及其控制线路的故障只是一种辅助的方法。因为电子控制单元在工作中所接收或输出的信号有多种形式，如脉冲信号、模拟信号等。而一般的万用表只能检测出电路的平均电压值。因此，即使在检测中电子控制单元各端子的工作电压都正常，也不能说明电子控制单元就绝对没有故障。汽车电控系统工作不正常时，如果用这种方法检测发现异常，则必须采用总成互换的方法来判断电子控制单元是否有故障。

【基础知识】

一、数字万用表功能认知

1. 组成

数字式汽车万用表由转速测试钳、主机、表笔、热电偶、转换接头 5 个部分组成，如图 2.1 所示。

2. 操作面板

图 2.2 所示为数字式万用表的主体外观，面板可分为控制区、功能选择区和线路连接区。

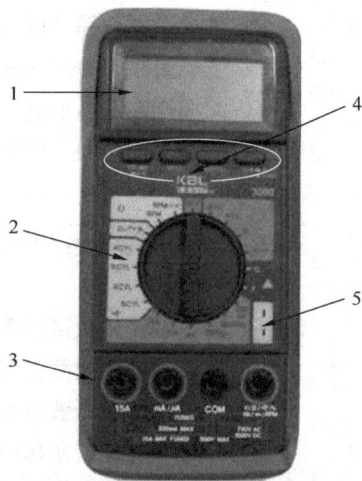

图 2.1 数字式汽车万用表组成
1—转速测试钳；2—主机；3—表笔；
4—热电偶；5—转换接头

图 2.2 数字式万用表操作面板
1—显示屏；2—功能选择区；3—线路连接区；
4—控制区域；5—热电偶接口

（1）控制区。直/交流蜂鸣器/二极管键，存储/测量键，量程设置键，转速测量/点火模式键。

（2）功能选择区。关断位，直流电压测量位，交流电压测量位，电路通断/二极管测量位，温度测试位，频率测试位，电流测试位，闭合角测试位，占空比测试位，转速测试位等。

（3）线路连接区。电流测试插孔（两个），接地插孔，电压/电阻/占空比/闭合角/频率/二极管/转速等，信号拾取插孔，温度测量专用插孔。

3．特殊测量模式

（1）量程的设置。按下量程设置键可选择人工量程设置模式，在这种模式下再按动一下量程设置键，其量程范围就会发生变化，屏幕就会出现新的数据。只需按下量程设置键 2s 就可退出人工量程模式进入自动量程模式，如图 2.3 所示。

（2）存储/测量键。按下该键运行或退出存储模式。在存储模式下，所测量的数据将被定格显示。

（3）直流/交流蜂鸣器/二极管键。在电流测试中，按此键即可实现直、交电路测量功能的切换。在测量电路的导通性和二极管时，按此键也可实现两者测量功能的切换。

（4）不同点火模式转速的测量。按下转速测量/点火模式键，可实现传统点火模式转速测量模式和无分电器点火模式转速测量模式之间的切换。

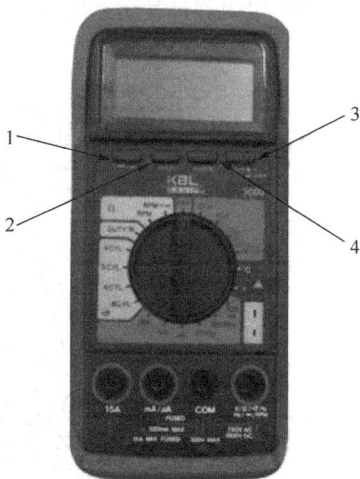

图 2.3　特殊测量模式键
1—直流/交流/蜂鸣器/二极管键；2—存储/测量键；
3—转速测量/点火模式键；4—量程设置键

【课题实施】

下面以 Actron KAL300 型数字万用表为例讲述电阻、电压、二极管的测试及其频率信号、温度、电流、闭合角信号、发动机转速等信号的采集。

操作一　电压测量

步骤一　将万用表的测试导线接入万用表相应的插孔（黑色导线接入接地插孔），如图 2.4 所示。

步骤二　将万用表的功能选择开关置于电压测量挡位，并根据待测量电压的类型选择直流和交流位置。

步骤三　断开待测电路一侧的连接器。

步骤四　将万用表的测试导线接入待测电路，黑表笔接地，红表笔接被测导线时，万用表的显示值应在被测导线的规定电压值的范围之内，若显示值超出规定电压值范围，则说明该电路断路或对地短路。

◆ 万用表在使用时可随时校验，以防由于万用表自身问题造成测量结果误判断。此时可利用测量正常蓄电池电压的方法对万用表进行校验。

◆ 若蓄电池电压过低也会导致被测电路电压超出规定电压值范围，所以，在测量电路故障之前需对蓄电池静态电压进行测量。

◆ 在测量过程中如无法看到万用表实时显示值，则可按下控制区域的 HOLD 按钮，锁定测量结果后与标准范围进行对比。

◆ 要注意万用表的"＋"、"－"测针应与电路测点的"＋"、"－"极性一致。

操作二　电阻测量

步骤一　将万用表的功能测试导线接入万用表的测试插孔（黑色导线接入接地插孔，红色导线接入电压/电阻等信号拾取插孔），如图 2.5 所示。

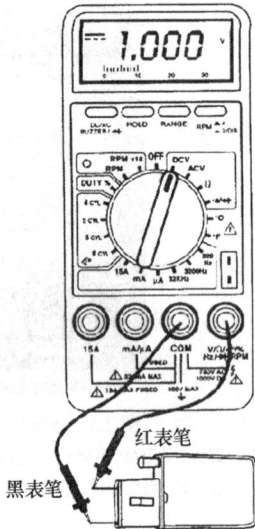

图 2.4　电压测量　　　　　　　　　图 2.5　测量电阻

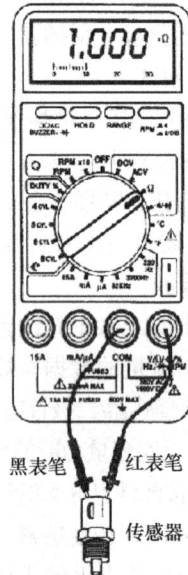

步骤二　将万用表的功能选择开关置于电阻测试功能位，此时若不设置量程，万用表为自动量程状态。

步骤三　如果需要进行量程的设置，可按下量程控制键，进入手动量程设置的模式，此后若再按下一次该键，量程范围将更换一次，若想返回自动量程，可按下该键 2s 后松开，即可返回。

步骤四　手动量程的选择范围：0~320Ω、0~3.2kΩ、0~32kΩ、0~320kΩ、0~3.2MΩ、0~32MΩ。

步骤五　将万用表的测试导线接入待测元件，黑色导线和红色导线分别连接待测元件的接线端子。

步骤六　观察万用表显示区域的数据显示。

操作三　电路导通性检测

步骤一　将万用表的测试导线接入万用表相应的插孔（黑色导线接入接地插孔，红色导线接入电压/电阻等信号拾取插孔），如图 2.6 所示。

步骤二　将万用表的功能选择开关置于电路通路/二极管测试位（自动量程挡位）。

步骤三　断开待测电路两端的连接器，将万用表的两表笔接入待测电路。

步骤四　开路测试：将万用表的其中一只表笔接入被测导线的一端，另一只表笔接入被测导线的另一端，此时万用表所显示的值应小于 1Ω。

步骤五　电路短路测试：将万用表的两表笔一端连接搭铁、被断开的接地线或电源线（此时电路已被彻底断开,接入点根据待测电路实际情况而定),另一端接入被测导线任意一端,此时万用表应显示 10kΩ 或更大,如小于此值则说明被测导线与搭铁、被断开的接地线或电源线发生短路。

> **提示** 对二极管的检测,主要是鉴别其正负极性和单向导电性。一般万用表检测二极管时,用电阻挡检测它的导通电阻和反向截止电阻;该万用表检测的是二极管的压降。正常情况下,二极管导通电压为 0.4~0.7V;短路(击穿的二极管)在导通和截止测试中电压很低;开路的二极管将在截止测试时显示"OL"字样。

操作四　二极管检测

　　步骤一　将万用表测试导线按照图示接入万用表相应的测试插孔。

　　步骤二　将万用表的功能选择开关置于电路通路/二极管测试位,显示屏会出现相应的测试状态,按下控制区蜂鸣器/二极管切换键进行选择,如图 2.7 所示。

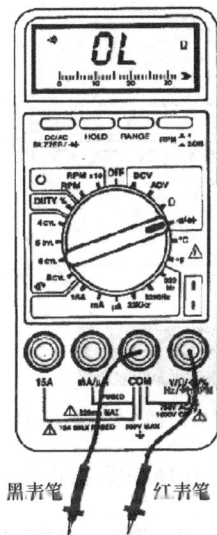

图 2.6　电路导通性检测　　　　　图 2.7　二极管检测

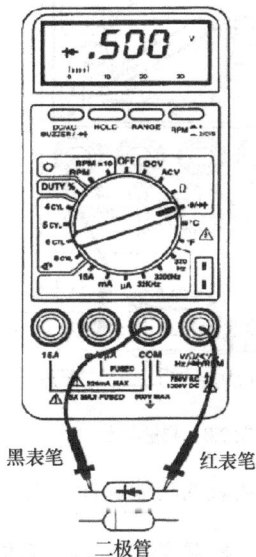

　　步骤三　二极管的导通测试。

　　① 将万用表的红色导线接二极管的正极,黑色导线与二极管的负极相连。

　　② 观察万用表显示区域的数据,将显示低压状态结果。

　　步骤四　二极管的导通性的截止测试。

　　① 将万用表红色导线与二极管的负极相连,黑色导线与二极管正极相连。

　　② 观察万用表显示区域的数据,将显示高压状态结果。

操作五　测量频率

　　步骤一　将万用表的测试导线接入万用表相应的测试插孔,如图 2.8 所示。

　　步骤二　将万用表的功能选择开关置于频率测试位,并根据被测信号频率范围选择相应位置。

　　步骤三　将万用表的两根导线接入待测电路,黑色导线接地,红色导线接信号线。

步骤四　获取信号，观察万用表显示区的数据显示。

> ◆ 汽车传感器中，进气压力传感器、爆震传感器等产生的信号都属于频率信号，在检测过程中应选用万用表的频率测试功能或示波器与频率信号相应的检测功能。
> ◆ 测量可重复两次步骤二至步骤四的操作，从而得出较为可靠的结论。

操作六　测量温度

步骤一　将万用表的测试导线接入相应的温度测试插孔，如图 2.9 所示。

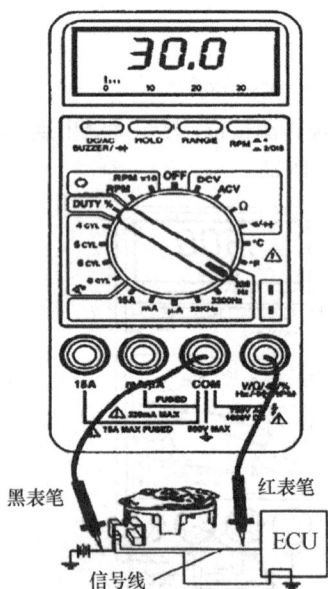

图 2.8　测量频率

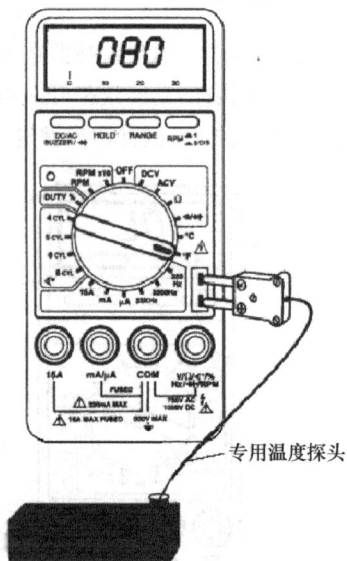

图 2.9　测量温度

步骤二　将万用表的功能选择开关置于温度测试位，并选择华氏/摄氏相应位置。

> ◆ 温度常用的单位有华氏温度和摄氏温度两种。摄氏温度将标准大气压下纯水的冰点温度定为 0℃，沸点的温度定为 100℃；而相应条件下的华氏温度则为 32℉和 212℉。它们之间的换算关系为：5/9（℉-32）= ℃即摄氏温度 = 5/9（华氏温度-32）。
> ◆ 万用表温度的测量范围，摄氏温度：-20℃～137℃，华氏温度：0℉～2 000℉。

步骤三　将热电偶置于待测物表面。

步骤四　待温度读数稳定后，观察万用表显示区域的读数并记录。

操作七　电流测量

步骤一　将万用表的测试导线接入相应的插孔（黑色导线插入接地插孔，红色导线按测量电路中电流的大小接入 15A 或 mA/μA 插孔），如图 2.10 所示。

步骤二　将万用表的功能选择开关置于电流测试位，并相应的选择 15A、mA 或 μA 位置。

步骤三　根据待测电路的实际情况相应在万用表的控制区域选择直流或交流（每按一下 DC/AC 按钮，直流和交流测量功能切换一次）。

步骤四 将两导线接入待测电路，接通电路开关，观察万用表显示区域的电流读数并相应记录。

> ◆ 被测电路电流的大小不同，万用表功能选择开关的位置就不同。因此，应根据实际待测电路或元件的电流大小选择合适的挡位及合适的测试导线插孔。
>
> ◆ 在被测电路的电流不确定的情况下，应将万用表的功能开关置于 15A 位置。

操作八 闭合角测量

步骤一 将万用表的测试导线接入相应的测试插孔，如图 2.11 所示。

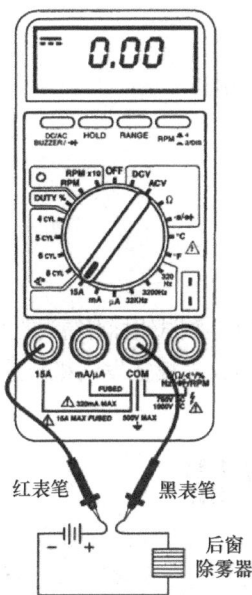

图 2.10 测量电流

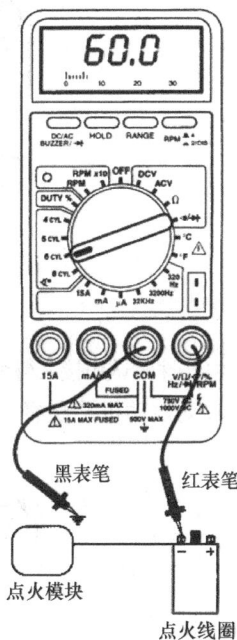

图 2.11 测量闭合角

步骤二 将万用表的功能选择开关置于闭合角测试位，并根据待测车辆相应选择 4 缸、5 缸、6 缸、8 缸位置。

步骤三 将万用表的黑色导线接地，红色导线接入点火线圈的初级 "一" 端。

步骤四 起动车辆，观察万用表显示区域的读数。

> 闭合角是指点火线圈初级电路导通时间内曲轴的转角，闭合角的合理控制是为了使点火线圈既能产生足够的次级电压供给点火系，又能不使点火线圈通电时间太长而烧坏。

操作九 发动机转速测量

步骤一 将转速测试钳的导线接入万用表相应插口，如图 2.12 所示。

步骤二 将万用表的功能选择开关置于转速测试位，并根据实际测试转速范围选择 RPM 和 RPM × 10 位置，RPM 位测量范围：0～300 转，RPM × 10 位测量范围：0～900 转。

步骤三 根据待测车辆的点火模式设置万用表控制区域的转速测试按钮（按下该按钮为二冲程发动机或无分电器式点火系统模式，不按下按钮为 4 冲程发动机有分电器式点火模式）。

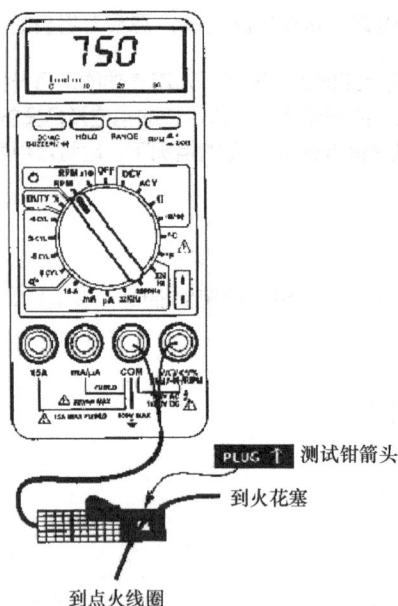

图 2.12 测量发动机转速

步骤四 将转速测试钳接入待测车辆。点火高压线夹入测试钳。测试钳标有箭头的方向朝上放置。

步骤五 起动发动机,观察万用表显示区域的数据,并与仪表板上发动机转速进行比较。

课题二 汽车故障诊断仪器

【基础知识】

一、故障诊断仪各功能键的作用

(1)汽车故障诊断仪器由主机、诊断盒、示波盒、打印机(指引线)等组成,如图 2.13 所示。

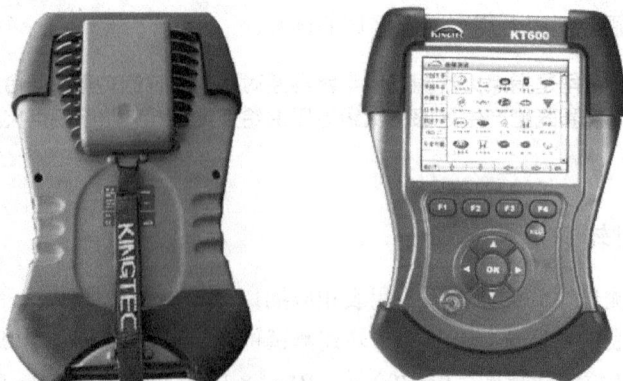

图 2.13 汽车故障诊断仪器

（2）主机如图2.14～图2.17所示。

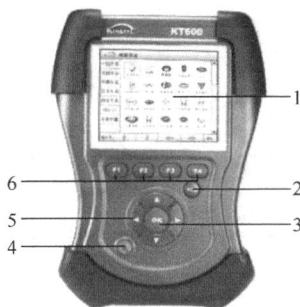

图 2.14　正面视图

1—显示屏（触摸屏）；2—返回上级菜单、退出；3—进入菜单、确认项目；
4—电源开关；5—方向键；6—多功能辅助键

F1～F4多功能辅助键的具体功能视当前操作界面而定，并分别与操作界面下方的4个软按键相对应。

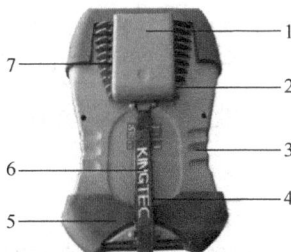

图 2.15　背面视图

1—打印盒；2—打印机卡扣；3—手持处；4—卡锁（用于卡接和拆卸诊断盒或示波盒）；
5—胶套；6—保护带；7—触摸笔槽

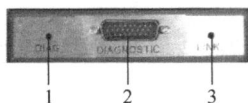

图 2.16　下接口图

1—DIAG（有数据通信时该信号灯亮）；2—DIAGNOSTIC（测试端口）；
3—LINK（解码仪正确连接并通电后该灯亮）

图 2.17　示波盒（通道1～通道5）

二、OBD-Ⅱ诊断插口针脚的功能

（1）丰田 COROLLA 1.6 AT GL 车型 OBD-Ⅱ诊断插口如图2.18所示。

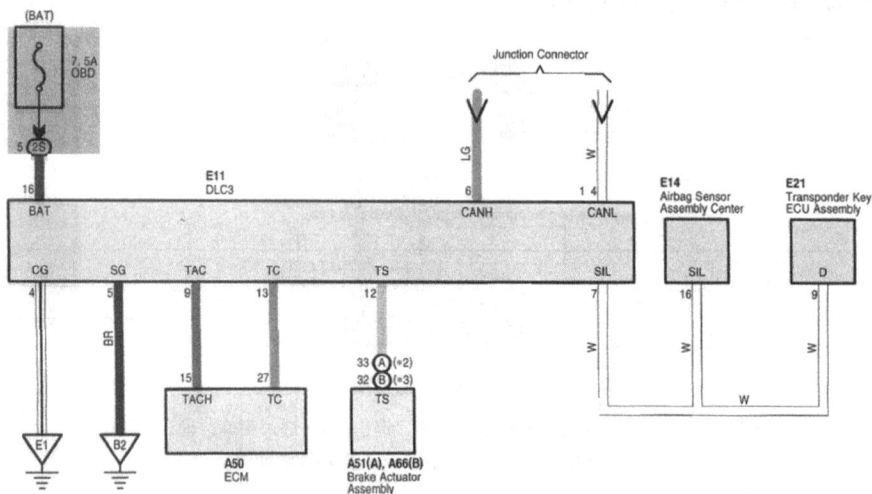

图 2.18　丰田 COROLLA 1.6 AT GL 车型 OBD-Ⅱ诊断插口

（2）北京现代悦动 1.6 AT GL 车型 OBD-Ⅱ诊断插口如图 2.19 所示。

图 2.19　北京现代悦动 1.6 AT GL 车型 OBD-Ⅱ诊断插口

【课题实施】

下面以丰田 COROLLA 1.6 AT GL 车型为例，介绍如何使用 KT600 型故障诊断仪正确读取该车发动机系统的故障代码、动态数据流、冻结数据，执行元件动作测试，并利用其采集传感器或执行器波形。

操作一　**读取故障代码**

步骤一　确定诊断座的位置、形状以及是否需要外接电源，如图 2.20 所示。

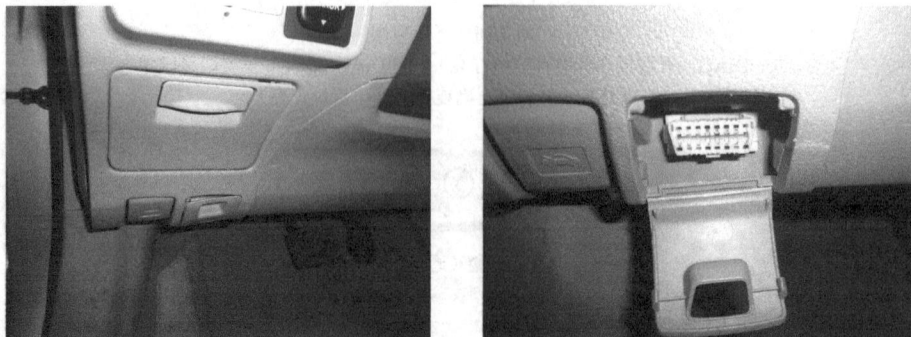

图 2.20　丰田 COROLLA 1.6 AT GL 车型诊断座

步骤二　根据车型及诊断座的形状选择相应的诊断接头，如图 2.21 所示。

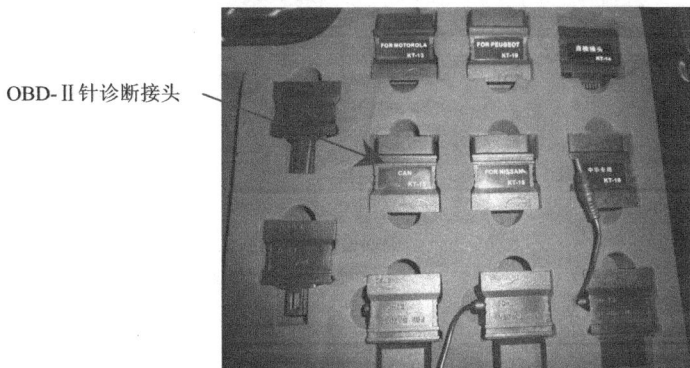

OBD-Ⅱ针诊断接头

图 2.21　诊断接头

步骤三　将测试延长线的一端与 KT600 的测试口连接，另一端连接诊断接头，如图 2.22 所示。

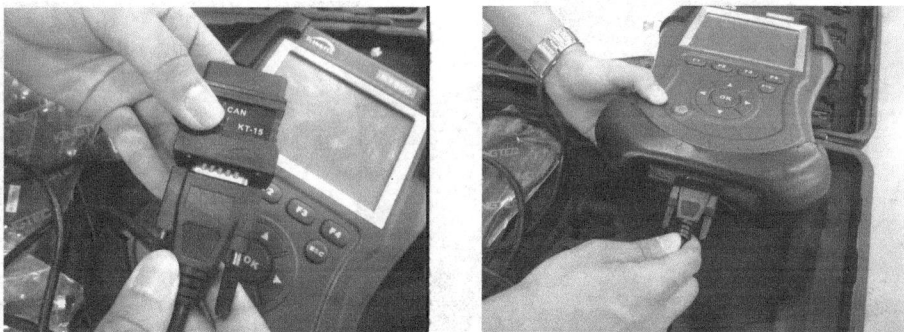

图 2.22　连接测试线

连接诊断接头时需注意接头的形状，如图 2.23 所示。切勿插反，否则将会导致内部插针弯曲损坏，诊断仪无法使用。

图 2.23　接头的形状

步骤四　将连接好的测试延长线的诊断接头与车辆诊断座连接，如图 2.24 所示。

图 2.24 连接诊断座

> 一定要在点火开关关闭的情况下先连接好主机及诊断接头后，再把测试接头连接到诊断座上，否则容易导致连接过程中因导线短路造成诊断座保险丝熔化，如图 2.25 所示。

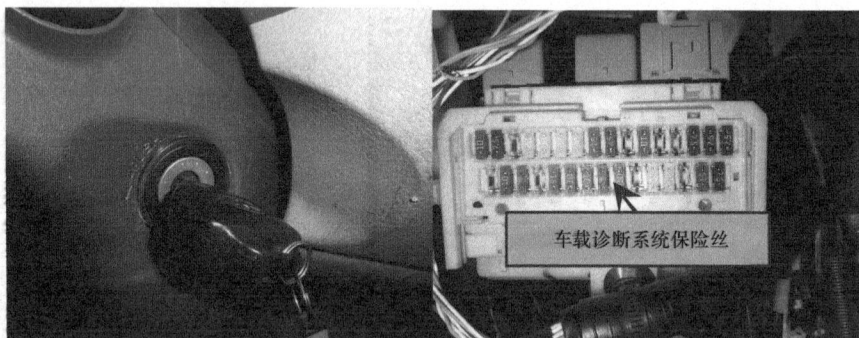

提示

车载诊断系统保险丝

图 2.25 车载诊断系统保险丝

步骤五 进入诊断系统。

步骤六 打开点火开关（ON 位置），如图 2.26 所示。

图 2.26 打开点火开关

步骤七 起动故障诊断仪进入主菜单，选择汽车诊断模块，如图 2.27 所示。

步骤八　单击中国车系，在中国车系菜单中选择 **TOYOTA**（丰田），如图 2.28 所示。

图 2.27　主界面

图 2.28　车系选择界面

该汽车故障检测程序是以车型车标图形为按钮，点击相应车型图标即可对该车进行检测诊断。因此，熟悉汽车图标有助于快速进入汽车诊断，如图 2.29 所示。

#	项目	说明
1	车系选择	中国车系/美国车系/欧洲车系/日本车系/韩国车系/OBDII，请根据被测车辆正确选择
2	维修帮助	包含了"音响解码功能"、"演示教程"、"资料库"、"电路图"、"KT 系列注册升级指导"、"防盗系统"、"遥控器系统"和"维修手册"（包含故障码分析、数据流分析、基本设定与调整技巧、控制单元编码技巧、第二、三代防盗系统匹配）
3	ESC	触摸按钮，退出，返回上级菜单
4	⇑⇓⇦⇨	触摸按钮，方向选择
5	OK	触摸按钮，确认选择
6	选择车型	请根据被测车型正确选择(车型图标会根据你使用的频率自动排列)

图 2.29　车型车标图

步骤九　利用方向选择键将光标移至"带 CAN 系统车型"选项上并按"OK"键进入下一级菜单，如图 2.30 所示。

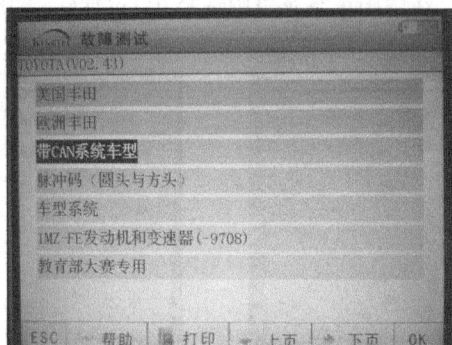

图 2.30 车型选择界面

步骤十 利用方向选择键将光标移至对应车型选项上并按"OK"键进入下一级菜单,如图 2.31 所示。

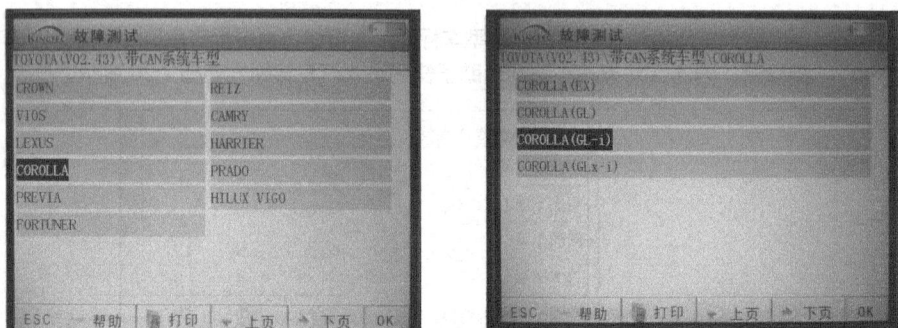

图 2.31 配置选择界面

步骤十一 以发动机变速器诊断为例选择"ENGINE AND ECT",并按"OK"键进入故障诊断菜单,如图 2.32 所示。

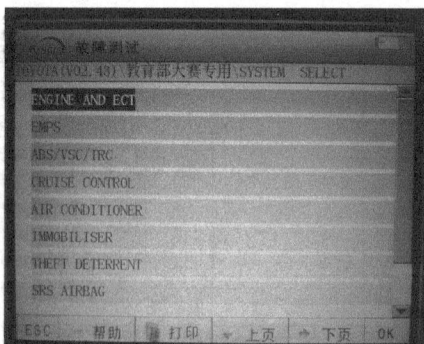

图 2.32 系统选择界面

步骤十二 选择"READ DTC"并按"OK"键读取发动机故障代码并记录,如图 2.33 所示。

提示 此故障代码可能为历史故障码(上次维修后未及时清除的故障码)或连接器接头虚接导致,需进一步检查并确认。

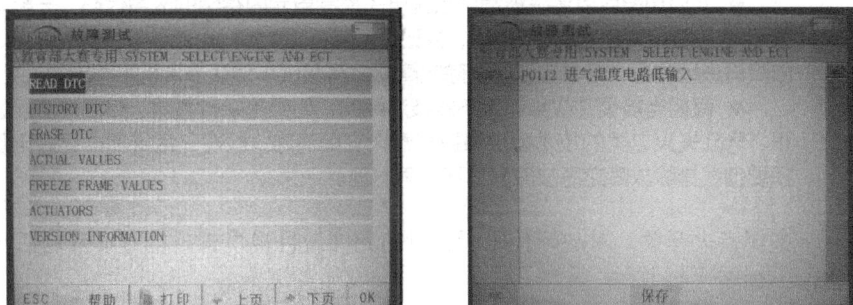

图 2.33　功能选择界面

步骤十三　按下"ESC"键退回上一级菜单，选择"ACTUAL VALUES"并按"OK"键进入下一级菜单，选择"全部数据"读取数据流（点火开关打开发动机不运行），如图 2.34 所示。

步骤十四　查看与故障码相关的当前数据"Intake Air"，如图 2.35 所示。

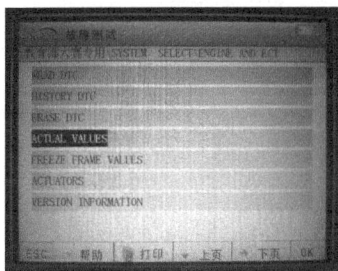

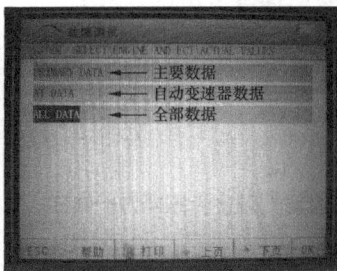

图 2.34　功能选择　　　　　　　　　　　　　　图 2.35　Intake Air

> 提示　数据流中显示的温度并非实际温度，而是传感器产生故障后，ECM 根据接收到的电压信号转换出的故障温度值，此时将进入失效保护状态。

步骤十五　连续按下两次"ESC"键退出数据流界面，返回到功能选择界面并利用方向选择键选择"ERASE DTC"清除故障代码，如图 2.36 所示。

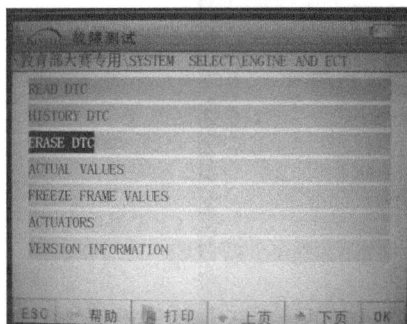

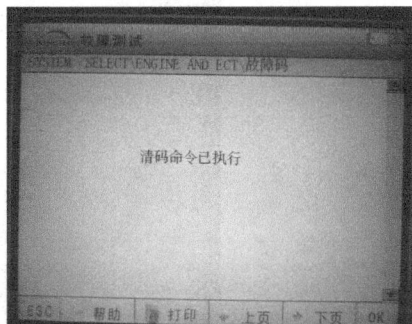

图 2.36　清除故障代码

◆ 此项功能可以清除被测试系统电子控制单元内存储的故障代码，一般车型请严格按照常规顺序操作：先读故障码，并记录（或打印）然后再清除故障码，试车、再次读取故障码进行验证，维修车辆，清除故障码，再次试车确认故障码不再出现。

◆ 假如当前硬性故障码是不能被清除的，如果是氧传感器、爆震传感器、混合气修正、气缸失火之类的技术型故障码虽然能立即清除，但在一定周期内还会出现。因此必须要彻底排除故障之后故障码才不会再出现。

步骤十六　关闭点火开关，对故障代码所针对的元件做目视检查。检查项目包括元件安装、连接器连接情况，如图 2.37 所示。

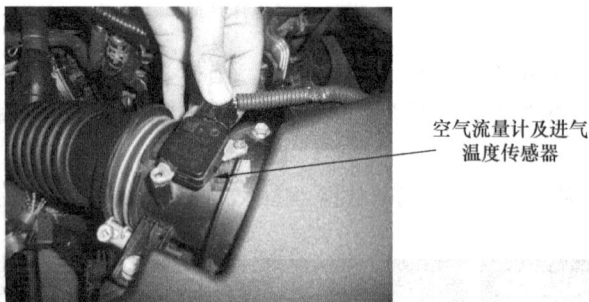

图 2.37　空气流量计

该车空气流量计及进气温度传感器为一体式。

步骤十七　起动发动机，观察故障 MIL 指示灯是否点亮，并按本模块课题二操作一中所讲述的方法对故障码再次读取确认，此时所读到的故障代码为车辆实际产生的硬性故障，如图 2.38 所示。

操作二　**读取动态数据流和冻结数据**

步骤一　设备组装。

参照本模块课题二操作一的组装方法并连接诊断仪。

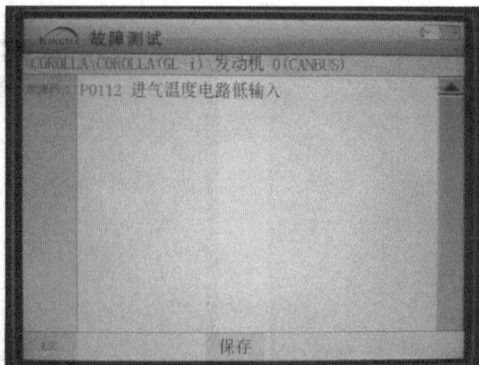

图 2.38　再次读到的故障码

步骤二 读取动态数据流。

按照本模块课题二操作一中讲述的操作步骤读取全部数据流，如图2.39所示。

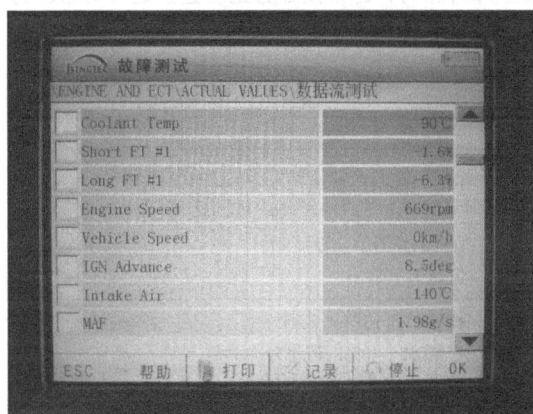

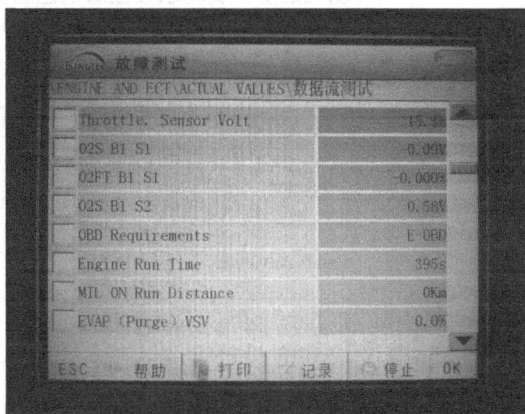

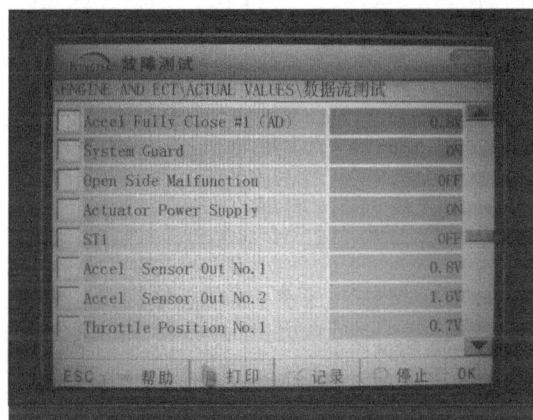

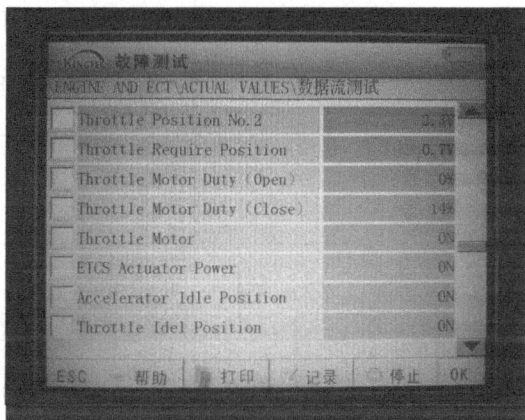

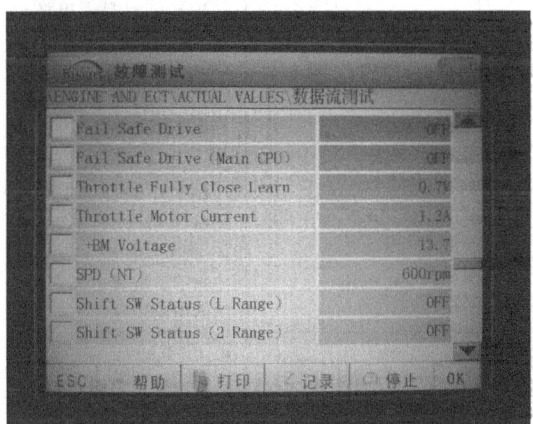

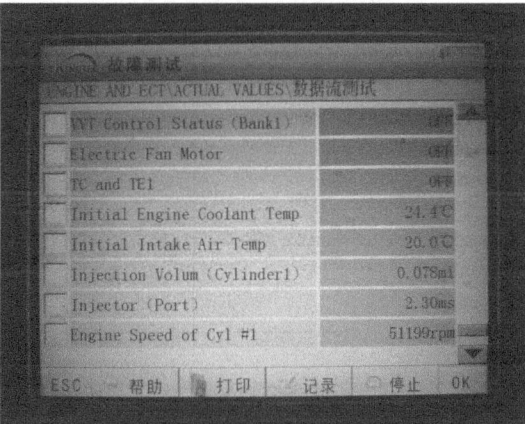

图2.39 动态数据流

　　使用故障诊断仪器读取数据表，可以读取开关、传感器、执行器及其他项的数值或状态，而无需拆下任何零件。这种非侵入式的检查非常有用，因为可在扰动零件或配线之前发现间歇性故障或信号。在故障排除时，尽早读取数据表信息是节省诊断时间的方法之一，如表2-1所示。

表2-1　　　　　　　　　　　　　　　数据流

检测仪显示	测量项目/范围	正常状态	诊断备注
Injector	1号气缸的喷油时间： 最小：0ms，最大：32.64ms	1.0～2.5ms：怠速	—
IGN Advance	1号气缸点火正时提前： 最小：−64°，最大：63.5°	BTDC3～13°：怠速（N位置）	—
Calculate Load	ECM计算的负载： 最小：0%，最大：100%	• 10%～40%：怠速 • 10%～40%：转速为2.500r/min时无负载运转	—
Vehicle Load	车辆负载： 最小：0%，最大：25 700%	实际车辆负载	最大进气流量时的负载百分比
MAF	质量空气流量（MAF）计的气流率： 最小：0g/s， 最大：655.35g/s	• 0.54～4.33g/s：怠速 • 3.33～9.17g/s：转速为2 500r/min时无负载运转	如果流量值约为0.0g/s • 质量空气流量计电流电路断路 • VG电路断路或短路 如果流量值为271.0g/s或更大： • E2G电路断路
发动机转速	发动机转速 最小：0r/min， 最大：16 383.75r/min	600～700r/min：怠速	—
Vehicle Speed	车速： 最小：0km/h， 最大：255Km/h	实际车速	显示在速度表上的速度
Coolant Temp	发动机冷却液温度： 最小：−40℃，最大：140℃	80～95℃ （176～203℉）：暖机后	• 如果温度值为−40℃（−40℉）：传感器电路断路 • 如果温度值为140℃（284℉）或者更高：传感器电路短路
Intake Air	进气温度： 最小：−40℃，最大：140℃	等于环境气温	• 如果温度值为−40℃（−40℉）：传感器电路断路 • 如果温度值为140℃（284℉）或者更高：传感器电路短路
Air-Fuel Ratio	与理论值之比： 最小：0，最大：1.999	0.8～1.2：怠速	• 0～0.999 = 浓 • 1 = 理论空燃比 • 1.001～1.999 = 稀
Purge Density Learn Value	清污气流浓度的学习值： 最小：−50，最大：350	−40～10：怠速	—

提示

续表

检测仪显示	测量项目/范围	正 常 状 态	诊 断 备 注
Purge Flow	燃油蒸气清污气流与进气量之比： 最小：0%，最大：102.4%	0%～10%：怠速	—
EVAP（Purge）VSV	清污 VSV 占空控制 最小：0%，最大：100%	10%～50%：怠速	来自 ECM 的指令信号
Knock Correct Learn Value	爆震校正学习值： 最小：-64℃A， 最大：1 984℃A	0%～20℃A： 以 70km/h（44m/h）的速度行驶	维修数据
Knock Feebback Value	爆震反馈值： 最小：-64℃A， 最大：1 984℃A	-20～0℃A： 以 70km/h（44m/h）的速度行驶	维修数据
Accelerator Position No.1	1 号油门踏板绝对位置： 最小：0%，最大：100%	10%～22%：油门踏板松开 52%～90%：油门踏板完全踩下	在点火开关置于 ON 位置的情况下读取数值（不要起动发动机）
Accelerator Position No.2	2 号油门踏板绝对位置： 最小：0%，最大：100%	24%～40%：油门踏板松开 68%～100%：油门踏板完全踩下	在点火开关置于 ON 位置的情况下读取数值（不要起动发动机）
Accelerator Position No.1	1 号油门踏板位置传感器电压： 最小：0V，最大：5V	0.5～1.1V：油门踏板松开 2.6～4.5V：油门踏板完全踩下	在点火开关置于 ON 位置的情况下读取数值（不要起动发动机）
Accelerator Position No.2	2 号油门踏板位置传感器电压： 最小：0V，最大：5V	1.2～2.0V：油门踏板松开 3.4～5.0V：油门踏板完全踩下	在点火开关置于 ON 位置的情况下读取数值（不要起动发动机）
Accelerator Idle Position	油门踏板位置传感器是否检测到怠速： ON 或 OFF	ON：怠速运转	—
Throttle Fully Close Learn	节气门全关学习值： 最小：0V，最大：5V	0.4～0.8V	—
Accel Fully #1（AD）	1 号油门踏板位置传感器电压（AD）： 最小：0V，最大：4.980 4V	—	节气门电控系统维修数据
Accel Fully Close Learn #1	1 号油门踏板全关学习值： 最小：0°，最大：125°	—	节气门电控系统维修数据
Accel Fully Close Learn #2	2 号油门踏板全关学习值： 最小：0°，最大：125°	—	节气门电控系统维修数据
Fail Safe Drive	是否执行失效保护功能： ON 或 OFF	ON：节气门电空系统失效	—
Fail Safe Drive（Main CPU）	是否执行失效保护功能： ON 或 OFF	ON：节气门电空系统失效	—
ST1	制动踏板信号 ON 或 OFF	ON：制动踏板踩下	—

续表

检测仪显示	测量项目/范围	正 常 状 态	诊 断 备 注
System Guard	系统防护： ON 或 OFF	—	节气门电控系统维修数据
Open Side Malfunction	开启侧故障 ON 或 OFF	—	节气门电控系统维修数据
Throttle Position	节气门位置传感器： 最小：0%，最大：100%	• 8%～20%：节气门全关 • 64%～96%：节气门全开	• 基于 VTA1 的计算值 • 在点火开关置于 ON 位置的情况下读取数值（不要起动发动机）
Throttle Idle Position	节气门位置传感是否检测到怠速： ON 或 OFF	ON：怠速运转	—
Throttle Require Position	要求的节气门位置： 最小：0V，最大：5V	0.5～1.0V：怠速	—
Throttle Sensor Position	节气门位置： 最小：0%，最大：100%	• 0%：节气门全关 • 50%～80%：节气门全开	• ECM 上的节气门度识别值 • 在点火开关置于 ON 位置的情况下读取数值（不要起动发动机）
Throttle Sensor Positioning #2	2 号节气门位置传感器： 最小：0%，最大：100%	• 42%～62%：节气门全关 • 92%～100%：节气门全开	• 基于 VTA2 的计算值 • 在点火开关置于 ON 位置的情况下读取数值（不要启动发动机）
Throttle Position No.1	1 号节气门位置传感器输出电压： 最小：0V，最大：5V	• 0.5～1.1V：节气门全关 • 3.2～4.9V：节气门全关	在点火开关置于 ON 位置的情况下读取数值（不要起动发动机）
Throttle Position No.2	2 号节气门位置传感器输出电压： 最小：0V，最大：5V	• 2.1～3.1V：节气门全关 • 4.5～5.0V：节气门全关	在点火开关置于 ON 位置的情况下读取数值（不要起动发动机）
Throttle Position Command	节气门位置指令值： 最小：0V，最大：4.98V	0.5～4.9V	在点火开关置于 ON 位置的情况下读取数值（不要起动发动机）
Throttle Sens Open Pos #1	1 号节气门传感器开启器位置： 最小：0V，最大：4.980 4V	—	节气门电控系统维修数据
Throttle Sens Open Pos #2	2 号节气门传感器开启器位置： 最小：0V，最大：4.980 4V	—	节气门电控系统维修数据
Throttle Sens Open #1（AD）	1 号节气门位置传感器输出电压（AD）： 最小：0V，最大：4.980 4V	0.5～4.9V	在点火开关置于 ON 位置的情况下读取数值（不要起动发动机）
Throttle Motor	是否允许节气门执行器控制： ON 或 OFF	ON：怠速运转	在点火开关置于 ON 位置的情况下读取数值（不要起动发动机）

续表

检测仪显示	测量项目/范围	正常状态	诊断备注
Throttle Motor Current	节气门执行器电流： 最小：0A，最大：80A	0～3.0A：怠速	—
Throttle Motor	节气门执行器电流： 最小：0A，最大：100%	发动机暖机后怠速： 30%～50%	—
Throttle Motor Duty（Open）	节气门执行器占空比（开启）： 最小：0%，最大：100%	0%～40%：怠速	节气门电控系统维修数据
Throttle Motor Duty（Close）	节气门执行器占空比（关闭）： 最小：0%，最大：100%	0%～40%：怠速	节气门电控系统维修数据
O2S B1 S1	B1 S1 的加热型氧传感器输出电压： 最小：0V，最大：1.275V	0.1～0.9V： 以 70km/h（44m/h）的速度行驶	进行主动测试的控制喷油量或控制 A/F 传感器的喷油量功能可行使技师检查传感器的输出电压
O2S B1 S2	B1 S2 的加热型氧传感器输出电压： 最小：0V，最大：1.275V	0.1～0.9V： 以 70km/h（44m/h）的速度行驶	进行主动测试的控制喷油量或控制 A/F 传感器的喷油量功能可行使技师检查传感器的输出电压
Short FT #1	短期燃油修正： 最小：-100%，最大：99.2%	-0.2%～0.2%	短期燃油补偿用于使空燃比保持在理论空燃比
Long FT #1	长期燃油修正： 最小：-100%，最大：99.2%	-0.2%～0.2%	长期进行的全面燃油补偿，用于补偿短期燃油修正与中心值的持续偏差

步骤三 读取冻结数据。

进入故障诊断菜单并利用方向选择键选择"FREEZE FRAME VALUES"并按"OK"键进入下一界面选择"FRAME VALUES 0"读取冻结数据，如图 2.40 所示。

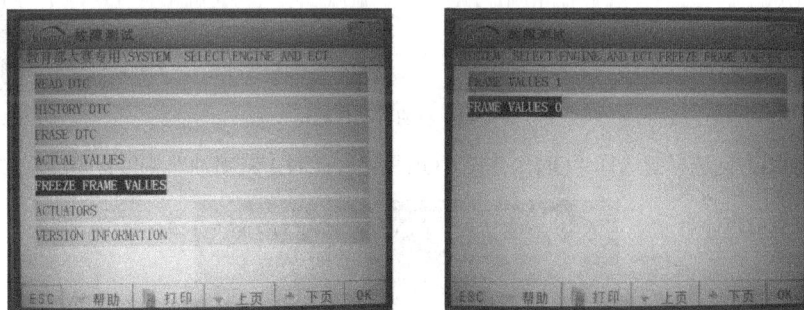

图 2.40 读取冻结数据

> **提示**
> 冻结数据表示故障发生瞬间车辆的运转状态即部分传感器执行器的工作情况。

冻结数据如图 2.41 所示。

操作三　执行元件动作测试

步骤一　设备组装。

参照本模块课题二操作一的组装方法并连接诊断仪。

步骤二　起动发动机，进入功能选择界面选择"ACTUATORS"进入下一级菜单，如图2.42所示。

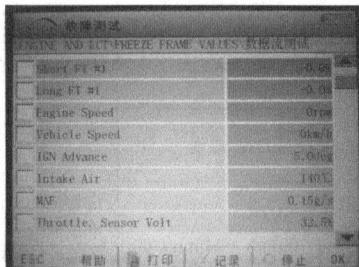

图2.41　冻结数据

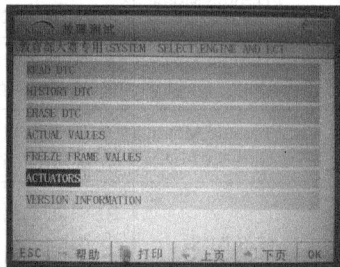

图2.42　功能选择界面

> ◆ 当发动机工作时发生有规律的抖动，出现缺缸现象，此时可以用喷油器动作测试的方法判定不工作的气缸。
>
> ◆ 某些执行元件的动作测试无需起动发动机，如燃油泵动作测试、散热风扇动作测试等。

步骤三　选择"Control the Cylinder #1 Fuel Cut"并按"OK"键进入1缸动作测试，切断1缸喷油器的工作，如图2.43所示。

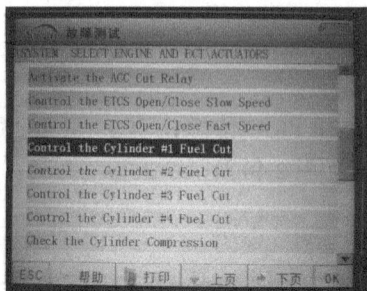

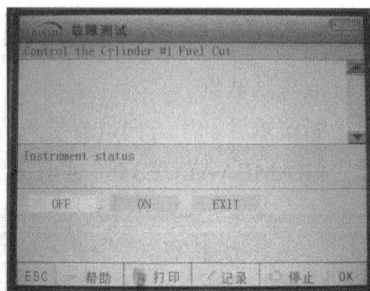

图2.43　喷油器动作测试

步骤四　利用方向选择键选择"ON"并按"OK"键，此时1缸喷油器将停止喷油，如图2.44所示。

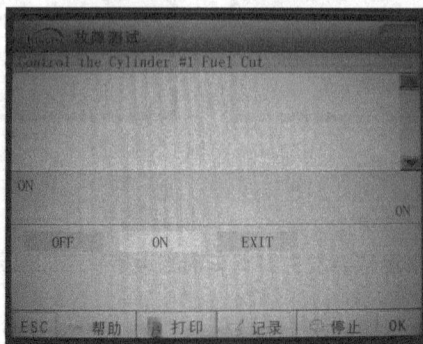

图2.44　切断喷油器工作

提示

◆ 若 1 缸喷油器停止喷油后，发动机工作状况无明显变化，则表明该缸在被切断前就未参与工作，反之该缸工作正常。第 2、3、4 缸喷油 2 动作测试与 1 缸操作方法一样。

◆ 该动作测试完毕后如需退出或测试其他执行器，可利用方向选择键选择"EXIT"，并按"OK"键确认或用触摸笔点击显示屏上的"EXIT"退出。按"ESC"键，诊断仪不作出任何动作。

操作四 采集传感器、执行器波形

提示

诊断仪器的示波功能可以实时采集电控系统传感器和执行器的波形，利用波形分析故障产生的原因。通过对点火波形的分析不仅可以诊断点火系统的火花塞、高压线、点火线圈等各元器件故障，还可以分析出进气系统、燃油系统的可能故障点，为汽车的运行技术状况和故障诊断提供科学的依据。

步骤一 认知汽车专用示波器，包括示波测试连接线、电源线等附件，如图 2.45 所示。

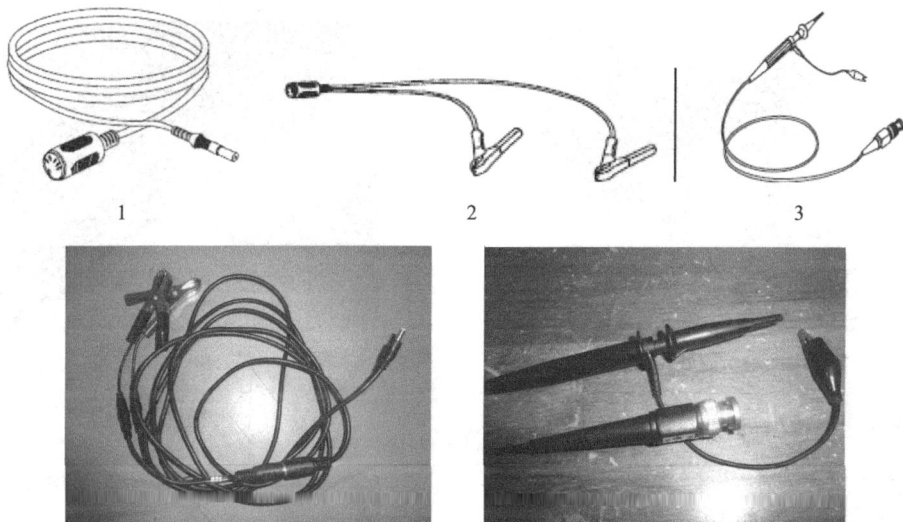

图 2.45 示波测试连接线、电源线
1—电源延长线；2—汽车鳄鱼夹；3—测试探针

提示

在测试探针上有 x1 和 x10 衰减挡，如图 2.46 所示。

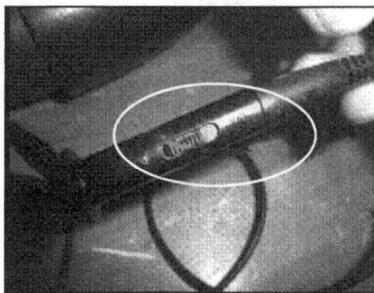

图 2.46 衰减挡

步骤二 关闭故障诊断仪电源，取下诊断卡，如图 2.47 所示。

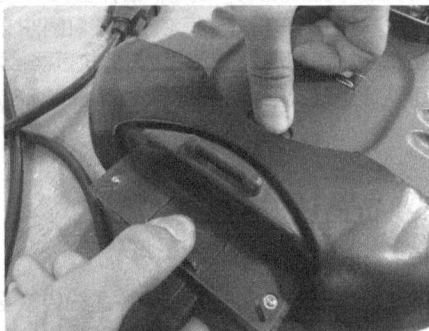

图 2.47 诊断卡

步骤三 安装波形测试卡并确认安装牢靠，如图 2.48 所示。

步骤四 连接测试探针，如图 2.49 所示。

图 2.48 波形卡

图 2.49 探针连接

步骤五 连接电源线，如图 2.50 所示。

图 2.50 电源连接

步骤六 将扎线器连接于凸轮轴位置传感器信号线并确认可靠连接，如图 2.51 所示。（不可靠会导致排故误判断）

步骤七 将测试探针信号采集端与扎线器连接，屏蔽层鳄鱼夹与车身搭铁连接，如图 2.52 所示。（信号采集端切勿与车身短接）

步骤八 起动发动机（检查挡位是否处于 P 位，手制动是否拉起）。

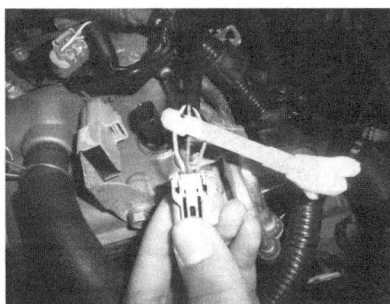

图 2.51　扎线器

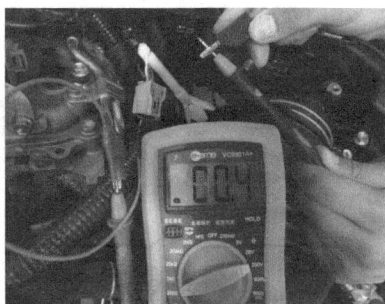

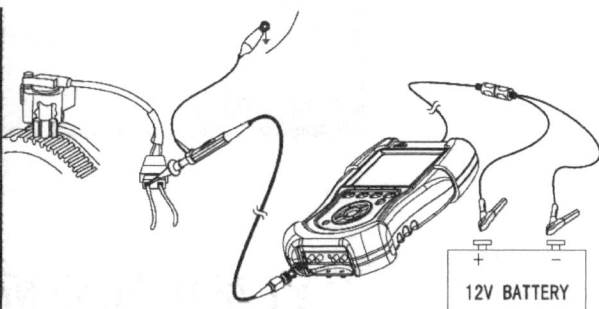

图 2.52　信号采集

步骤九　打开解码仪，选择"示波分析仪"并按"OK"键确认进入下一级菜单，如图 2.53 所示。

步骤十　选择"传感器"并按"OK"键确认进入下一级菜单，如图 2.54 所示。

图 2.53　主界面

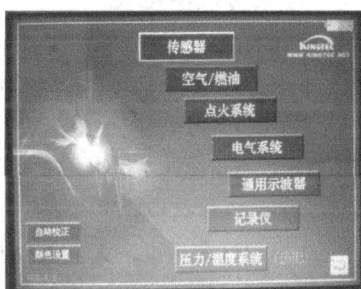

图 2.54　系统选择

步骤十一　选择"曲轴凸轮位置传感器"并按"OK"键确认进入下一级菜单，如图 2.55 所示。

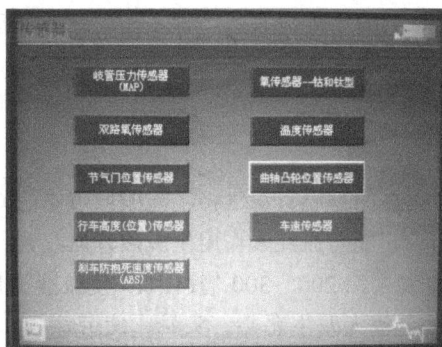

图 2.55　元件选择

步骤十二　利用方向选择键和"OK"键选择通道、周期、幅值、位置等功能将波形调整到最佳显示状态，如图 2.56 所示。

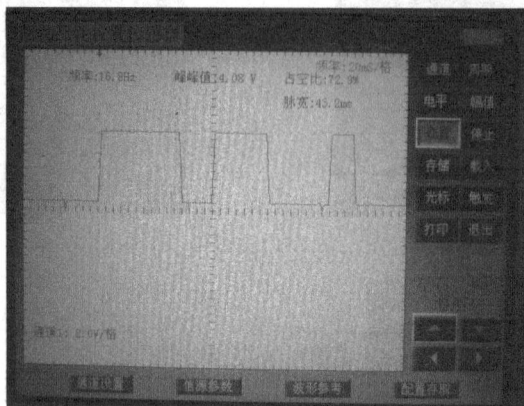

图 2.56　凸轮轴传感器波形

课题三　汽车尾气分析仪器

【基础知识】

一、汽车污染与汽车尾气

当前人们面临的严重的社会问题是人口、粮食、能源、资源和环境。在诸多的环境问题中，大气污染是一个十分严重的问题。震惊世界的"伦敦硫酸烟雾事件"（1952 年），洛杉矶"光化学烟雾事件"（1955 年）等均表明大气污染与人类对能源的利用有着密切的关系。

目前全球汽车保有量已达 7 亿辆，在人口稠密地区，发动机燃烧后排出的废气也严重污染了大气环境，发达国家经过近 30 年有步骤的科学治理，汽车排放已降得很低，正朝着超低污染和零污染发展。

现在只要一提起汽车污染，人们首先想到的是汽车尾气造成的污染，其实汽车污染除尾气排放外还有很多，如通过排放直接污染的噪声、曲轴箱窜气、燃油蒸发等；间接污染的有如轮胎等橡胶件的污染等。因此，尾气的排放污染是汽车污染的一种，但是在众多污染物中，尾气污染对人类的危害性、破坏性最大，而且人类也有过惨痛的教训。

通过汽车的尾气排入大气中的有害成分有数十种之多。此处仅就其中主要的几种污染物的性质、危害做个简单介绍。

二、废气中污染物的危害

1. 一氧化碳（CO）

一氧化碳是无色、无味、无臭的易燃有毒气体。一般城市中的 CO 水平对植物及有关的微生物均无害，但对人类有害，因为它能与血红素作用生成羧基血红素。实验证明，血红素与一氧化碳的亲合性较与氧的亲合能力大大约 200～300 倍，因此，使血液携带氧的能力降低而引起缺氧。一氧化碳被人体大量吸入之后会使人发生恶心、头晕、疲劳症状，严重时会使人窒息死亡，如图 2.57 所示。

CO 对人体危害程度的大小，由许多因素决定。空气中 CO 的浓度大小、同 CO 接触时间的长短、呼吸的速度以及有无吸烟习惯等对人们的受害程度有很大影响。

CO 是空气中最主要的污染物。人为排放的 CO 数量上已经超过了所有其他空气污染物的总和。现代发达国家城市中 CO 约 80% 是汽车排放的。CO 是由各种碳氢化合物不完全燃烧所产生。

2. 氮氧化物（NO_x）

大气中所含的氮氧化物有 N_2O、NO、NO_2、N_2O_3、NO_3、N_2O_5 等。造成空气污染的氮氧化物主要是 NO、NO_2。

NO 是一种无色无味的气体，稍溶于水，一般空气中的 NO 对人体无害。

NO 具有腐蚀性和生理刺激作用，能降低远方物体的亮度和反差，而且也是形成光化学烟雾[1]的主要物质，一般城市中的 NO_2 含量能引起急性呼吸道病变。

3. 碳氢化合物（HC）

HC 的主要来源有燃料的不完全燃烧和有机化合物的蒸发。城市中的 HC 虽然对健康无害，但能导致生成有害的光化学烟雾。

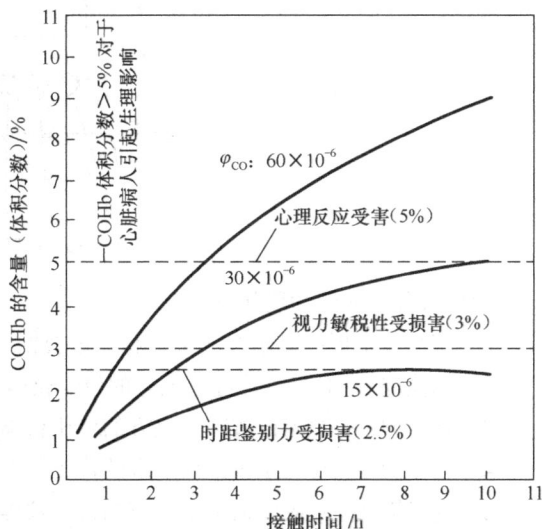

图 2-57 人体中 COHb 的含量随接触 CO 的含量和时间的变化

三、尾气分析仪的组成

仪器主要由仪器本体、短导管、前置过滤器、取样管、取样探头、嵌入式微型打印机等组成，如图 2.58 所示。

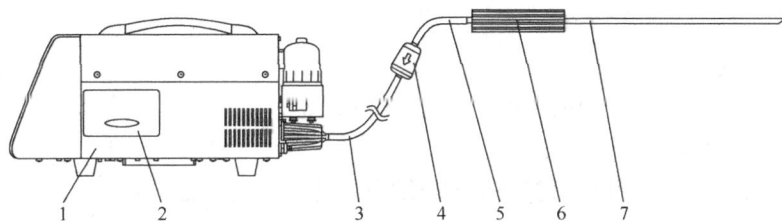

图 2.58 尾气分析仪的组成

1—仪器主机：控制检测过程、分析气体的成分；2—嵌入式微型打印机；
3—取样管（5m）：连接前置过滤器与废气分析仪的气样入口；
4—前置过滤器：对取样气体进行前置过滤；5—短导管：
连接前置过滤器与取样探头；6—取样探头把手；
7—取样探头：取样汽车的排气

1. 仪器前面板

仪器前面板的布置及各部分的名称，如图 2.59 所示。

---

[1] 光化学烟雾：指 HC 和 NO_x 在阳光作用下发生化学反应而生成的刺激性产物。

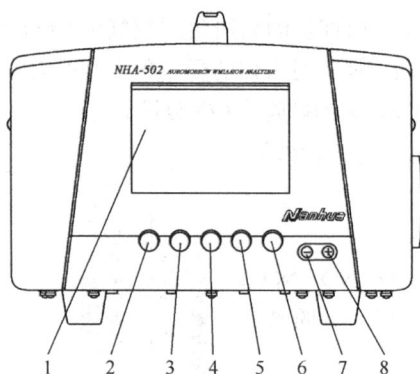

图 2.59 仪器前面板布置图

前面板各部分的功用如下。

1—液晶显示屏：显示中文菜单和测量数据；

2—功能键1：对应该按键正上方的位于仪器显示屏下部的功能菜单，执行菜单相应的操作；

3—功能键2：对应该按键正上方的位于仪器显示屏下部的功能菜单，执行菜单相应的操作；

4—功能键3：对应该按键正上方的位于仪器显示屏下部的功能菜单，执行菜单相应的操作；

5—功能键4：对应该按键正上方的位于仪器显示屏下部的功能菜单，执行菜单相应的操作；

6—功能键5：对应该按键正上方的位于仪器显示屏下部的功能菜单，执行菜单相应的操作；

7—"−"键：减少显示屏上文字、图形的对比度；

8—"+"键：增加显示屏上文字、图形的对比度。

> **提示** 在仪器的各个操作界面下，按"−"键或"+"键即可调节显示屏上文字、图形的对比度。用户可根据需要，调节到观察得最清晰为止。

2．仪器后面板

仪器后面板的布置及各部分的名称，如图 2.60 所示。

后面板各部分的功用如下。

1—反吹压缩空气入口：用于外接清洁的压缩空气进行反吹，压力 0.15～0.2MPa；

2—冷凝器及样气入口：样气入口通过取样管与前置过滤器出口相连，接入待测的样气，冷凝器可降低样气的温度，防止气体冷凝；

3—二次过滤器：过滤从水过滤器出水口流出的样气；

图 2.60 仪器后面板布置图

4—主排气口：样气测量后的排出口；

5—氧化氮传感器排气口；

6—油温信号插座：输入油温探头的信号；

7—转速信号插座：输入转速测量钳或转速适配器信号；

8—氧气传感器排气口；

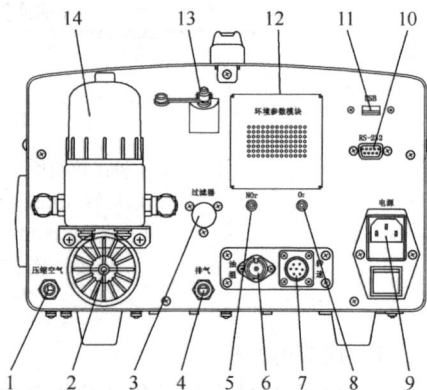

9—电源插座及开关：插座用于输入 220V 交流电源，开关用于接通或断开电源，内装 1A 保险管和电源噪声滤波器；

10—RS-232 插座：与外部计算机通信的 RS-232 接口；

11—USB 插座：U 盘接口，可将仪器储存的数据复制到 U 盘；

12—环境参数模块：用于外接温度、湿度和大气压力传感器；

13—标准气入口：用作校准或调零的标准气气体入口，压力约 0.02MPa；

14—水过滤器：分离待测样气中的油、水，滤去粉尘，需要根据实际使用情况更换内置的大、小圆筒滤芯。

> **Yo! 提示**
>
> 当过滤器使用时间过长或出现脏物时应立即更换，否则会影响测量精度，如图 2.61 所示。
>
>
>
> 图 2.61　水过滤器

【课题实施】

下面以丰田 COROLLA 1.6 AT GL 车型为例，讲述如何使用南华 NHA-502 型尾气分析仪正确读取该车的尾气排放参数。

操作一　仪器安装与连接

步骤一　将短导管一端与取样探头的末端连接，另一端与附件中的前置过滤器的入口相连。然后将 5m 取样管的一端与前置过滤器的出口相连，另一端与仪器的样气入口连接，如图 2.62 所示。

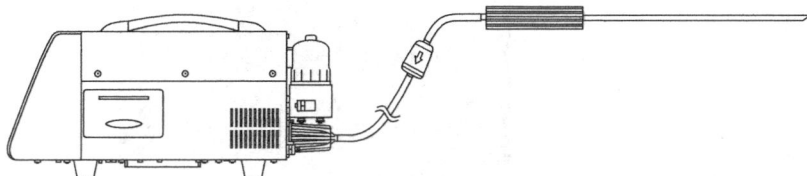

图 2.62　仪器安装与连接

前置过滤器按图所示方向连接，同时检查各连接处，确认连接牢靠，无泄漏，如图 2.63 所示。

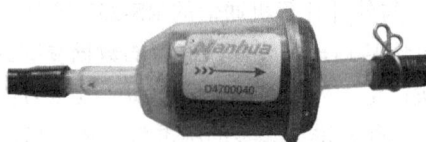

图 2.63 过滤器方向

步骤二 确认前置过滤器、水过滤器及二次过滤器里已分别装入洁净的滤芯。

步骤三 将电源线连接到仪器的电源插座。

操作二 **尾气测试，对参数进行分析**

步骤一 将电源线插到 220V 交流电源的插座上，接通仪器的电源开关，预热仪器。仪器液晶显示屏下部将出现提示："正在预热，请等待，剩余×××秒"，其中"×××秒"是以倒计时的方式显示剩下的预热时间，预热时间总共为 600s（10min），如图 2.64 所示。

图 2.64 预热仪器

◆ 预热时间为 600s 仅是仪器工作在环境温度为 20℃左右时的指标。如果环境温度比 20℃高得较多，仪器预热时间会相应缩短，如果比 20℃低得较多，预热时间将相应延长。只要达到了预热后的技术性能要求，仪器将会自动结束预热状态。

◆ 仪器开机 3min 后屏幕下方会提示"按任意键可提前进入测量"，此时可依照提示按任意键终止预热，进行检漏和调零步骤后，即可进入到主界面进行测量。但此时会由于光学部件等预热时间不足，造成仪器的测量精度不能保证，建议此时间段内只作为紧急测量使用，如图 2.65 所示。

图 2.65 "按任意键可提前进入测量"

步骤二　仪器预热完成后会自动进入"泄漏检查"，检查气路系统是否有泄漏，这时液晶显示屏下部将出现提示："用密封套堵住探头然后按任意键执行检漏"。应按此提示操作，按任意键。之后，会出现提示："正在检漏……××秒"，其中"××秒"表示剩下的检漏时间（倒计时，总共 10s），如图 2.66 所示。

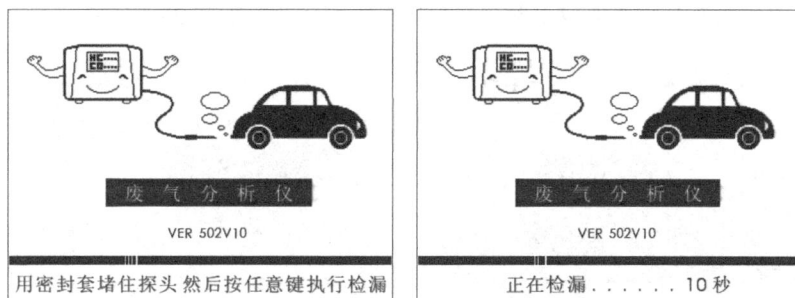

图 2.66　泄漏检查

检漏完毕，如有泄漏，将出现提示："有泄漏　请检查　按任意键重新检漏"用户应仔细检查整个气路，予以排除。如无泄漏，会出现提示："OK"字样，仪器将进入下一步骤，如图 2.67 所示。

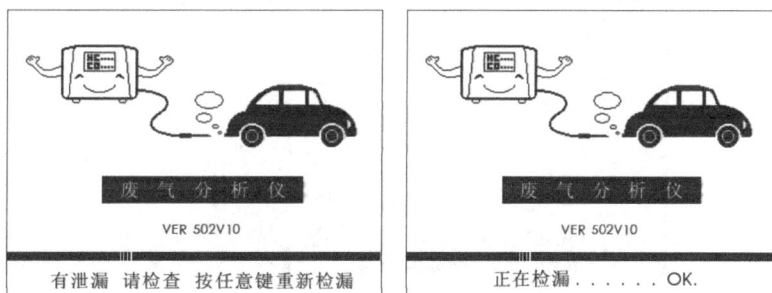

图 2.67　检漏完毕

步骤三　仪器进入自动调零时，显示屏下部将出现提示："正在调零　请等待"，其中"正在调零"字样闪烁。如果调零完成，显示屏右下角会显示"OK"，几秒钟后，下部的提示消失，显示屏进入主菜单，如图 2.68 所示。

图 2.68　自动调零

如果调零不正常, 显示屏下部将显示: "调零错误", 几秒钟后, 显示屏也将进入主菜单。

步骤四 将密封套从探头上取下并与汽车排气管相连接, 如图 2.69 所示。

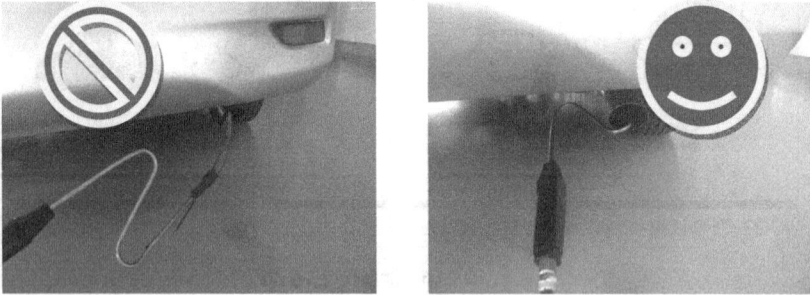

图 2.69 测试探头连接

步骤五 起动发动机。

步骤六 在仪器上选择测量, 仪器将进入实时测量模式, 如图 2.70 所示。

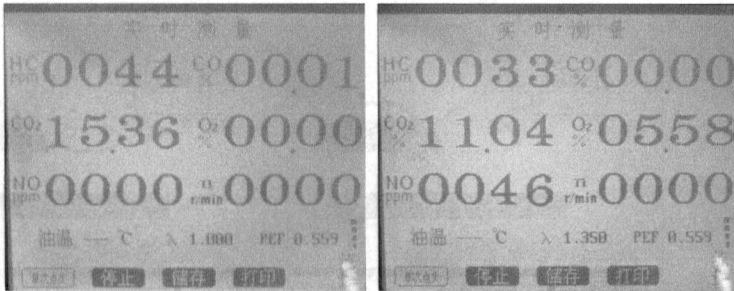

(a) 正常数据　　　　　　　　(b) 异常数据

图 2.70 实时测量

步骤七 故障分析, 如表 2.2 所示。

表 2.2 故障分析

故 障 原 因	CO	HC	CO_2	O_2
间歇性失火	低	很高	低	低
气缸压力	低	很高	低	低
混合比浓	很高	很高/高	低	低
混合比稀	很低	很高/高	低	很高/高
点火太迟	高	低	正常	正常
点火太早	低	高	正常	正常
EGR 阀漏气	变化	变化	低	正常
空气喷射系统	很低	很低	很低	很高
排气管漏气	低	低	低	高

课题四　燃油压力表、真空表

【基础知识】

一、气缸压缩压力检测分析

气缸压缩压力是反映发动机气缸密封性及配气相位工作性能的重要参数，可利用气缸压力表对各缸的压缩压力进行检测，并通过测量分析找出导致气缸压缩压力变化的原因。

正常的气缸压力值应符合制造厂的规定，各缸间误差不得超过其标准气缸压力规定值的10%或各缸平均值压力的8%。气缸压缩压力故障如表2.3所示。

表2.3　　　　　　　　　　气缸压缩压力故障

症　状	原　因
压缩压力不稳定	气门卡滞
相邻两缸缸压均低	气缸间衬垫损坏
一个或几个气缸压力很低	气门损坏，气门与座配合不良，活塞漏气
所有气缸压力均低	配气相位不对
所有气缸压力均高	积炭过多

向气缸压缩比低的气缸加适量机油，然后重新测量气缸压缩压力。重测压力比第一次高，并接近标准压力值，说明是气缸活塞与活塞环磨损、安装不当导致密封不严。重测压力与第一次相同，说明是进、排气门或气缸衬垫密封不严。

二、燃油压力检测分析

燃油压力检测是使用燃油压力表对燃油供给系统进行的故障诊断，燃油压力分析可以准确地判断出供油系统的故障点，它是发动机综合诊断中最基本的测试手段。燃油压力分析包括初始油压测试、工作油压测试、最大泵油压力测试和残余压力测试4个部分。

1. 初始油压

初始油压是点火开关打开后，未起动发动机时，控制电脑操作油泵运转几秒钟所建立起来的系统油压。初始油压等于燃油压力调节器在无真空情况下的系统油压调节值，通常为最大工作油压。若初始油压在点火开关打开几秒钟后，能够达到正常值，说明控制电脑、油泵继电器、油泵电路、油泵工作基本正常。

2. 工作油压

工作油压是发动机运转中的燃油系统油压，其油压的大小随发动机进气歧管真空度的变化而改变。怠速时，因进气歧管真空度最大，故此时工作油压最低；急加速时，因节气门突然打开，进气真空度减至最低，故此时工作油压最高。工作油压的具体数值，因车而异，一般在1.5～4kg/cm^2。对于不同车型，可按维修手册中的标准，用手动真空泵来调整调节器中真空度的大小，对应检查油压是否符合规定。工作油压正常与否对燃油系统的工作至关重要，往往判断工作油压是否正常是检查燃油系统故障的第一步，只有在确认燃油系统的油压正常的情况下，才能进一步判断电路是否有故障。在实际测试中，还应该测量燃油压力在高速大负荷行驶时的稳定性，以便确认燃油供给系统在动态工作中是否有堵塞或泄漏的故障，以及燃油泵在动态大流量时的供油能力。

3．急加速压力

在急加速时，由于节气门突然开大，进气管中真空度随之突然下降，导致燃油压力调节器真空室内的真空度迅速消失，燃油压力从工作油压迅速上升为 0.55kg/ cm^2，达到初始油压数值，这是燃油压力调节器控制的最高油压，这个油压的高低直接影响发动机的急加速性能。

4．油泵最大供油压力

在发动机运转时，使用钳子快速夹住燃油压力调节器的回油管，观察油路油压的突变情况。正常情况下油压应迅速上升，达到工作油压的 2～3 倍（油泵安全阀工作压力），若达不到此数值，说明油泵泄漏或工作不良。

5．残余压力

残余压力是指发动机熄火后，燃油供油管路中的保持油压。对于电控式喷射系统，其残余压力等于熄火时的油管压力。在正常情况下，残余压力应能稳定 20～30min。若下降太快，说明油路有泄漏。对于有泄漏的油路，可用夹住主油路的方法来判断油路前后段的泄漏情况，还可以用夹住调压器回油管的方法来判断调压器回油阀有无泄漏。

三、真空度检测分析

进气管真空度指进气管内的进气压力与外界大气压力之差。通过检测发动机进气歧管真空度来评价发动机进气系统的密封性，主要是针对汽油机而言。

汽油机采用"量"调节，即依靠节气门开度变化控制进入气缸混合气的量，改变发动机的输出功率。怠速时，节气门开度小，进气节流作用大，进气管中真空度较高；节气门全开时，进气管中真空度较小。由此可见，进气管的真空度首先取决于发动机的工作状态。检测进气管的真空度，大多数是在怠速条件下进行的，因为技术状况良好的汽油机怠速时，进气管真空度有一较为稳定的值，同时怠速时进气管真空度较高，对因进气管、气缸密封性不良引起的真空度下降较为敏感。

进气管真空度还与发动机的技术状况有关，可以反映燃烧室和进气管的密封性。若进气管垫、连接于节气门前后的真空管路密封不良，燃烧室、配气机构因磨损或故障间隙增大，以及点火系统和供油系统的调整等都会影响发动机进气管的真空度。因此，通过对进气管真空度的检测也可以发现这些部位的故障。

当利用真空表读出进气管真空度后，可以利用监测结果判断发动机的技术状况和故障，如表 2.4 所示。

表2.4　　　　　　　　　　发动机真空度技术状况表

测 试 工 况	标 准 值	故 障 症 状	原 因 分 析
起动工况	指针应稳定在2～5inHg	指针跳动或不稳	气门漏气；活塞环漏气；活塞与气缸壁间漏气；进气歧管漏气；发动机起动转速太低
		指针读数太低	进气系统真空漏气；真空管漏气；排气控制漏气；发动机损坏

续表

测试工况	标准值	故障症状	原因分析
怠速工况	指针读数稳定在15～22 inHg	指针读数比较低	活塞环漏气；进气系统漏气；排气控制漏气；点火时间过迟；气缸压力过低
		指针快速摆动	点火不良；进气歧管漏气；气缸垫漏气；气门烧蚀、漏气；气门弹簧弱（高速时快速摆动）
		指针大幅度漂移	相邻两缸间气缸垫损坏
		指针缓慢漂移超过4～5inHg	混合比不当；PCV系统阻塞；进气歧管垫漏气；排放系统装置有故障
		指针有规律的跌落	气门烧蚀；气门座烧蚀；气门座漏气
		指针偶尔跌落	点火系统不良；气门卡滞；气门导管卡滞；摇臂故障
		怠速时指针快速摆动，转速升高时稳定	气门导管磨损
		指针漂移超过2inHg	火花塞间隙不正确；高压电路电阻过高；高压线电路接触不良
高速运转工况	指针读数稳定在15～22 inHg	指针小幅度摆动	气门漏气
		指针大幅度摆动	气门卡滞
		指针逐渐降低	排气系统阻滞；排气管变形；消声器变形；排气管内部凹陷；消声器堵塞
急加速工况	节气门打开瞬间应降至5 inHg以下；节气门关闭瞬间应升至25 inHg以上	节气门打开瞬间未降至5 inHg以下	进气歧管阻塞；排气管阻塞；空气滤清器阻塞
		节气门关闭瞬间未上升至25 inHg以上	气缸磨损；真空泄漏

【课题实施】

下面介绍丰田COROLLA 1.6 AT GL车型发动机（1ZR-FE控制系统）燃油压力、进气管真空度和气缸压缩压力的检测。

一、燃油压力表正确连接和不同负荷状态下数值的读取

当汽车维修技术人员需要对燃油供给系统油压进行检测，从而分析判断故障位置时，需要利用燃油压力表对系统压力进行检测，读取各个工况的油压值。燃油压力表如图2.71所示。

操作一　**燃油管路泄压**

步骤一　检查车辆停放可靠，车辆挡块安装到位，变速器换挡杆处于驻车挡或空挡位置，驻车制动器实施制动，蓄电池电压正常，点火开关关闭。

步骤二　拆除后排座椅，拔下燃油泵线路连接器，切断燃油泵的控制电路，如图2.72所示。

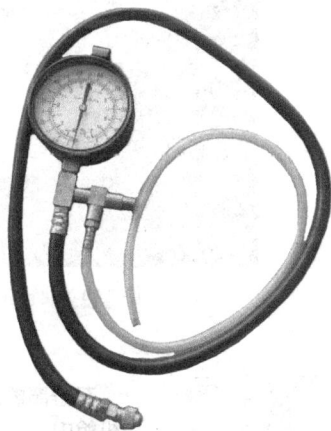

图2.71　燃油压力表

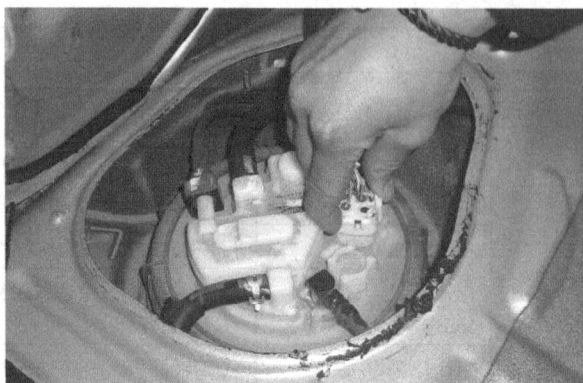

图 2.72 断开燃油泵连接器

提示

在拔除线路连接器时，不能盲目拽拉线路，要首先解除"锁扣"，然后将其轻轻拔下。

步骤三 起动发动机，让发动机怠速运转，直至其熄火停机。

步骤四 再次起动发动机，此时发动机应不能起动，说明燃油管路中已经没有压力存在，可以进行燃油压力表的连接。

操作二 连接燃油压力表

步骤一 准备燃油压力表及用于连接燃油管路的三通连接器，如图 2.73 所示。

图 2.73 三通连接器

步骤二 在发动机舱找到用于连接燃油压力表的可拆卸接头，将橡胶软管与金属管分离，如图 2.74 和图 2.75 所示

图 2.74 油管拆卸接头

图 2.75 拆卸燃油管路

提示

在分离燃油管路时，利用干净的抹布垫在管路下方，防止管路内残余的汽油流到发动机舱内。

步骤三　连接三通连接器和燃油压力表。注意连接到位、可靠，防止燃油管路内建立压力后燃油泄漏，如图 2.76 所示。

步骤四　将燃油压力表挂至发动机舱盖上，准备测量燃油压力，如图 2.77 所示。

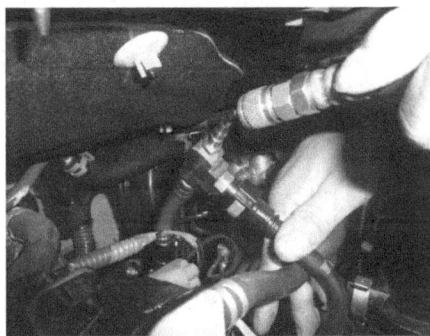

图 2.76　连接燃油压力表

图 2.77　测量燃油压力

操作三　燃油压力测试

步骤一　恢复燃油泵连接器的连接，使油泵能够正常投入工作。

步骤二　起动发动机，观察发动机处于怠速工况时油压表的指针读数，并记录测量数值。

步骤三　踩下加速踏板，观察发动机处于怠速工况时油压表的指针读数，并记录测量数值。

步骤四　关闭点火开关，观察发动机熄火 20～30min 后油压表指针的读数变化。

操作四　燃油管路复位

步骤一　按下燃油压力表的泄压按钮，解除燃油管路内的压力。也可以再次断开燃油泵控制电路，起动发动机进行泄压。泄压按钮如图 2.78 所示。

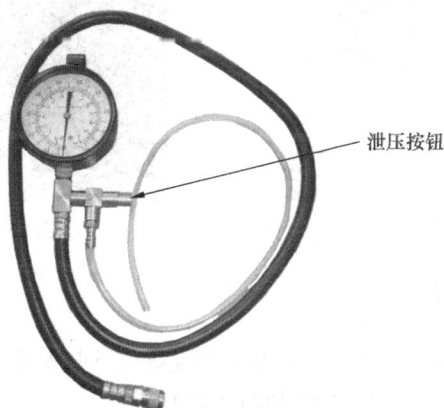

泄压按钮

图 2.78　燃油压力表泄压按钮

步骤二　拆除燃油压力表。

步骤三　重新连接燃油管路，燃油压力测试结束。

步骤四　查阅维修手册，对比测量值是否在标准范围内。

当怠速工况或发动机熄火后测得的燃油压力偏离标准值时，试分析故障原因。

二、缸压表正确连接和不同状态下数值的读取

气缸压力表是一种专业压力表，一般由表头、导管、单向阀和接头等组成。气缸压力表接头有螺纹管接头和锥形或阶梯形橡胶接头两种。螺纹管接头可以拧在火花塞或喷油器的螺纹孔中；橡胶接头可以压紧在火花塞或喷油器孔中。单向阀处于关闭位置时，可以保持测得的气缸压缩压力读数（保持压力表指针位置）；单向阀打开时，可使压力表指针回零，以用于下次测量。气缸压力表如图 2.79 所示。

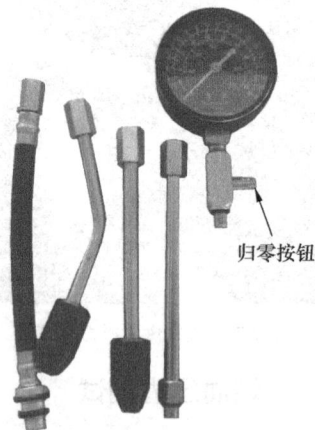

图 2.79 气缸压力表

归零按钮

操作一 拆除火花塞

步骤一 关闭点火开关，打开发动机舱盖，安装车外三件套。

步骤二 断开各缸点火线圈线路连接器，利用火花塞专用套筒及棘轮扳手拆卸各缸的火花塞，如图 2.80 和图 2.81 所示。

图 2.80 断开连接器

图 2.81 拆卸火花塞

操作二 读取气缸压力

步骤一 观察表头指针是否处于零位，如果不是则按下归零按钮。

步骤二 安装气缸压力表，如图 2.82 和图 2.83 所示。

图 2.82 螺纹管连接

图 2.83 橡胶管连接

步骤三　将气缸压力表螺纹管接头或橡胶接头与火花塞安装孔连接，如图 2.84 所示。

图 2.84　气缸压力表连接

步骤四　完全踩下加速踏板，使节气门处于最大开度位置。

步骤五　起动发动机，使起动机带动发动机运转 3～5s，读取单缸压缩压力值。

步骤六　重复读取气缸压力 2～3 次，并计算平均值。

> **提示**　当使用橡胶接头测量气缸压力时，为了保证测量数据可靠，必须防止在发动机起动运转时出现漏气。

操作三　复位

步骤一　安装火花塞，并利用扭力扳手按规定力矩上紧，如图 2.85 所示。

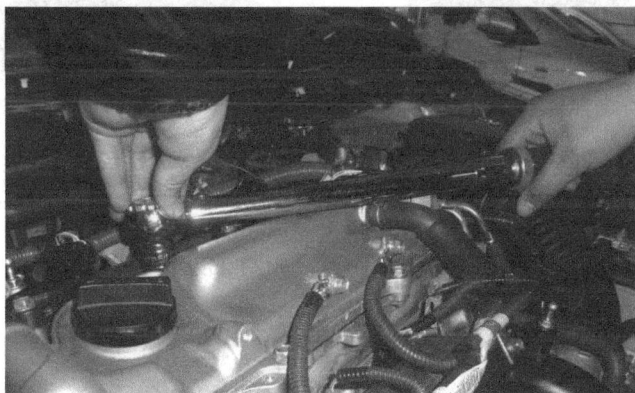

图 2.85　火花塞扭矩上紧

步骤二　连接火花塞线路连接器，起动发动机，观察发动机是否正常运转。

步骤三　使用汽车故障诊断仪清除故障代码。

> **提示**　起动发动机时，避免起动机处于长期运转状态，一般起动时间不超过 5s。

三、真空表正确连接和不同状态下数值的读取

真空分析是在发动机运转的条件下，通过对进气歧管真空度的变化规律进行观察，进而判断发动机机械部分故障的方法。

真空度测试是使用真空表在发动机进气歧管中测量不同工况下的真空度变化，进而达到分析发动机机械状况的一种分析方法。真空表显示数值单位通常有 3 种形式：毫米汞柱（mmHg）、英寸汞柱（inHg）和千帕（kPa）。在海拔高度为零，完全真空时，真空度为 101.58kPa。真空表指针反映进气歧管内与发动机外大气压之间的压力差，真空表读数因海拔高度不同而有所变化，因此，对于海平面以上高度，真空表读数要加以修正。例如，海拔每升高 100m，真空表读数就降低 0.67 kPa。真空表如图 2.86 所示。

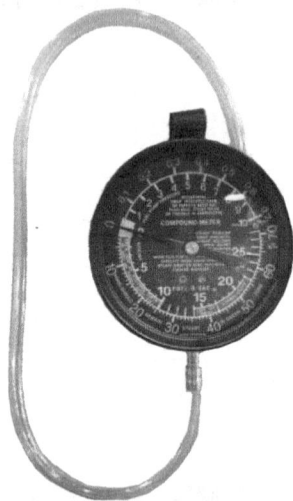

图 2.86　真空表

| 操作一 | **连接真空表** |

步骤一　拆卸节气门后方的真空软管，对于有卡箍连接的软管，需先用钳子拆卸，如图 2.87 所示。

步骤二　将真空表按要求连接至发动机节气门后方，如图 2.88 所示。

图 2.87　拆卸真空软管

图 2.88　连接真空表

| 操作二 | **读取进气歧管真空度** |

步骤一　起动发动机，使发动机热机至稳定怠速工况。

步骤二　读取怠速工况节气门后方的真空度，如图 2.89 所示。

图 2.89　读取真空度

操作三 **进气管复位**

步骤一 拆卸真空表。
步骤二 连接节气门后方的真空软管。
步骤三 起动发动机，观察发动机怠速转速是否正常。

模块总结

本模块主要讲述了数字万用表、汽车故障诊断仪、汽车尾气分析仪及压力表/真空表的常规操作方法。并对其在操作过程中容易发生的问题加以提示。

现代汽车电子控制单元及其控制线路的故障可以用该车型的专用故障诊断仪或通用汽车故障诊断仪来检测。由于不同车型电子控制单元的结构及其控制线路分布形式有很大的不同，故障诊断仪的使用方法也有很大的区别，因此，在检测之前应熟练掌握被测车型《维修手册》及《故障诊断仪使用手册》中所提供的有关检测技术、检测范围、检测步骤等内容。只有在此基础上，才能充分发挥故障诊断仪的作用，得到正确的检测结果。

在发动机故障诊断过程中，利用气缸压力表可以检测发动机气缸的压缩压力，并通过测量值判断发动机的技术状况，包括气门卡滞情况、气缸衬垫损坏状况、气门或活塞是否漏气、配气相位是否正确、燃烧室是否存在积碳等故障；利用真空表可以对发动机进气歧管真空度进行检测，并利用测量值来评价发动机进气系统密封性。若进气管垫、连接于节气门前后的真空管路密封不良，燃烧室、配气机构因磨损或故障导致间隙增大，以及点火系统和供油系统的调整等都会影响发动机进气管的真空度；利用燃油压力表可以对燃油供给系统进行故障诊断，通过读取初始油压、工作油压、最大泵油压力和残余压力来判断燃油泵、喷油器、油压调节器、燃油管路等的故障。在检测系统油压时，需要对燃油管路进行泄压操作，以防止燃油泄漏。

思考与练习

一、填空题

（1）万用表在使用时可随时校验，以防止由于万用表自身问题造成测量结果误判断。此时可利用_____方法对万用表进行校验。

（2）若蓄电池电压过_____会导致被测电路电压超出规定电压值范围，所以在测量电路故障之前，需对蓄电池_____进行测量。

（3）在测量过程中如无法看到万用表实时显示值，则可按下控制区域的_____按钮，锁定测量结果后与标准范围进行对比。

（4）对二极管的检测，主要是鉴别其_____和_____。一般万用表检测二极管时，用电阻挡检测它的导通电阻和反向截止电阻；正常情况下，二极管的导通电压为_____；短路（击穿的二极管）在导通和截止测试中电压_____；开路的二极管将在截止测试时显示_____字样。

（5）汽车传感器中，进气压力传感器、爆震传感器等产生的信号都属于_____，在检测过程中，应选用万用表的_____或示波器与频率信号相应的检测功能。

（6）温度常用的单位有_____和_____两种。后者将标准大气压下纯水的冰点温度定为0℃，沸点的温度定为100℃；而相应条件下的前者则为32℉和212℉。它们之间的换算关系为：_____。

（7）在被测电路的电流不确定的情况下，应将万用表的功能开关置于_____位置。

（8）闭合角是指点火线圈初级电路导通时间内_____的转角，闭合角的合理控制是为了使点火线圈既能产生足够的_____供给点火系，又能不使点火线圈通电时间太长而烧坏。

（9）汽车故障诊断仪器一定要在点火开关关闭的情况下先连接好_____后，再把测试接头连接到诊断座上，否则容易导致连接过程中因_____造成诊断座保险丝熔化。

（10）燃油压力分析包括_____、_____、最大泵油压力测试和_____测试4个部分。

（11）怠速时，节气门开度小，进气节流作用大，进气管中真空度_____；节气门全开时，进气管中真空度_____。

（12）若初始油压在点火开关打开几秒钟后，能够达到正常值，说明控制电脑、_____、油泵电路、_____工作基本正常。

二、选择题

1. 下列不能够让燃油泵停止工作的操作是（   ）。

A．拔下燃油泵继电器　B．断开燃油泵连接器　C．关闭点火开关　D．拔下油泵保险丝

2. 检测气缸压缩压力时，需要（   ）。

A．拆卸一个缸的火花塞　　　　　　　　　B．拆卸所有缸的火花塞

C．怠速控制阀全开位置　　　　　　　　　D．拔下起动继电器

3. 能够反映喷油器是否存在漏油的油压测量值是（   ）。

A．初始油压　　　　　B．工作油压　　　　　C．残余压力　　　　　D．急加速油压

三、简答题

分析发动机起动工况下测量进气管真空度时指针跳动的原因。

四、操作题

（1）参照模块二课题一操作一中所讲述的电压测量方法测量蓄电池电压并详细写出操作步骤以及注意事项。

_____

_____

_____

（2）参照模块二课题一操作三中所讲述的电路导通性检测方法及丰田 COROLLA 1.6 AT GL 车型全车电路图测量其中某一电路的导通性，并详细写出操作步骤以及注意事项。

_____

_____

_____

（3）假如现有一丰田 COROLLA 1.6 AT GL 轿车，维修工对该车确认读取到的故障代码为"P0102 空气流量计信号低输入"。请根据该故障码读取相对应的故障数据流并详细写出操作步骤以及注意事项。

_____

_____

_____

_____

（4）参照模块二课题二操作三中所讲述的执行元件动作测试方法利用汽车故障诊断仪对一辆丰田 COROLLA 1.6 AT GL 轿车发动机上的执行元件（喷油器、活性炭罐电磁阀、VVT 机油控制阀）做动作测试，并详细写出操作步骤以及注意事项。

_____

_____

_____

_____

（5）测量供油系统的参与压力，并详细写出操作步骤以及注意事项。

_____

_____

_____

_____

由于各个国家汽车电路图的绘制方法、符号标识以及文字、技术标准不同，因此，各个国家汽车电路图有很大差异，甚至同一个国家不同公司的汽车电路图也存在着较大差异，这就给识图带来诸多麻烦。要想完全读懂一种车型的整车电路图，特别是较复杂的轿车电路图并非是一件轻松的事，掌握汽车电路图的一般识读方法就显得十分必要。

知识目标

◎ 了解汽车电路图的表达方法
◎ 了解阅读汽车电路图的方法
◎ 掌握大众车系和丰田车系汽车电路图的表达方法

能力目标

◎ 能识读常见的大众车系电路图
◎ 能识读常见的丰田车系电路图

课题一 汽车电路图的表达方法

一、汽车电路图的表达方法

汽车电路图的表达方法有线路图、电路原理图、电路接线图、线束图、元件位置图等多种。

1. 线路图

线路图是传统的汽车电路表达方法，它把汽车电器在汽车上的实际位置用线从电源到开关至搭铁一一连接起来而构成的。这种画法的优点是由于电气设备的外形、安装位置都与实际情况一致，因此可以循线跟踪查线，导线中间的分支、接点容易找到，便于制作线束，故仍有不少厂家沿用。缺点是线路图中线束密集、纵横交错，读图和查找及分析故障不便。

2. 电路原理图

电路原理图是先用简明的图形符号按电路原理将每个系统从上到下合理连接起来，再将每个系统合理排列而成。这种画法对线路图作了高度的简化，图面清晰，电路简单明了，通俗易懂，电路连接控制关系清楚，因此对迅速分析排除电气设备的故障十分有利。

3. 电路连接图

电路连接图是为了表达电器件的每一个接线柱、继电器的每一个插脚及中央控制盒的每一个端子等和线束的每一个插接器插脚之间的连接关系而绘制的，它主要用来指导电器件和线束的装配。电路接线图是一种介于电路原理图和线束图之间的表达方式，它既表达电路连接关系，又表达电路工作原理。

4. 线束图

线束图是将有关电器的导线汇合在一起组成线束，以便于在汽车上安装。一套完整的线束图一般包括发动机线束图、仪表板线束图、车身线束图和空调线束图等。

5. 元件位置图

现代汽车结构紧凑，不同车型电器件的结构布局有很大差别。一些电器件比较隐蔽，为了维修和排除故障查找方便，绘制出了电器件的位置图。

当拿到一张汽车电路图，大多是接线图或是电路原理图，无论是哪一种电路图，一般都是线条密集、纵横交错、头绪多而杂，不容易看懂。在认识了汽车电路图中的图形符号及有关标志，知道了汽车电路图的种类，清楚了汽车电路图中的线路及接线柱标记的基础上，可以按照以下方法对整车电路图进行阅读。

二、汽车电路图的阅读方法

1. 善于化整为零

按整车电路系统的各功能及工作原理将整车电气系统划分成若干个独立的电路系统，分别进行分析。通常将整车电路分解成电源、起动、点火、照明、信号、仪表、报警等系统来进行分析。这样化整体为部分，可以有重点地进行分析，并且各个单元电路又有其自身的一些特点，以其自身的特点为指导去分析电路就会减少一些盲目性。因此，为了阅读方便，现在大多数汽车的电路原理图是按各个电路系统进行绘制的。

2. 认真阅读图注

图注是指插图的注解和说明。一般排在图题下面，少数排在图题之上。图注的行长一般不应超过图的长度，如图 3.1 所示。

在阅读局部电路图时，首先必须认真地阅读图注。清楚该部分电路包含的电气设备种类、数量等，有利于在读图中抓住重点。

3. 熟悉电器元件及配线

在分析某个系统电路时，要清楚该电路中所包括的各部件的功能、作用和技术参数等。

现代汽车的线路如同人的神经一样分布在各个区域，其复杂程度与日俱增，而线路中的配线插接器、接线盒、继电器、接地点等如同神经的"节点"。所以熟悉这些电器元件在电路图中的表示符号、位置、连接方式、内部电路，对阅读汽车电路图会有很大帮助。因此，在阅读线路时，要正确判断接点标记、线型和色码标志。需指出的是标记颜色的字母因语种不同而有区别，美国、日本及我国均采用英文字母；德国采用德语字母；前苏联采用俄语字母。

4. 注意开关的作用

开关是控制电路通断的关键，通常按操作开关的功能及不同工作状态来分析电路的工作原理。在标准画法的电路图中，机械开关总处于零位，即机械开关处于断开状态；电子开关的状态则视具体情形而定。如点火系统供电线路中，必须注明点火开关应处于点火挡或起动挡，点火线圈初级线圈才能得到点红电源信号。

5. 了解继电器的工作状态

现代汽车电路中经常采用各种继电器对一些复杂电路进行控制，特别是了解一些电子继电器的工作状态，对分析电路会有很大帮助。

交流发电机、蓄电池、起动机 ——— 本页所示电路的名称

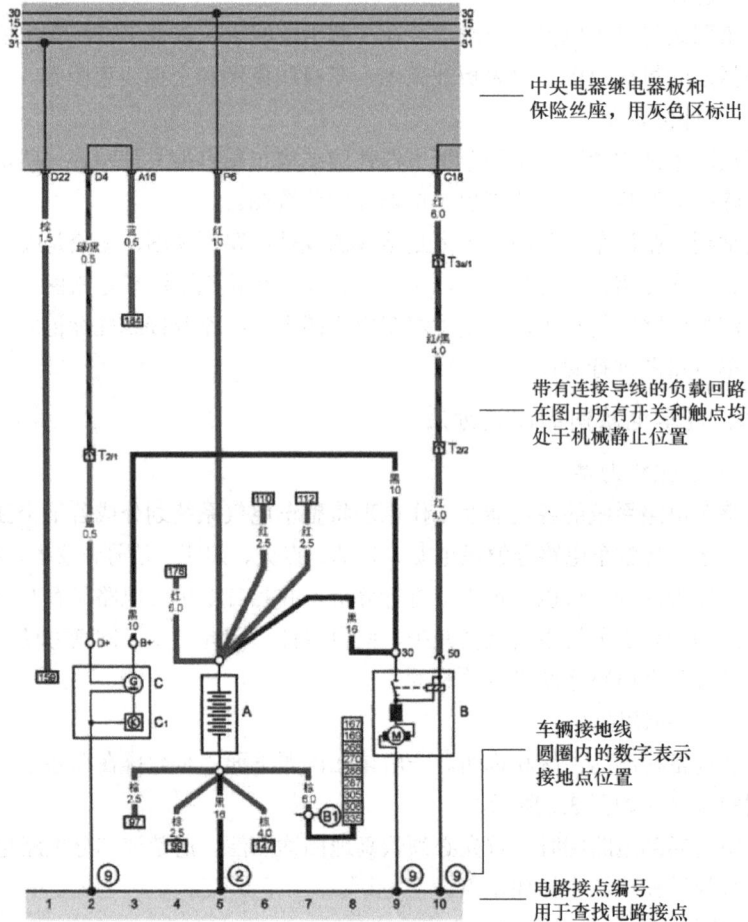

——— 中央电器继电器板和保险丝座，用灰色区标出

——— 带有连接导线的负载回路在图中所有开关和触点均处于机械静止位置

——— 车辆接地线圆圈内的数字表示接地点位置

——— 电路接点编号用于查找电路接点

A — 蓄电池
B — 起动机
C — 交流发电机
C1 — 调压器
D — 点火开关 ——— 元件代号及名称
T2 — 发动机线束与发电机线束插头连接，2针，在发动机舱中间支架上
T3a — 发动机线束与前大灯线束插头连接，3针，在中央电器后面
② — 接地点，在蓄电池支架上
⑨ — 自身接地
Ⓑ — 接地连接线，在前大灯线束内

图 3.1 电路图图注

  阅读电路图的主电路部分时，可以把含有线圈和触点的继电器，看成是由线圈工作的控制电路和触点电路，工作主电路中的触点只有在线圈电路中有工作电流流过后才能工作。电路图中所画为继电器线圈处于失电状态。

  6. 牢记回路原则

  在阅读电路图时，应掌握回路原则，即电路中工作电流是由电源正极流出，经用电设备后流回电源负极；电路中只有当电流流过用电设备时，用电设备才能工作。

另外，进口汽车一般只配有接线图，其原理图往往是车辆进口以后有关人员为研究、使用与检修而收集和绘制的。由于这些图的来源不同，收集时间不同以及符号、惯例的变更等，在画法上可能出现差异。所以，在读电路原理图时应注意相应的变化。

课题二 大众车系电路识读

【基础知识】

电路图可以使我们快速、准确地诊断出电路故障。电路图不仅表示线路连接，还包含了丰富的信息，如连接器的识别码、位置以及线路中的共用点。

大众汽车公司的电路图遵循德国工业标准 DIN 725527，其电路原理图采用了国际上流行的"纵向排列式画法"。

一、桑塔纳轿车电器主电源

1. 编号 30 的一路

是与蓄电池直接相连接的 12V 电源线，在停车或发动机熄火状态下均有电，电路图上将该线编号为 30。

2. 编号 15 的一路

在点火开关 D 处于 ON 位或 START 位时，第 4 掷开关将该路电源接通，它主要向小功率用电设备供电，电气原理图上将该线编号为 15。

3. 编号 X 的一路

在点火开关 D 处于 ON 位时，第 3 掷开关接通中间继电器 J59，由编号 30 的这一路电源经 J59 接通的触点向大功率用电设备供电。电气原理图上将该线编号为 X。

4. 编号 31 的一路

编号 31 为搭铁线，它与中央接线盒支架搭铁点相连接。

二、大众汽车电路图的识读要点

1. 电路采用纵向排列，垂直布置

电源线为上"+"下"-"，从左到右同一系统的电路归纳到一起，按电源电路、起动电路、点火电路、仪表电路、灯光照明电路、信号与警报装置电路、刮水和洗涤装置电路、电动后视镜控制电路、电动车窗升降控制电路、集控门锁控制电路、空调控制电路、双音喇叭控制电路的顺序排列。

2. 全车电路图分为 3 部分

最上面部分分为中央配电盒电路（图中灰色区域），其中标明了熔断器位置、容量和继电器位置编号及接线端子编号等，中间部分是车上的电器元件及连线，最下面的横线是搭铁线。

3. 导线

导线在图上以粗实线画出，集中在图的中间部分。每条线上都有导线的颜色、导线的截面积的标注。导线的颜色标记以字母表示。对应关系为：ws = 白色；sw = 黑色；ro = 红色；br = 棕色；gn = 绿色；bl = 蓝色；gr = 灰色；li = 紫色；ge = 黄色。如果导线是双色的，则以两种颜色的字母共同标记，如 ro/sw、sw/ge 等。导线的截面积以数字标示在导线颜色下（或上）方，单位是平方毫米（mm^2），如 4.0、6.0 表示 4.0mm^2、6.0mm^2。

三、电路图结构分析

一般而言，电路图都是由电路的名称、中央电器继电器板和保险丝座、负载回路、车辆接地点及相应的编号、元件代码和名称所组成，其具体结构如图 3.2 所示。

电路图结构

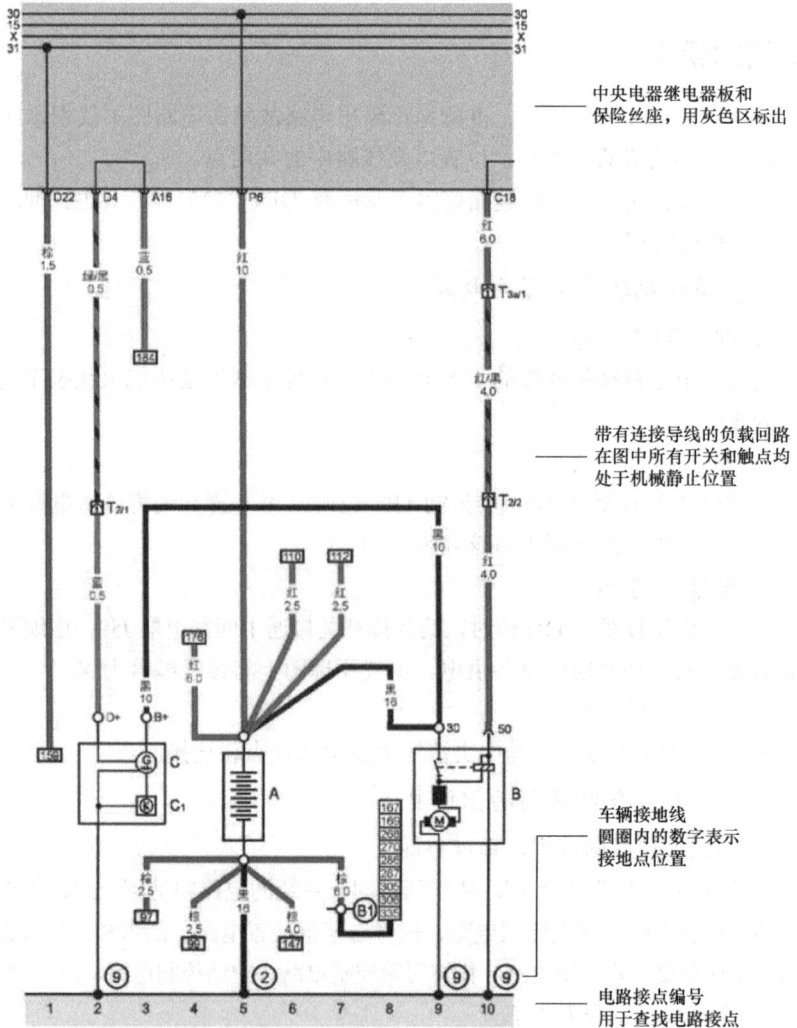

图中标注	说明
交流发电机、蓄电池、起动机	本页所示电路的名称
	中央电器继电器板和保险丝座，用灰色区标出
	带有连接导线的负载回路在图中所有开关和触点均处于机械静止位置
	车辆接地线圆圈内的数字表示接地点位置
	电路接点编号用于查找电路接点

A — 蓄电池
B — 起动机
C — 交流发电机
C1 — 调压器
D — 点火开关
T2 — 发动机线束与发电机线束插头连接，2 针，在发动机舱中间支架上
T3a — 发动机线束与前大灯线束插头连接，3 针，在中央电器后面
② — 接地点，在蓄电池支架上
⑨ — 自身接地
Ⓑ① — 接地连接线，在前大灯线束内

元件代号及名称

图 3.2 电路图结构

四、电路图例解

电路图例解，如图 3.3 所示。

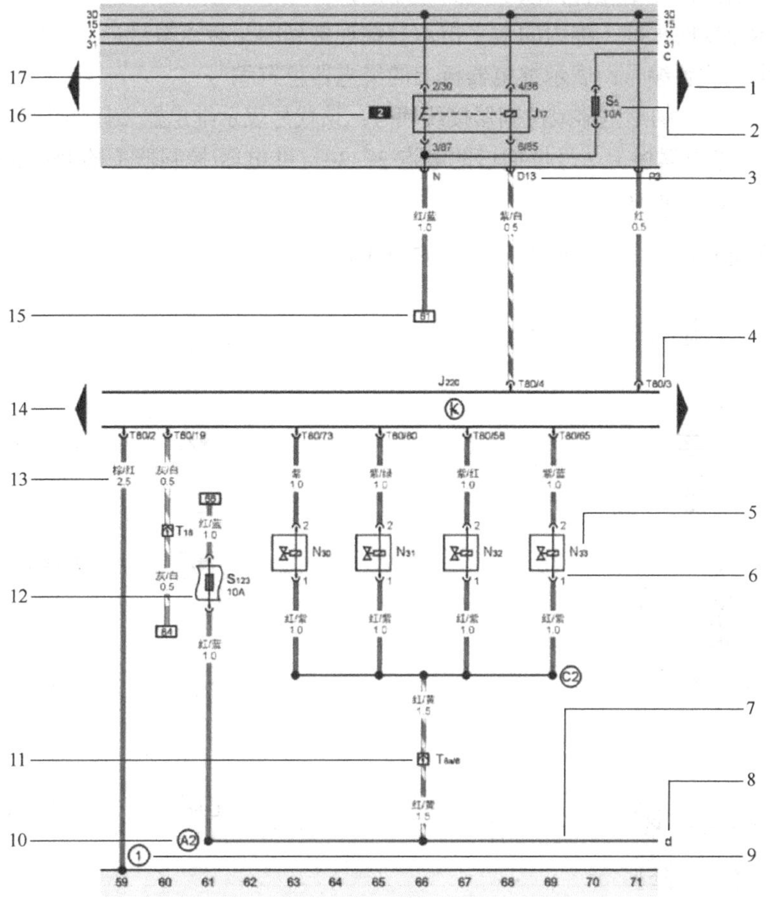

图 3.3 电路图例解

1—三角箭头：表示下接下一页电路图；

2—保险丝代号：图中 S5 表示该保险丝位于保险丝座的第 5 号位，10A；

3—继电器板上插头连接代号：表示多针或单针插头连接和导线的位置，例如，D13 表示多针插头连接，D 位置触点 13；

4—接线端子代号：表示电器元件上的接线端子数/多针插头连接触点号码；

5—元件代号：在电路图下方可以查到元件的名称；

6—元件的符号：可参见电路图符号说明；

7—内部接线（细实线）：该接线并不是作为导线设置的，而是表示元件或导线束内部的电路；

8—指示内部接线的去向：字母表示内部接线在下一页电路图中与标有相同字母的内部接线相连；

9—接地点的代号：在电路图下方可查到该代号接地点在汽车上的位置；

10—线束内连接线的代号：在电路图下方可查到该不可拆式连接位于哪个导线束内；

11—插头连接：例如，T8a/6 表示 8 针 a 插头触点 6；

12—附加保险丝符号：例如，S123 表示中央电器附加继电器板上第 23 号位保险丝，10A；

13—导线的颜色和截面积：单位：平方毫米（mm²），例如，"棕/红 2.5"表示导线的颜色是棕/红色，导线的截面积是 $2.5mm^2$；

14—三角箭头：指示元件接续上一页电路图；

15—指示导线的去向：框内的数字指示导线连接到哪个接点编号；

16—继电器位置编号：表示继电器板上的继电器位置编号；

17—继电器板上的继电器或控制器接线代号：该代号表示继电器多针插头的各个触点；例如，2/30 表示：2 = 继电器板上 2 号位插口的触点 2；30 = 继电器/控制器上的触点 30。

五、电路图符号说明

大众汽车电路图中各种符号的含义，如图3.4所示。

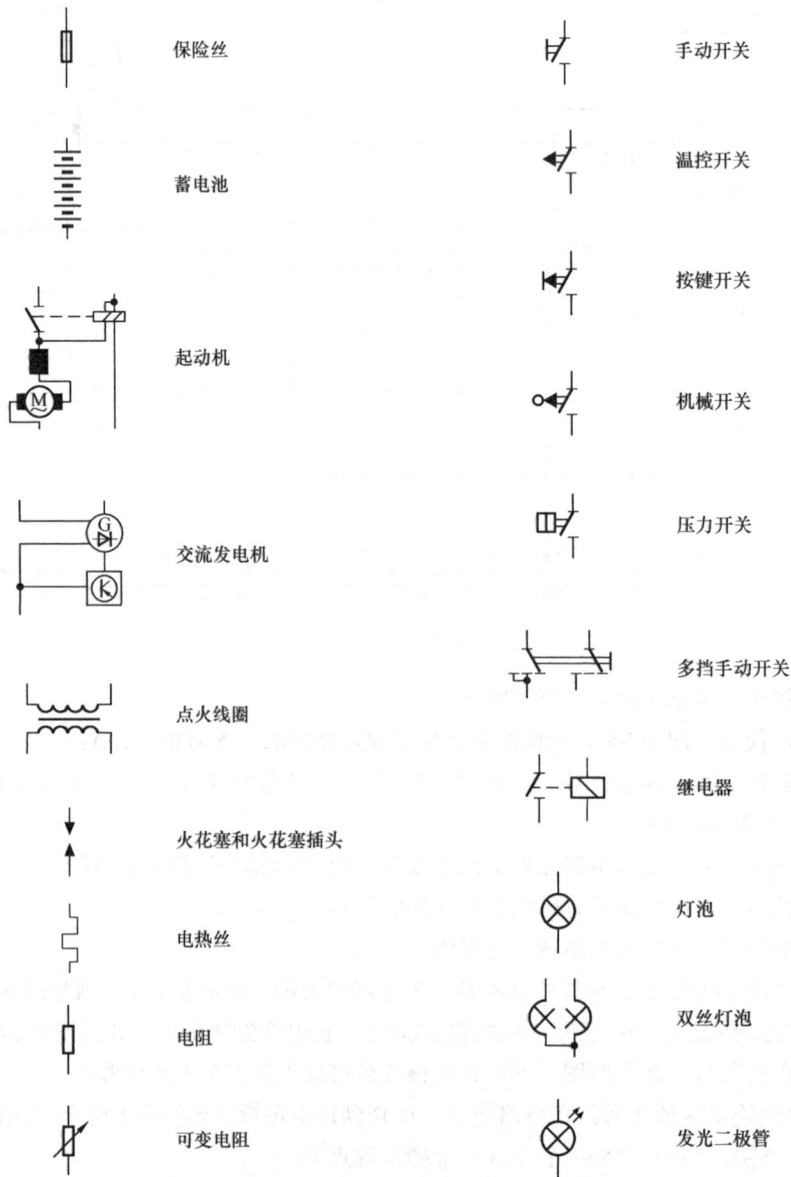

	保险丝		手动开关
	蓄电池		温控开关
	起动机		按键开关
			机械开关
	交流发电机		压力开关
			多挡手动开关
	点火线圈		继电器
	火花塞和火花塞插头		灯泡
	电热丝		双丝灯泡
	电阻		
	可变电阻		发光二极管

图 3.4　电路图符号

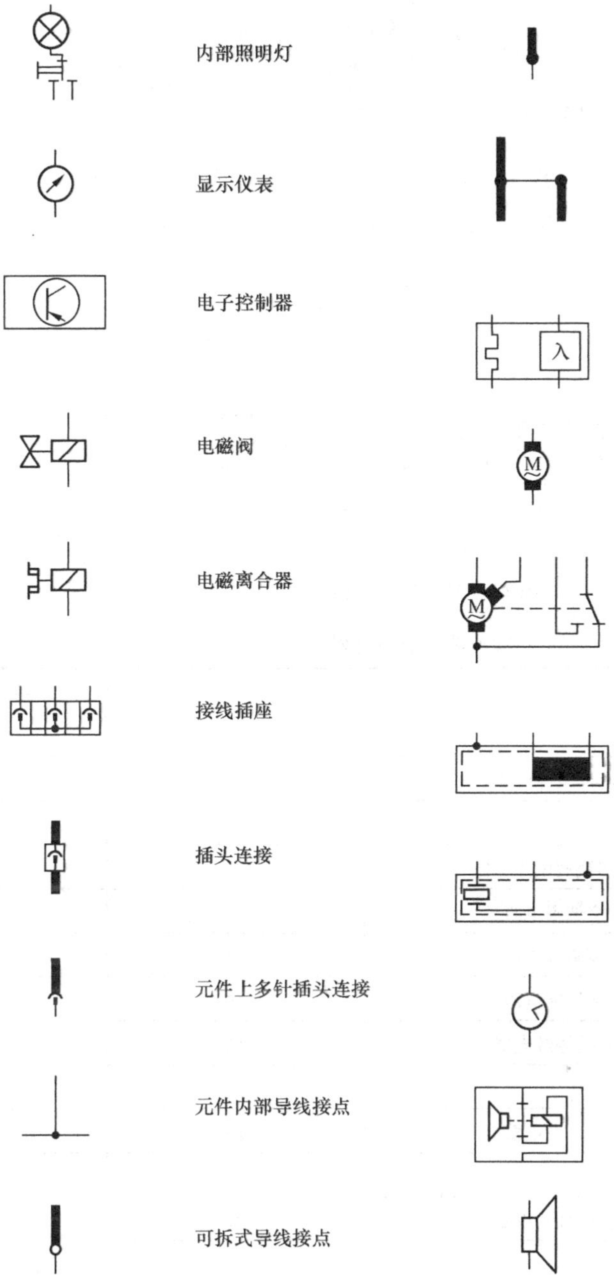

⊗	内部照明灯		不可拆式导线接点
⊘	显示仪表		线束内导线连接
Ⓚ	电子控制器	入	氧传感器
	电磁阀	Ⓜ	电机
	电磁离合器	Ⓜ	双速电机
	接线插座		感应式传感器
	插头连接		爆震传感器
	元件上多针插头连接	⊘	数字钟
	元件内部导线接点		嗽叭
	可拆式导线接点		扬声器

图 3.4　电路图符号（续）

六、中央电器继电器板和保险丝座

1. 继电器位置和名称

大众汽车电器线路以中央配电盒为中心进行控制，大部分继电器和保险丝安装在中央配电盒的正面，插接器和插座安装在中央配电盒的背面，以便于更换和维修，如图 3.5 和表 3.1 所示。

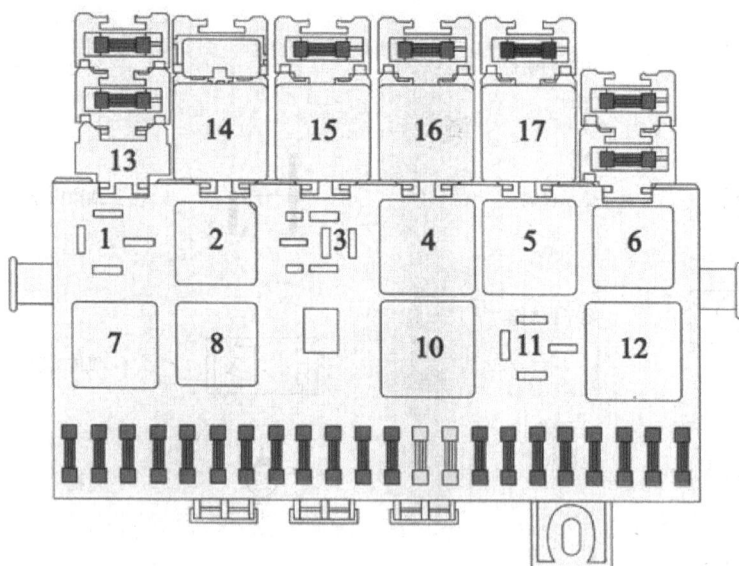

图 3.5　中央电器继电器板

表 3.1　　　　　　　　　　　　　　　　继电器位置及注解

继电器位置	名　称	产品序号	备　注
1			空位
2	燃油泵继电器	167	
3			空位
4	冷却液液位控制器	42a	
5	空调继电器	13	
6	喇叭继电器	53	
7	雾灯继电器	15	
8	X-接触继电器	18	
9			空位
10	刮水继电器	19	
11			空位
12	转向灯继电器	21	
13			诊断线插座
14	摇窗机自动下降继电器		
15	摇窗机延时继电器		
16	内顶灯延时继电器	ZBC 955 531	
17	压缩机切断继电器	147	

2. 保险丝

保险丝名称和容量如图 3.6 和表 3.2 所示。

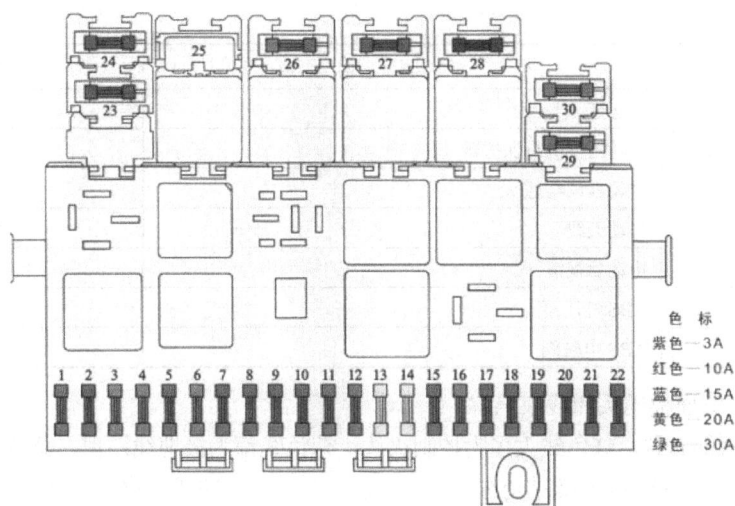

图 3.6 保险丝名称及容量

色标
紫色—3A
红色—10A
蓝色—15A
黄色—20A
绿色—30A

表 3.2　　　　　　　　　　　　　　　　保险丝位置及注解

号　码	说　明	容　量
S1	散热风扇（不开空调时）	30A
S2	制动灯	10A
S3	点烟器、集控门锁、数字钟、内顶灯、后阅读灯	15A
S4	报警灯	15A
S5	燃油泵	10A
S6	前雾灯	15A
S7	左尾灯、左前停车灯	10A
S8	右尾灯、右前停车灯、发动机舱照明灯	10A
S9	右前大灯（远光）	10A
S10	左前大灯（远光）	10A
S11	前风窗刮水器、清洗泵	15A
S12	电动摇窗机、ABS控制单元	15A
S13	后窗除霜器	20A
S14	空调继电器	20A
S15	倒车灯、车速传感器	10A
S16	喇叭	15A
S17	发动机控制单元	10A
S18	喇叭继电器、灯光开关、ABS警告灯	10A
S19	收放机、转向灯、防盗器控制单元	10A
S20	牌照灯、杂物箱照明灯	10A
S21	左前大灯（近光）	10A
S22	右前大灯（近光）	10A
S123	喷嘴、空气质量计、炭罐电磁阀、氧传感器加热	10A

续表

号码	说明	容量
S124	后雾灯	10A
S125	电动摇窗机热保护器	
S126	空调鼓风马达	30A
S127	自动天线	10A
S128	电动后视镜	3A
S129	ABS 液压泵	30A
S130	ABS 电磁阀	30A

3．中央电器背面板插头和线束名称

中央配电盒背面布置，红色线大多为控制火线，棕色线都为接地线；白、黄色线用于控制灯；蓝色线大多用于指示灯或传感器；全绿、红/黑或绿/黑用于脉冲式继电器，不同用处的导线采用不同的底色和嵌色。保险丝的容量可以从它的颜色来判断：紫色为 3A，红色为 10A，蓝色为 15A，黄色为 20A，绿色为 30A，如图 3.7 和表 3.3 所示。

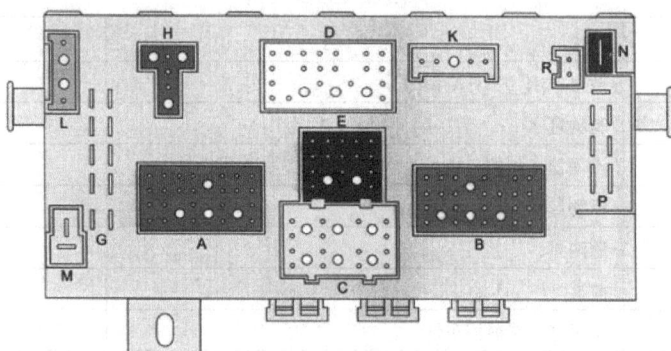

图 3.7 中央电器背面板结构

表 3.3 中央电器背面导线连接器注解

组合插头代码	用于连接的线束名称	插座颜色
A	仪表板线束	蓝色
B	仪表板线束	红色
C	前大灯线束	黄色
D	发动机线束	白色
E	尾部线束	黑色
G	连接单个插头	不定
H	空调操纵线束	棕色
K	空位	—
L	连接喇叭继电器（在仪表板线束内）	灰色
M	空位	—
N	单个插头	黑色
P	连接单个插头	不定
R	空位	—

【课题实施】

操作 桑塔纳轿车的起动电路识读

步骤一 分析桑塔纳轿车的起动电路，如图 3.8 所示。

电路图

交流发电机、蓄电池、起动机、点火开关

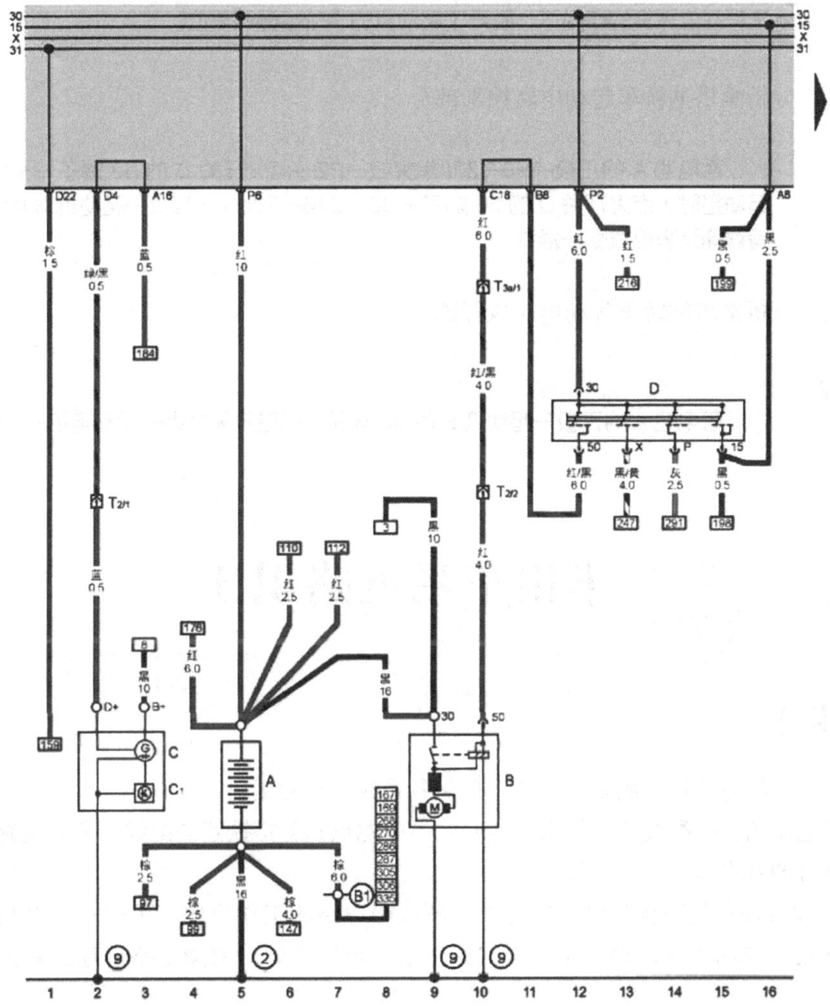

A — 蓄电池
B — 起动机
C — 交流发电机
C1 — 调压器
D — 点火开关
T2 — 发动机线束与发电机线束插头连接，2 针，在发动机舱中间支架上
T3a — 发动机线束与前大灯线束插头连接，3 针，在中央电器后面
② — 接地点，在蓄电池支架上
⑨ — 自身接地
⑧ — 接地连接线，在前大灯线束内

图 3.8 桑塔纳起动电路图

提示

◆ 桑塔纳系列轿车直流起动机由点火开关直接控制，当点火开关 D 置于第 2 挡位置时，点火开关第 1 掷将起动机的电磁开关线圈与编号 30 的这一路电源接通，起动开关铁芯带动拨叉，使起动机驱动齿轮与发动机飞轮齿圈相啮合。与此同时，蓄电池正极电流经蓄电池线束向起动机输入强电流产生的大扭矩，通过单向啮合器驱动发动机。

◆ 当发动机被起动工作后，单向啮合器开始打滑，此时点火开关在自动复位机构的作用下即回到 1 挡，起动机的电磁开关断电切断了起动机电源，起动机驱动齿轮在传动叉销回位弹簧的作用下，脱开了起动机的飞轮齿圈而复位。

步骤二 分析桑塔纳轿车起动电路控制部分。

提示

蓄电池 A 的正极—P6—30#常火线—P2—点火开关 D 的 30 端子—（点火钥匙处于起动挡时）点火开关 D 的 50 端子—B6—C16—T3a/1—T2/2—起动机 B 的 50 端子—保持线圈及吸拉线圈—搭铁。

步骤三 分析桑塔纳轿车起动电路执行部分。

提示

蓄电池 A 的正极—起动机 B 的 30 端子—电磁开关触点—起动电机—搭铁。

课题三 丰田车系电路识读

【基础知识】

车辆上安装的电路按所属系统划分，提供各系统电路的资料。

各系统电路的实际配线是指从蓄电池开始的电源点到各搭铁点的配线（所有电路图均显示所有开关关闭时的状态）。

对任何故障进行故障排除时，首先要了解故障电路的工作原理，了解对此电路供电电源的工作原理和搭铁点的工作原理。了解电路原理后，可以开始对故障电路进行故障排除，找出故障原因。

一、电路图简介

为理解系统线路图并能找到故障，必须知道零件在车辆上的安装部位及其零件间的相互连接关系。电路图即为每一种车辆型号而配备。电路图（EWD）书的封面如图 3.9 所示。

1. 电路图章节代码

电路图章节代码如图 3.10 所示。

2. 缩写词

缩写词用于零部件等，在电路图中经常使用。这些缩写词在"缩写词章节"列出。使用电路图时，参照该章节查找缩略语所代表的含义，如图 3.11 所示。

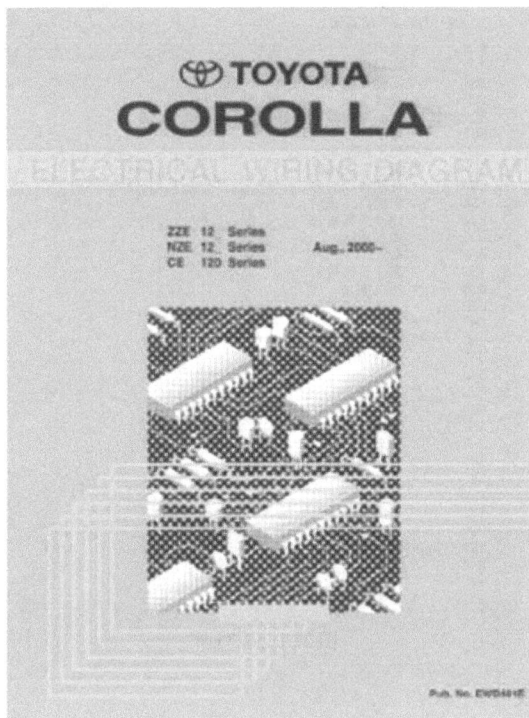

图 3.9 电路图中的封面

COROLLA

电路图

	章节代码	页码
指导	A	2
怎样使用这本手侧	B	3
故障排除	C	12
缩写词	D	17
术语和符号的汇编	E	18
继电器位置	F	20
电路图	G	34
系统电路	H	91
接地点	I	294
电源（电流图）	J	302
连接器表	K	308
连接器的零件编号	L	320
全车电路图	M	324

图 3.10 电路图章节代码

缩写词　　　　　　D

缩写词

本手册使用以下缩写词

A/C	= 空调器
A/T	= 自动传动桥
ABS	= 防抱死制动系统
COMB.	= 组合
DLC3	= 诊断连接器
ECT	= 电子控制变速器
ECU	= 电子控制单元
EFI	= 电子燃油喷射
EMPS	= 电动转相助力
ESA	= 电控点火提前
EVAP	= 燃油蒸气排放
G.C.C.	= 中东地区
H/B	= 后抱门型
ISC	= 怠速转速控制
J/B	= 接线盒
LED	= 发光二极管
LH	= 左侧
LHD	= 左侧驾驶
M/T	= 手动传动桥
O/D	= 超速
R/B	= 继电器盒
RH	= 右侧
RHD	= 右侧驾驶
S/D	= 轿车型
SRS	= 乘员辅助保护系统
SW	= 开关
TEMP.	= 温度
TVSS	= 丰田车辆安全系统
VSV	= 真空控制阀
VVT-i	= 智能型可变气门正时
W/G	= 厢式
w/	= 带
w/o	= 不带

图 3.11　缩写词

3．术语和符号词汇表

电路图使用的符号代表各种零部件，如电池和半导体等。这些符号列入"术语和符号词汇表"部分，如图 3.12 所示。

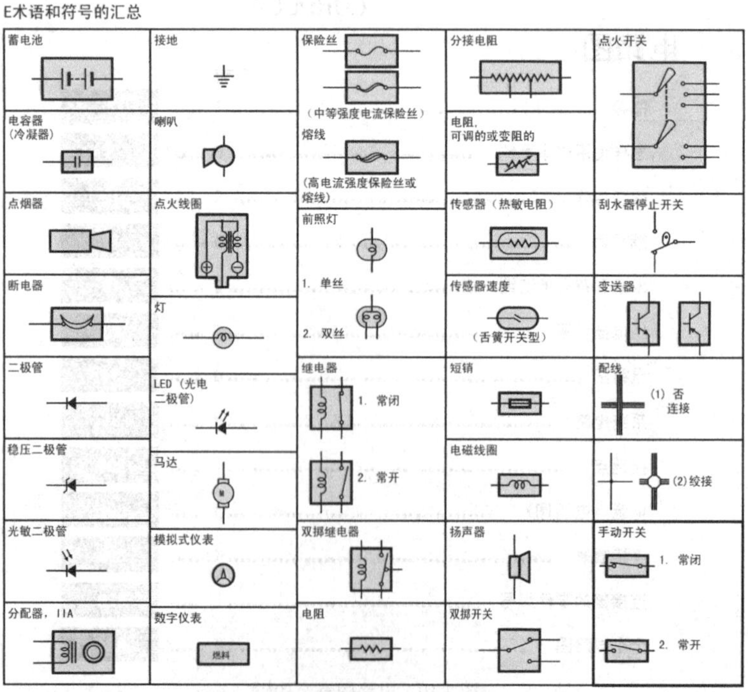

图 3.12　术语和符号词汇表

4. 系统索引

目录页按字母顺序列出所有系统。各个系统电路项目的解释表示在该页开头部，如图3.13所示。

系统电路H

COROLLA

电路图

系统电路

系统	页面
ABS	228
自动式空调器（自动 A/C）	276
手动式空调器（手动 A/C）	282
倒车灯	162
充电	100
点烟器	168
时钟	170
组合仪表	260
冷凝器风扇（除 2C 外）	268
冷凝器风扇（2C）	272
制冷液	288
门锁控制(LHD)	180
门锁控制(RHD)	186
ECT 和 A/T 指示器(1NZ-FE, 2NZ-FE)	220
ECT 和 A/T 指示器(1ZZ-FE, 3ZZ-FE)	214
电动转相助力	238
发动机控制(1NZ-FE, 2NZ-FE)	114
发动机控制(1ZZ-FE, 3ZZ-FE)	102
发动机停车系统	130
前雾灯	138
前雨刷器和喷洗器	172
电热塞（2C）	126
前照灯（澳大利亚）	136
前照灯（除澳大利亚）	134
加热器	292
喇叭	240
照明	146
车内灯	140
钥匙提醒	164
关灯提醒	164
天窗	248
电源	92
电动窗	206
冷却风扇（除 2C 外）	268
冷却风扇（2C）	272
收音机和播放器	252
后窗除雾器	256
后雨刷器和喷洗器	176
遥控倒车镜	250
安全带报警	242
换挡连锁装置	246
乘员辅助保护系统	233
起动和点火	96
停车灯	158
尾灯	154
转向信号和危急报警灯	150
TVSS（丰田汽车安全系统）	210
无线门锁控制(LHD)	192
无线门锁控制(RHD)	198

91

图 3.13 系统索引

在"系统电路"部分，每一系统从电源到接地点，所有电器零件、线路配线、连接器、继电器等之间的关系、每一连接器和插销都标有代码和编号。排除故障时，按代码和编号就可确定连接器和插销的位置，如图 3.14 所示。

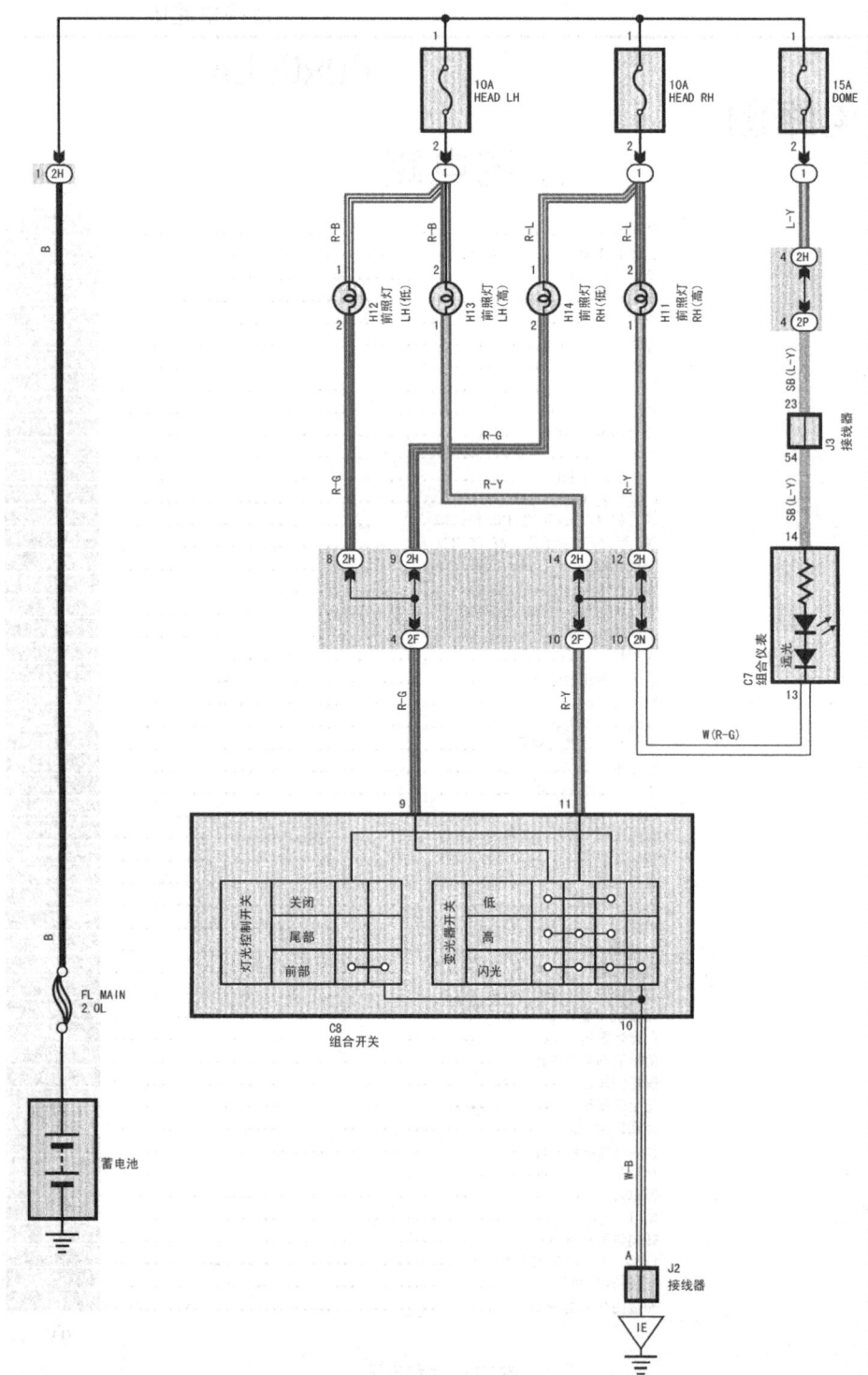

图 3.14　电路图示例

5. 零件

被突出的区域表示的是零件，这些零件用天蓝色标识，如图3.15所示。

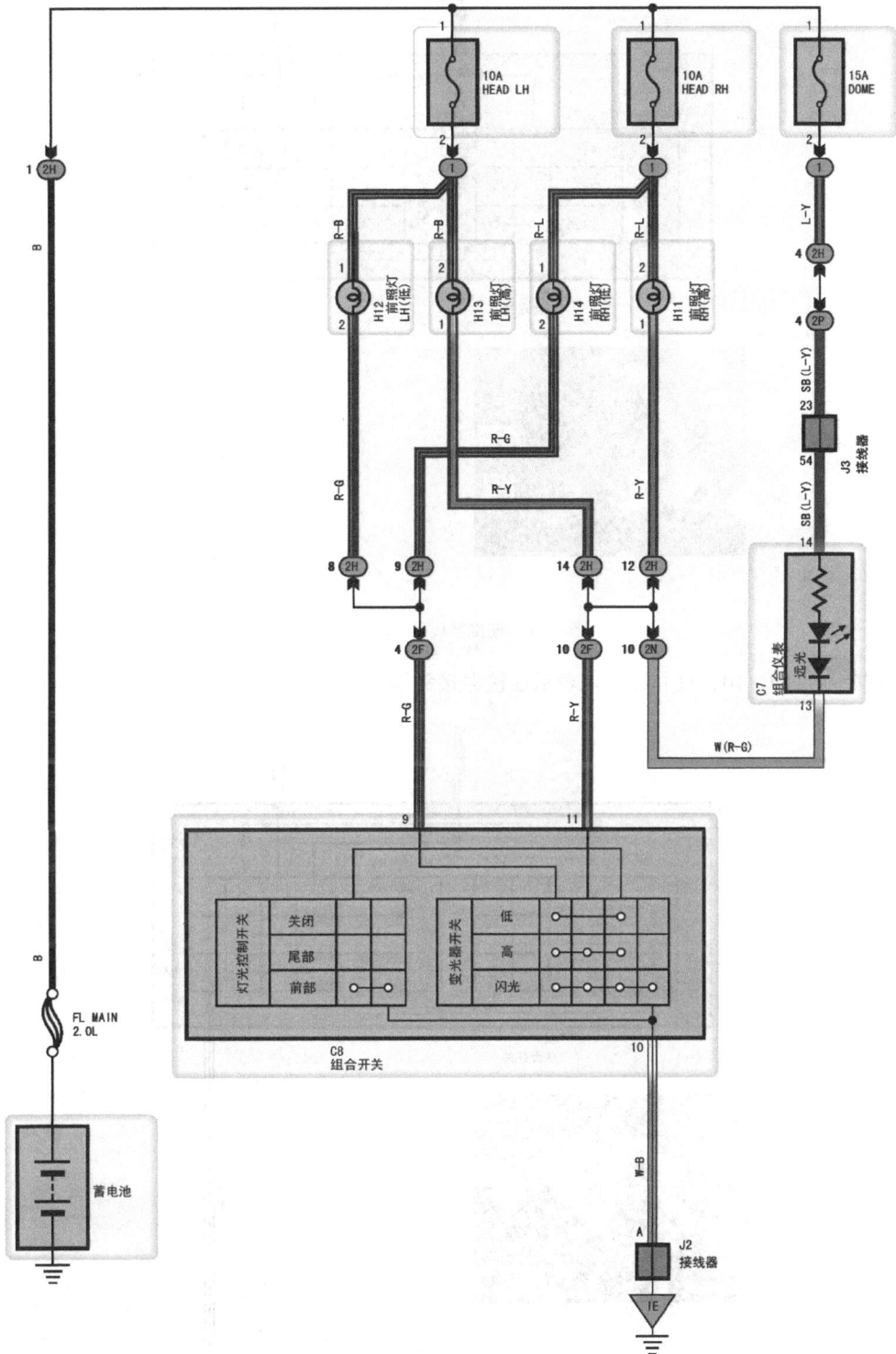

图3.15　零件标识

"C8"标识是表示连接器的代码，"组合开关"标识表示零件名称，如图 3.16 所示。

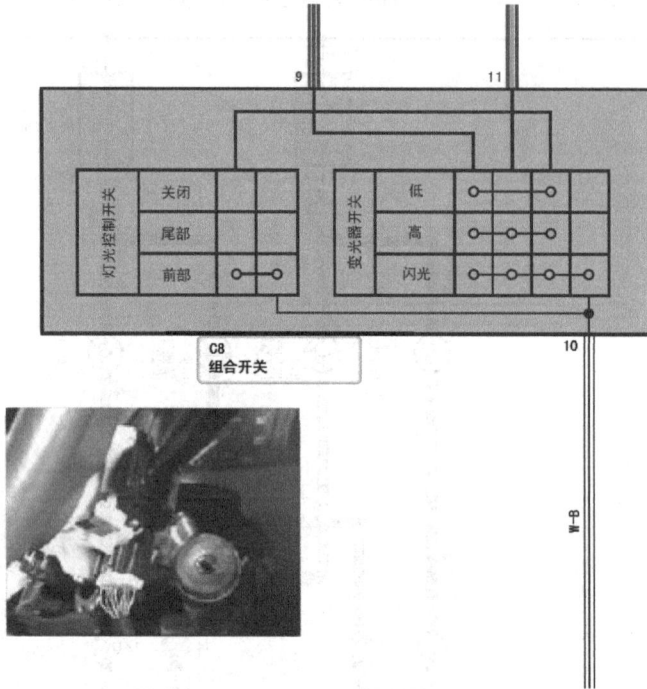

图 3.16　连接器代码及零件名称

这些编号（9、10、11）标识是表示连接器接头端子的编号，如图 3.17 所示。

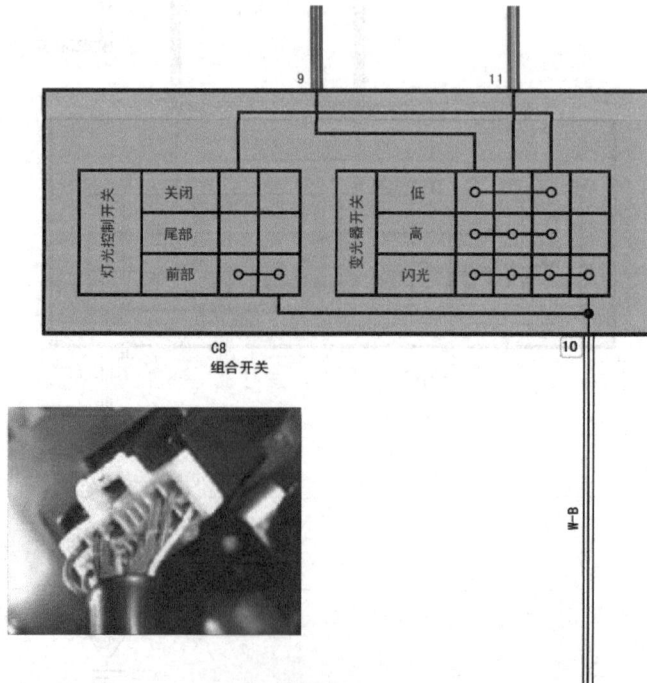

图 3.17　连接器接头端子编号

6. 确定连接器端子号码

连接器插头由插入的插销和被插入的插孔组成。带有插销的连接器称为插头，带有插孔的连接器称为插座，如图 3.18 所示。

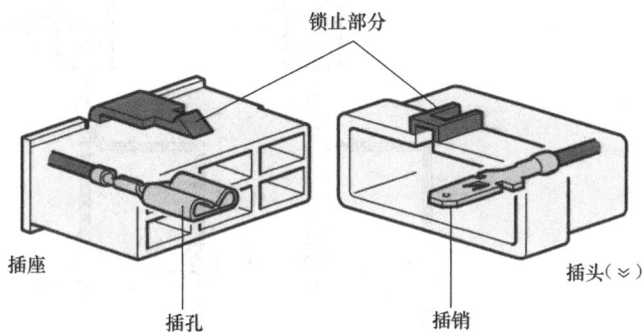

图 3.18 连接器插头和插座

连接器的锁止面朝上。请按如此，看读连接器端面的端子号码。在读带插孔的插座时，序号从左上到右下。在读带插孔的插头时，序号从右上到左下，如图 3.19 所示。

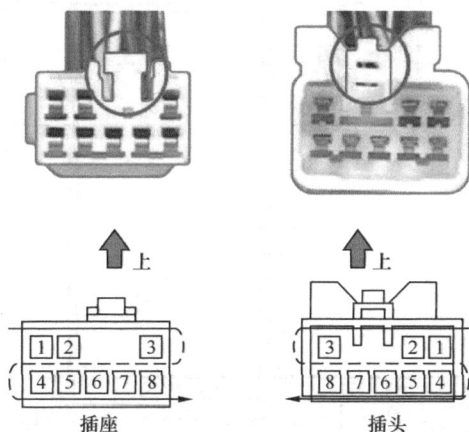

图 3.19 插头和插座编号

> **提示** 用测试器检查电压时，用探头进行测试。不过，这时端子号码由连接器的背面读出。因此，从连接面上读出的号码是倒着的，读号码时须注意。

7. 接线器

被突出的区域表示接线器，如图 3.20 所示。

接线器把多股线束连接成为配线。"J2"标识是表示接线器的代码，"JUNCTION CONNECTOR"表示该零件名称为接线器，如图 3.21 所示。

8. 接线盒和继电器盒

被突出的区域是接线盒和继电器盒。在接线盒内有电气线路分组和连接的作用，并且把继电器、熔断器、断电器等组合在电路板上。接线盒上的某些零件不能容纳继电器、熔断器等，只能起连接器作用。继电器盒的构成几乎与接线盒相同，只是不能在盒内进行电器线路的分组和连接。

该线路图分成两部分，作下列标识：继电器盒为灰色背景，如图 3.22 所示。

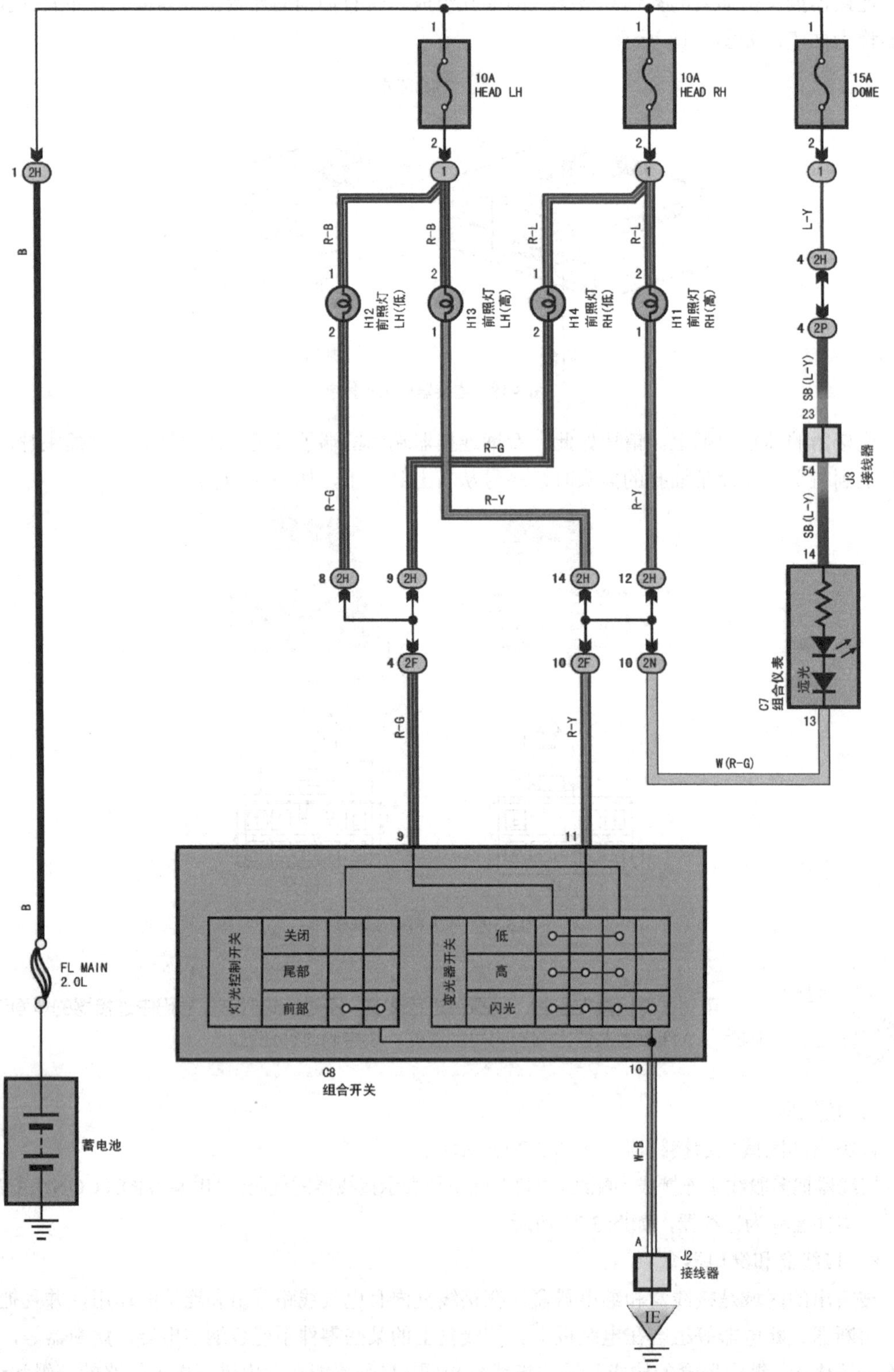

图 3.20　接线器示例

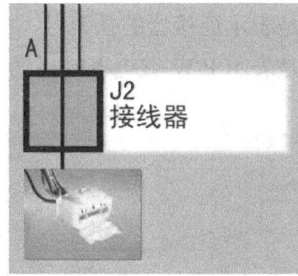

图 3.21　接线器

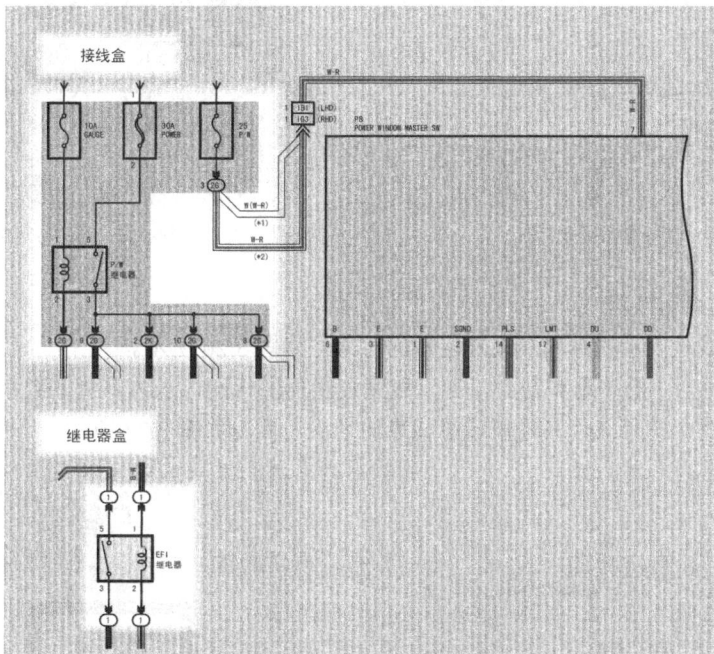

图 3.22　接线盒和继电器盒示例

（1）接线盒号码和连接器代码。椭圆中（2）标识是表示接线盒的号码，字母（G）标识是表示连接器的代码，如图 3.23 所示。

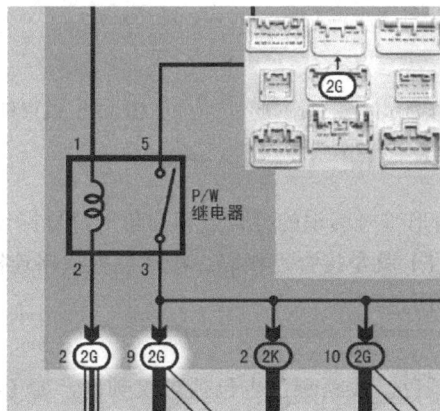

图 3.23　接线盒号码和连接器代码示例

（2）连接器插销号。2、9 标识是表示连接器的插销号，如图 3.24 所示。

（3）插销号。1、2、3、5 标识是表示 P/W 继电器的插销号，如图 3.25 所示。

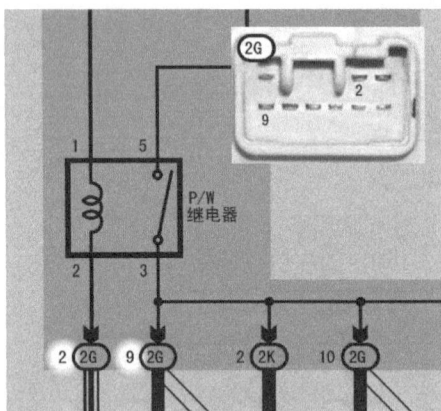

图 3.24　连接器插销号示例

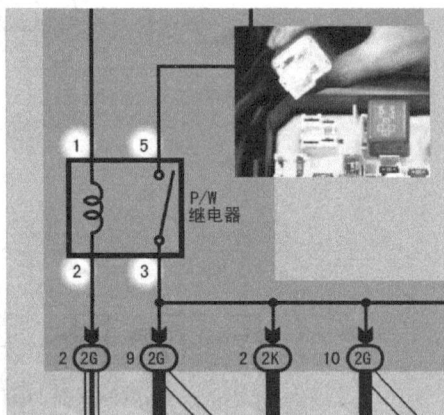

图 3.25　插销号示例

9．线束和线束连接器

被突出的区域是表示线束和线束连接器的符号，如图 3.26 所示。

长方形（BB1）中的字母和数字是显示线束连接器的代码，长方形外的数字（11）是标识端子号码。另外，这个符号（≪）是表示带线束的插头一侧，如图 3.27 所示。

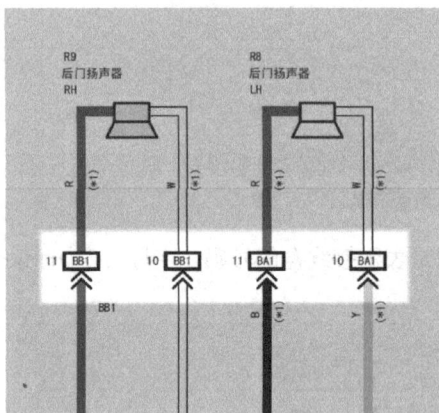

图 3.26　线束和线束连接器示例

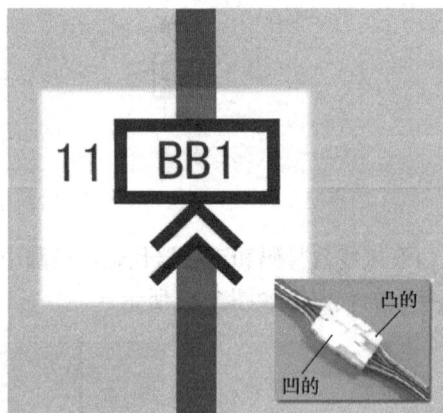

图 3.27　线束和线束连接器编号及端子号码

10．接合点和接地点

被突出的区域是表示六角形符号标识的接合点和三角形符号标识的接地点。接合点不通过连接器直接与线路相连。B7 和 E1 就是接合点代码。接地点把线路连接到车体或发动机上。BH 和 EB 是接地点代码，如图 3.28 所示。

11．线路颜色

被突出的字母表示线路颜色。线路颜色也包括条纹颜色，如 L-W，第一个字母代表线路底色，第二个字母代表条纹颜色，如图 3.29 所示。

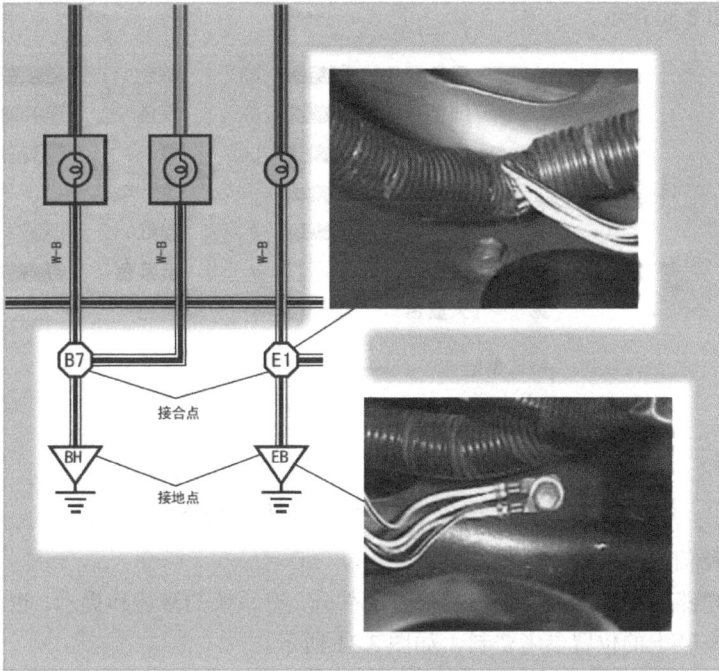

图 3.28 接合点和接地点示例

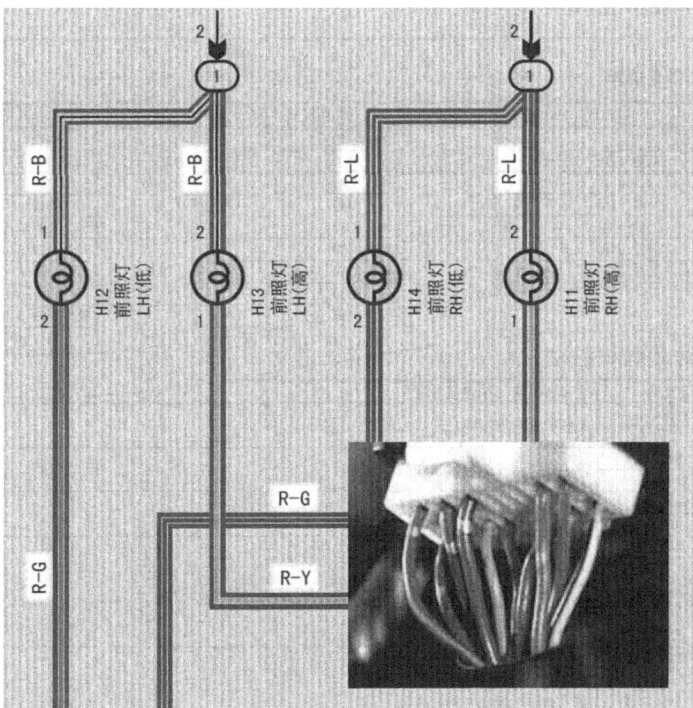

图 3.29 线路颜色

有的电路图用彩色来表示真实的线路颜色，而有的只是用黑色和白色来表示，如图 3.30 所示。

B	黑色	▬	BR	棕色	▬
G	绿色	▬	GR	灰色	▬
L	蓝色	▬	LG	淡绿色	▬
O	橙色	▬			
R	红色	▬	P	粉红	▬
W	白色	▭	V	蓝紫色	▬
SB	天蓝色	▬	Y	黄色	▭

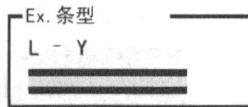

Ex. 条型
L - Y

图 3.30 字母的代表意义

12. 系统电路信息

对于在系统电路图中某一需要修理或检查的部分，有系统的概述和提示，也有"全车电路图"作为显示零件在车辆上的位置参考资料，如图 3.31 所示。

R3 （A） 收音机和播放器
(A) 4—接地：一直约为 12 V
(A) 3—接地：约 12V，在ACC或ON位置带点火开关
(A) 7—接地：一直导通

○ ：零件位置

代码	见页码		代码		见页码	代码	见页码
A30	52 (RHD)		J3		41 (LHD)	R9	43 (LHD S/D)
	42 (LHD S/D)				53 (RHD)		45 (LHD W/G)
F9	44 (LHD W/G)		R3	A	41 (LHD)		55 (RHD S/D)
	54 (RHD S/D)				53 (RHD)		57 (RHD W/G)
	56 (RHD W/G)		R4	B	41 (LHD)		59 (RHD H/B)
	58 (RHD H/B)				53 (RHD)	T5	55 (RHD S/D)
	42 (LHD S/D)				43 (LHD S/D)		57 (RHD W/G)
					45 (LHD W/G)		59 (RHD H/B)
						T6	55 (RHD S/D)
							57 (RHD W/G)

线束和线束连接器

代码	见页码	线束和线束（连接器位置）
IA1	66 (LHD)	仪表板线和地板线（左门槛板）
	80 (RHD)	
IB2	80 (RHD)	前门LH线和仪表板线（左门槛板）
IB3	66 (LHD)	
IF1	68 (LHD)	前门RH线和仪表板线（右门槛板）
IG2	82 (RHD)	
BA1	70 (LHD S/D)	后门LH线和地板线（中柱左侧）
	72 (LHD W/G)	
	84 (RHD S/D)	
	86 (RHD W/G)	
	88 (RHD H/B)	
BB1	70 (LHD S/D)	后门RH和地板线（中柱右侧）
	72 (LHD W/G)	
	84 (RHD S/D)	
	86 (RHD W/G)	
	88 (RHD H/B)	

图 3.31 系统电路信息示例

【课题实施】

找到"收音机和播放器"的连接器 BB1 的插销 11，或"后门扬声器"以及后门扬声器 RH 的位置。

操作　**收音机和播放器电路分析**

步骤一　系统电路识读，如图 3.32 所示。

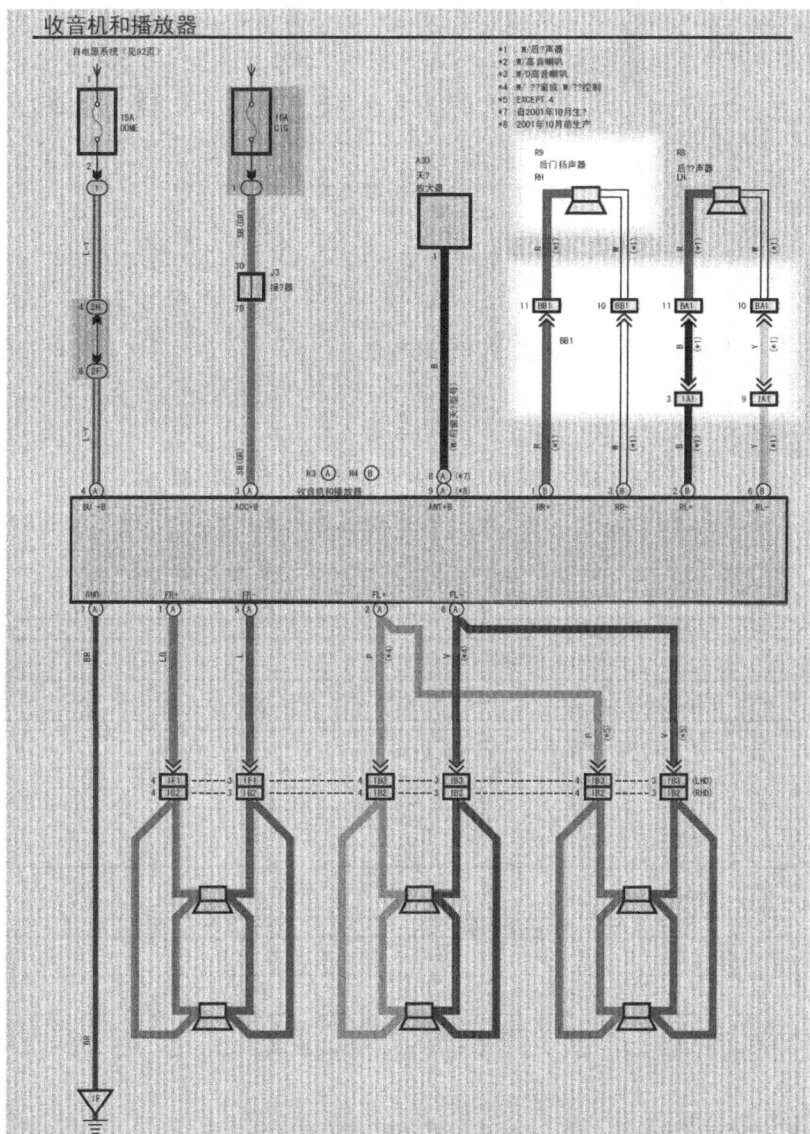

图 3.32　收音机和播放器系统电路图

步骤二　找到被称为"BB1 的线束和线束连接器端子 11"的位置，如图 3.33 所示。

步骤三　找载有系统电路的信息页，在"线束和线束连接器"项目下，查阅 BB1 连接器，如图 3.34 所示。

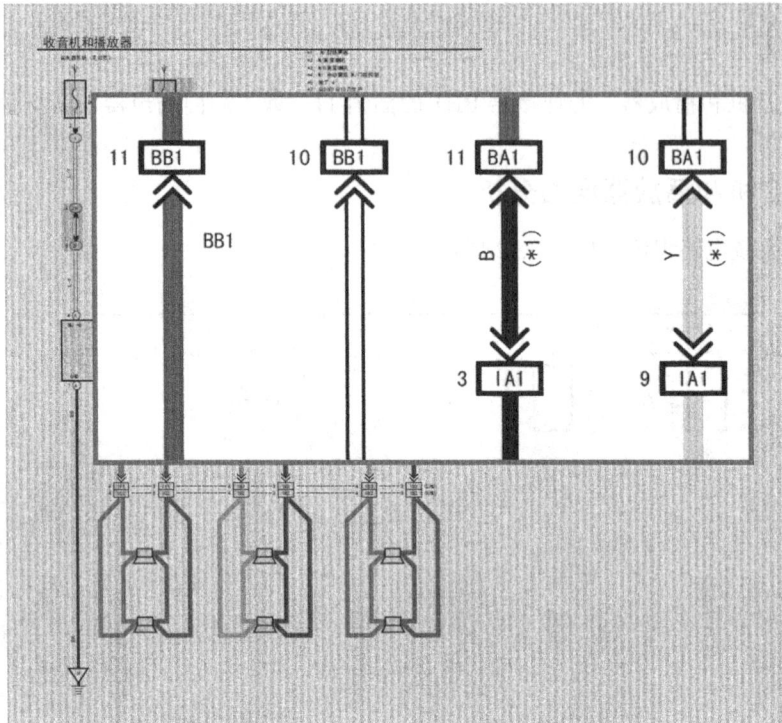

图 3.33 "BB1 的线束和线束连接器端子 11"的位置

图 3.34 系统电路的信息页

步骤四　如图 3.35 所示，可见标题"线束和线束连接器的位置"这就向我们显示了连接器在车辆上的位置。

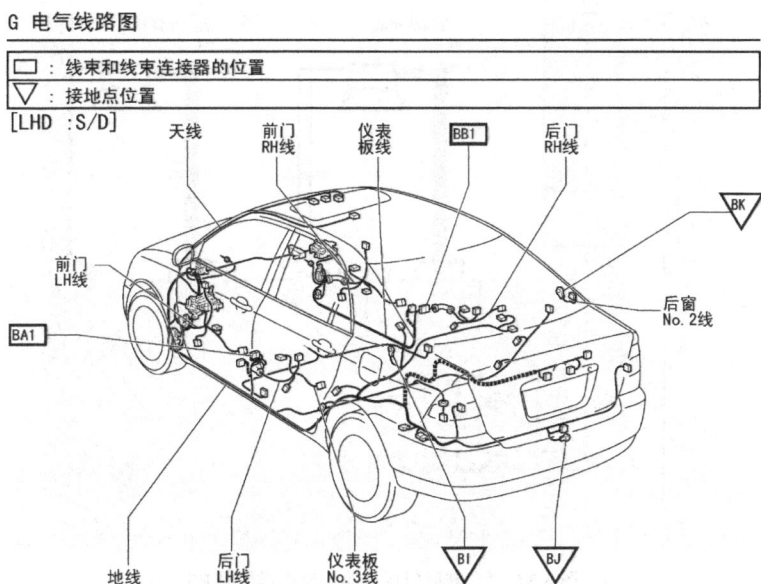

图 3.35　连接器在车辆上的位置

步骤五　翻到下一页，就能见到 BB1 的端子号码图，可见连接器 BB1 及其端子 11 的形状和位置，如图 3.36 所示。

线束和线束连接器的位置

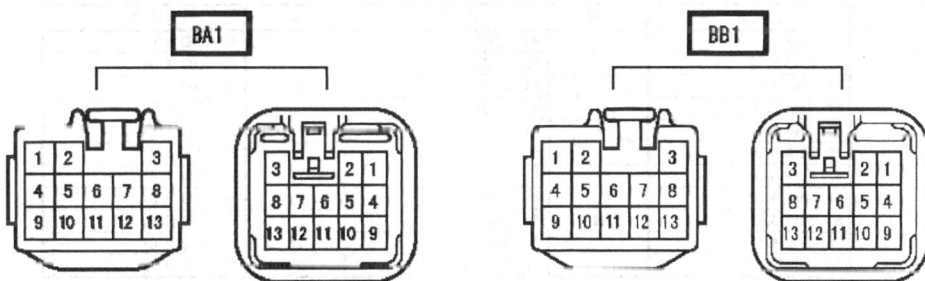

代码	线束和线束（连接器位置）
BA1	后门LH线和地板线（中柱左侧）
BB1	后门RH线和地线（中柱右侧）

图 3.36　端子号码图

步骤六　找"右侧后门扬声器"连接器代码 R9 的位置，如图 3.37 所示。

步骤七　翻到系统电路信息页，"右侧后门扬声器"连接器代码是 R9。在"零件位置"项下，查阅 R9，如图 3.38 所示。

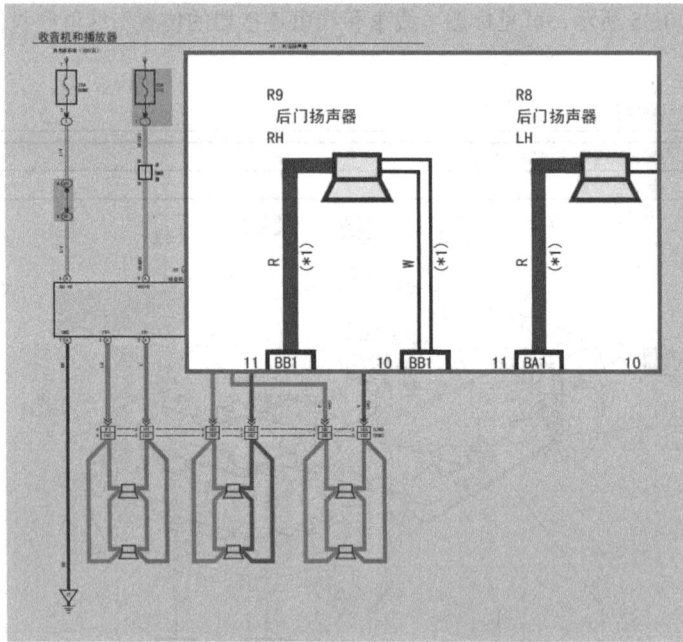

图 3.37　"右侧后门扬声器"连接器代码 R9

> **R3　(A)　收音机和播放器**
> (A)　4—接地：一般约 12V
> (A)　3—接地：约12V, 在ACC或ON位置带点火开关
> (A)　7—接地：一直连通

⭕ :零件位置

代码	见页面		代码		见页面		代码	见页面
A30	52 (RHD)		J3		41 (LHD)		R9	43 (LHD S/D)
	42 (LHD S/D)				53 (RHD)			45 (LHD W/G)
F9	44 (LHD W/G)		R3	A	41 (LHD)			55 (RHD S/D)
	54 (RHD S/D)				53 (RHD)			57 (RHD W/G)
	56 (RHD W/G)		R4	B	41 (LHD)			59 (RHD H/B)
	58 (RHD)				53 (RHD)			55 (RHD S/D)
F10	42 (LHD S/D)		R8		43 (LHD S/D)		T5	57 (RHD W/G)
	44 (LHD W/G)				45 (LHD W/G)			59 (RHD H/B)
	54 (RHD S/D)				55 (RHD S/D)		T6	55 (RHD S/D)
	56 (RHD W/G)				57 (RHD W/G)			57 (RHD W/G)
	58 (RHD H/B)				59 (RHD H/B)			59 (RHD H/B)

⭕ 继电器盒

代码	见页面	继电器盒（继电器盒位置）
1	24 (汽油)	发动机室R/B（发动机舱内左侧）
	26 (柴油)	

⬭ :接线盒和线束连接器

代码	见页面	线束和线束（连接器位置）
2F	29 (LHD)	仪表板导线和仪表板J/B（低罩板）
	29 (RHD)	仪表板导线和仪表板J/B（仪表板左侧）
2H	29 (LHD)	发动机室和仪表板J/B（低罩板）
	29 (RHD)	发动机室和仪表板J/B（仪表板左侧）
2P	29 (LHD)	仪表板导线和仪表板J/B（低罩板）
	29 (RHD)	仪表板导线和仪表板J/B（仪表板左侧）

▭ 连接器将线束和线束相连

图 3.38　系统电路的信息页

第 43 页标题为"零件在车身上的位置"。这里显示了零件在车辆上与"R9 右侧后门扬声器"相对应的位置，如图 3.39 所示。

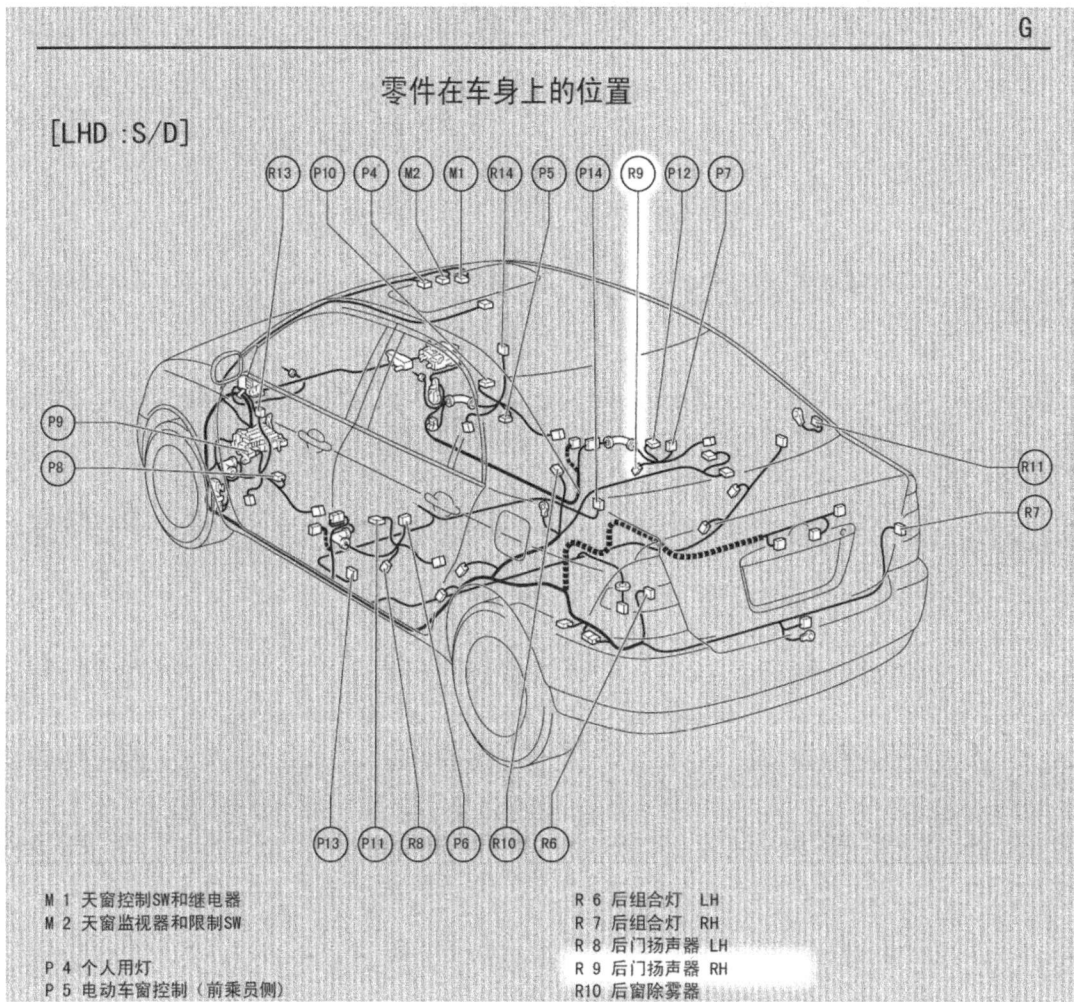

图 3.39　零件在车身上的位置

模块总结

本模块主要介绍了汽车电路图的一般表达方法和识读方法，对于大众车系着重介绍了该车系电路识读的要点和结构分析，并列举了桑塔纳轿车的起动电路识别方法。对丰田车系，则从丰田车的电路图详细介绍了电路中各个组成部分的知识。

思考与练习

（1）汽车电路图的表达方法有哪几种？

（2）试分析上海大众桑塔纳 2000GSI 的电源系统电路。

（3）试分析上海大众桑塔纳 2000GSI 的照明与信号装置电路。

（4）试分析一汽丰田卡罗拉的电源电路。

（5）试分析一汽丰田卡罗拉的多路通信系统（CAN）。

4 汽车故障诊断与排除案例

通过对汽车电子控制系统基本原理的学习，我们知道汽车维修涉及大量的传感器、执行器，并且种类繁多，汽车电子化的程度也越来越高，控制内容和精度也不断增加，随着网络技术在汽车上的成功应用，汽车上单个系统已经不是一个独立的系统，它还通过 CAN 等网络技术与其他控制系统（如空调系统、动力辅助转向系统、ABS 和牵引力控制系统、防盗系统等）实现了网络互联，实时进行数据共享和网络通信。这不仅提高了车辆的整体控制性能和控制精度，而且大大减少了传感器、信号线和电子控制单元针脚的数量，控制系统的升级和配置更容易、更灵活。我国的汽车工业起步比较晚，但是汽车技术和产量却发展迅速，所采用的技术已经与世界最新的汽车技术基本同步。此外，我国汽车排放法规也在向发达国家靠拢，因此，掌握管理系统的有关知识和诊断技术，不仅是维修进口车所必须的，而且也是维修国产车型的基本要求。

知识目标

◎ 能简单叙述汽车故障诊断与维修前期准备、后期整理工作的具体操作内容和完成操作的必要性
◎ 能正确描述车辆 VIN 代码的含义
◎ 能正确描述故障代码的生成条件和检测逻辑
◎ 能简单叙述冻结数据的作用
◎ 能正确描述无故障代码、有故障症状车辆的常规基本检查项目
◎ 能正确描述电子控制单元电源供给电路的作用和特点
◎ 能简单叙述 VC 控制电路的作用
◎ 能正确描述汽车灯具及其作用
◎ 能简单叙述舒适性系统常见功能
◎ 能正确描述空气调节的概念和自动空调的组成、作用与特点
◎ 能正确描述汽车通信系统常用传输介质 CAN-BUS 基本组成

能力目标

◎ 能编制车辆诊断维修前期准备、后期整理工作操作流程并完成具体操作
◎ 能按照维修手册，针对有自生性故障代码提示的车辆进行故障分析和排除
◎ 能通过常规基本项目检查、相关诊断数据和尾气参数的分析，对无故障代码、有故障症状的车辆进行故障分析和排除
◎ 能通过故障症状，排除不能起动着车故障
◎ 能排除电子控制单元电源供给电路和 VC 控制电路故障
◎ 能排除照明系统故障
◎ 能通过相关维修资料，排除安全舒适性系统故障
◎ 能根据自动空调控制原理，排除自动空调系统故障
◎ 能排除单个车载网络控制系统故障

课题一 车辆诊断维修前期准备和后期整理工作

在汽车维修过程中，生产安全是极其重要的。了解和遵守安全规章制度可以避免人身伤害和车辆意外受损。维修人员必须熟悉维修过程中的各种危险隐患和安全措施，包括操作规程、汽油的使用、危险品管理制度等方面，只有切实执行各种安全规程，才能保证人与车的安全。

【基础知识】

一、操作安全及注意事项

1．使用工具和设备的注意事项

（1）正确选择和使用诊断维修中需要的工量具。

（2）操作时，穿戴布制的工作服，不要将工具放在口袋里，不要带手表、项链或是戒指，防止划伤车辆。

（3）穿着合适的工作防护鞋，工作鞋要求具有防砸、绝缘功能，鞋底厚些，防止被尖锐的东西刺穿。

（4）保持维修工量具表面整洁干净，并将其妥善保存。

（5）定期保养使用设备，检查是否有安全隐患。如果有安全隐患，在没有消除隐患之前，不要使用该设备，避免出现人身伤害和设备损失。

（6）不要在教室里打闹。

（7）教室地面不能有任何遗留物，若有应该立即清理，保持教室的清洁。

2．使用举升机应注意的事项

（1）定期对举升机进行保养维护，举升机工作异常应暂停使用，并及时进行维修。

（2）举升前应保证汽车停放在正确的位置，待举升机稳定并牢固的托住车辆后再进行升降作业，注意不要超载。

（3）在举升机下工作前，应该用保险锁止装置锁住举升机，举升机降下前应确保车下没有人或其他工具设备。

二、教学场景设计

有举升机的操作工位、丰田卡罗拉（COROLLA）1.6AT轿车、工作台、车轮挡块、地板垫、翼子板布、转向盘套、座椅套、前格栅布、数字式万用表、尾气分析仪、二极管测试灯、常用工具、维修手册、清洁用抹布和废弃物回收桶。图4.1（a）、（b）、（c）、（d）、（e）所示为××××年全国职业类学校汽车维修比赛现场布置实景。

三、汽车故障诊断与维修前期准备、后期整理工作的具体操作内容

（1）工位确认、安装车内外防护装置、安装排气烟道、举升机等设备工具检查。

（2）润滑油油位、冷却液液位、蓄电池电压的检查，车轮挡块安装确认、手制动和P挡驻车确认。

（3）正确选择诊断测试连接线、诊断测试卡和诊断仪器。

（4）准确找到DLC3位置。

（a）整体场景图（车辆左前方）

（b）整体场景图（车辆右后方）

（c）KT600 故障诊断仪

（d）NHA502 尾气分析仪

（e）诊断工具车第一层放置的工量具

图 4.1　汽车维修比赛现场布置实景

（5）诊断维修后的清洁、整理工作。

将 KT600 故障诊断仪与车辆诊断插口 DLC3 连接时，点火开关应该处于 OFF 关闭位置。

【课题实施】

操作一　车辆诊断与维修前的准备工作

步骤一　将车辆正确停放在举升机的安全举升位置，如图 4.2 所示。

移动车辆时需注意以下事项，避免车辆在移动过程中造成对人身、教学设备或车辆的损坏。
◆ 移动车辆时，检查车辆周围是否有障碍物。
◆ 必须由具有驾驶经验的人员移动车辆，未获得驾驶资格的人员禁止移动车辆。
◆ 避免车辆偏向一侧或斜置。
◆ 车辆停稳后，转向车轮应处于正前位置，避免出现向左或向右呈现转向角度的现象发生。

步骤二　正确放置车轮挡块，如图 4.3 所示。

图 4.2　车辆正确停放在举升机位上　　　　图 4.3　车轮挡块正确放置

车轮挡块应该放置在非转向驱动车轮的前后，要求与轮胎外边沿平齐，避免挡块超出车轮外边沿或斜向放置，否则会成为维修人员在作业过程中通行的障碍物，并且无法有效掩挡车辆。

步骤三　将排气抽气管插入车辆排气管尾端，如图 4.4 所示。

排气抽气管要插入到位，避免作业过程中脱落，防止汽车尾气排入教室，污染作业环境。

步骤四　按住汽车钥匙（遥控器）上解除锁止按钮，解除中央控制门锁的锁止，打开驾驶员侧车门，如图 4.5 所示。

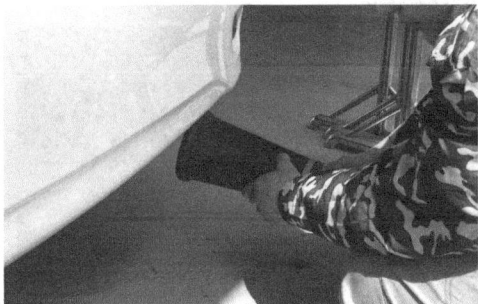

图 4.4 安装排气抽气管

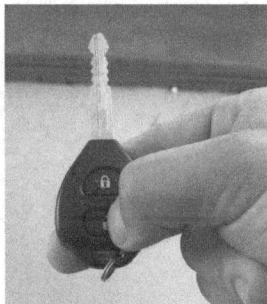

图 4.5 解除门锁锁止

提示
使用汽车遥控器解除中央控制门锁锁止的方法如下。
◆ 按住汽车钥匙（遥控器）上的解除锁止按钮时，遥控器上指示灯应闪亮。
◆ 按遥控器解除锁止按钮后才能拉车门把手。
◆ 解除锁止功能正常时，转向指示灯全部闪亮，此时可以打开车门进入车内。
◆ 打开车门时防止车门碰伤维修人员。

步骤五　按下驾驶员侧主控开关，降下车窗玻璃，如图 4.6 所示。

提示
操作车窗玻璃升降开关的条件如下。
◆ 将车辆钥匙插入点火开关，并将开关转到运行位置（ON）。
◆ 车窗玻璃必须完全降下到底，防止故障诊断维修过程中出现磕碰现象。

步骤六　放置地板垫和转向盘护套，如图 4.7 所示。

图 4.6 降下车窗玻璃

图 4.7 安装地板垫和转向盘护套

提示
◆ 在放置地板垫时，手中的其他物品，如座椅套、转向盘护套等不允许放在驾驶员座椅、乘员座椅、仪表台等部位。
◆ 在安装过程中不要撕裂转向盘护套。

步骤七　安装座椅套，如图 4.8 所示。

提示
◆ 对于塑料布类的座椅套，在安装过程中应防止撕裂座椅套。
◆ 座椅套应将座椅全部罩住。

步骤八 拉动发动机舱盖释放拉手，如图 4.9 所示。

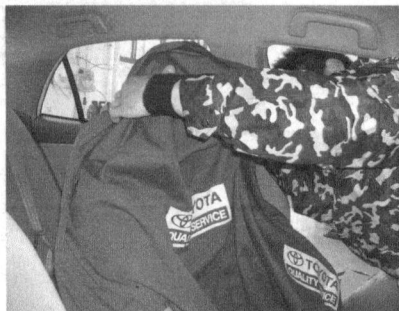

图 4.8 安装座椅套

图 4.9 发动机舱盖释放拉手位置

Y! 提示

不能用力过猛，用力过猛可能导致发动机舱盖释放拉手损坏，如果不容易打开，可以调整发动机舱盖橡胶缓冲垫，改变发动机舱盖的关闭位置。

步骤九 向右拨动发动机舱盖挂钩，打开发动机舱盖，如图 4.10 所示。

Y! 提示

避免出现未用手拨开发动机舱盖挂钩就向上拉发动机舱盖的错误动作。

步骤十 将发动机舱盖可靠支撑，如图 4.11 所示。

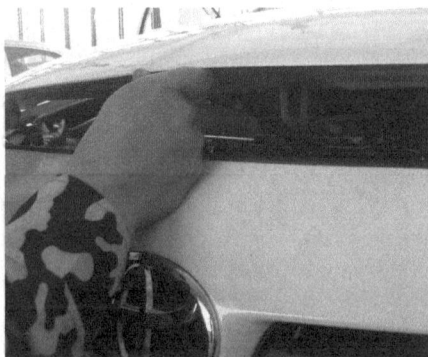

图 4.10 发动机舱盖挂钩位置

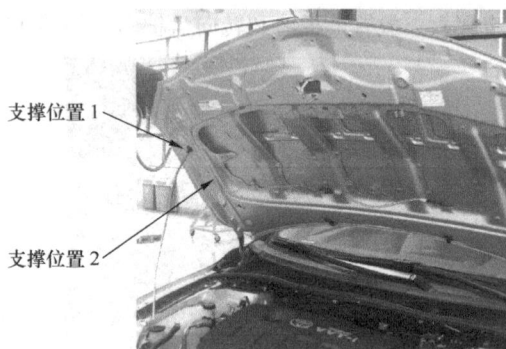

支撑位置 1

支撑位置 2

图 4.11 支撑发动机舱盖

Y! 提示

◆ 发动机舱盖上有两个支撑杆支撑孔位，可根据操作者的实际身高选择其中一个支撑孔位，做到在操作过程中不出现磕碰现象。
◆ 要确保发动机舱盖支撑牢靠，防止由于发动机舱盖支撑不牢靠，导致维修人员受到人身伤害。

步骤十一 放置翼子板布和前格栅布，如图 4.12 所示。

Y! 提示

◆ 翼子板布和前格栅布要有效遮挡车身部位。
◆ 有品牌标识和企业名称的一面朝外。
◆ 翼子板布和前格栅布内部有磁铁，应该牢靠吸附在车辆上。

图 4.12　翼子板布和前格栅布正确放置状态

操作二　**车辆诊断与维修前常规检查项目**

步骤一　万用表电阻挡校零，检查万用表初始状态，如图 4.13 所示。

> **提示**
> 数字万用表的使用方法以及常见类型如下。
> ◆ 数字万用表的使用方法，参照模块二课题一。
> ◆ 常用数字万用表有多一、KAL3000、博世 MMD540 等类型。

步骤二　打开蓄电池正极桩头红色保护盖，测量蓄电池静态电压，如图 4.14 所示。

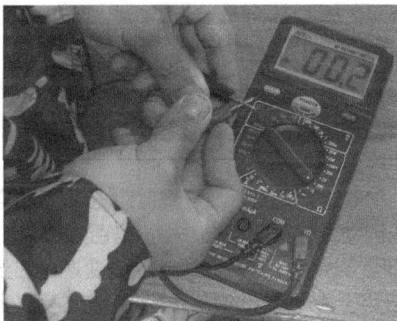

图 4.13　万用表电阻挡位校零

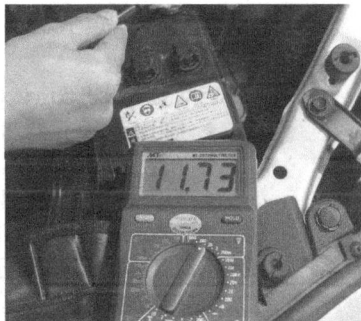

图 4.14　用万用表测量蓄电池电压

> **提示**
> 蓄电池电压检查的目的和检查注意事项如下。
> ◆ 正常的蓄电池电压是保证电子控制系统正常工作的重要前提。如果蓄电池电压低于规定值（如低于 11V），有可能导致某些系统无法正常工作。
> ◆ 如果蓄电池电压低于 11V，则应对蓄电池进行充电或更换蓄电池。
> ◆ 刚熄火后不能立即测量蓄电池电压。
> ◆ 万用表挡位选择要正确。
> ◆ 测试完毕，盖上蓄电池正极保护盖。
> ◆ 万用表清洁归位。

步骤三　检查发动机机油液位和机油品质，如图 4.15 所示。

发动机机油液位、机油品质检查的目的和方法如下。

◆ 发动机起动前必须检查发动机机油液位，以确保机油数量足够，否则容易损坏发动机。

◆ 第一次抽出机油标尺后先用抹布擦拭，重新插入机油标尺，再检查机油液位。

◆ 查看机油液位时，机油标尺应处于抽出状态。

◆ 查看机油是否变质、含有磨屑；如果机油液位低于下刻线，一定要查明原因，并及时添加机油到规定液位；如果机油液位高于上刻线，一定要查明原因并放出多余的机油；如果机油变质，要查明原因，排除故障后更换符合车辆要求的机油；如果机油中含有磨屑，应查明原因并排除故障。

◆ 插回机油标尺，并可靠锁止。

步骤四　初步检查自动变速器油液位和油的品质，防止自动变速器油液位过低，造成自动变速器的损坏，如图 4.16 所示。

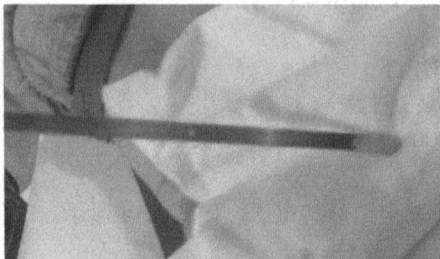

图 4.15　发动机机油液位和油质

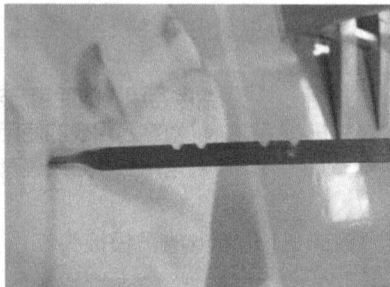

图 4.16　自动变速器油液位刻度标记

自动变速器油液位、油品质检查的目的和方法如下。

◆ 抽出自动变速器油标尺，用抹布擦拭油标尺上的自动变速器油。

◆ 完全插入自动变速器油标尺，停留片刻。

◆ 再次抽出自动变速器油标尺，在自动变速器油标尺处于抽出状态下查看自动变速器油液位是否处于上、下刻度之间，并查看自动变速器油品质，检查是否变质、含有磨屑。如果自动变速器油液位低于下刻线，一定要查明原因，并及时添加自动变速器油到规定液位；如果自动变速器油液位高于上刻线，一定要查明原因并放出多余的自动变速器油；如果自动变速器油变质，要查明原因，排除故障后更换符合车辆要求的自动变速器油；如果自动变速器油中含有磨屑，应查明原因并排除故障。

◆ 插回自动变速器油标尺，并可靠锁止。

步骤五　检查冷却液位，如图 4.17 所示。

冷却液位检查的目的和方法如下。

◆ 冷却液位过低会导致发动机散热不良，甚至开锅，严重的情况下会导致发动机损坏。

◆ 可以借助手电，察看冷却液位是否在规定液位高度范围内（FULL 与 LOW 之间）。

◆ 如果冷却液位低于 LOW 标记，查看冷却液管路是否泄漏，在无泄漏的情况下，添加符合标准的冷却液至规定液位高度范围内。

步骤六　检查制动液位，如图 4.18 所示。

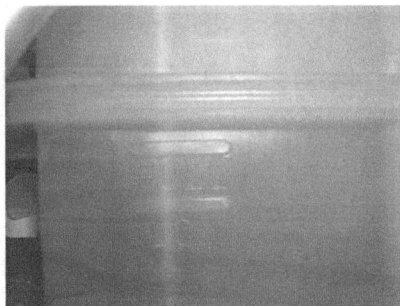

图 4.17　冷却液位标志刻度线

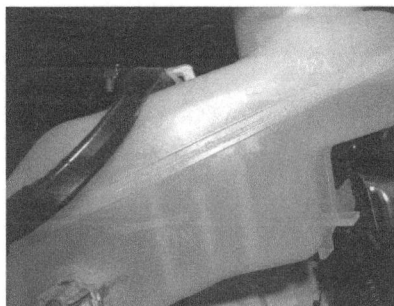

图 4.18　制动液位标志线

制动液位检查的目的和方法如下。
◆ 制动液位过低会导致制动性能不良，甚至制动失灵，严重的情况下会影响行车安全。
◆ 可以借助手电观察制动液罐，查看制动液位是否在规定液位高度范围内（MAX 与 MIN 之间）。
◆ 如果制动液位低于 MIN 标记，查看制动液管路是否泄漏，在无泄漏的情况下，检查制动片的厚度，如果正常，添加同类型的制动液至规定液位高度范围内。

步骤七　查阅车辆信息，如图 4.19 所示。

图 4.19　车辆信息铭牌

VIN 代码位置以及查阅车辆信息的目的如下。
有关车辆信息和 VIN 代码在右侧 B 柱车辆铭牌上。查阅车辆信息的目的是为了在使用故障诊断仪进入电子控制系统时，有针对性地选择车辆型号。

操作三　车辆诊断与维修后的清洁、整理工作

步骤一　收起翼子板布和前格栅布，并归位，如图 4.20（a）、（b）所示。

翼子板布和前格栅布的整理和放置要求如下。
◆ 收起翼子板布和前格栅布后要叠放整齐并放回原位。
◆ 翼子板布和前格栅布的品牌标识和文字朝外。

（a）收起翼子板布和前格栅布

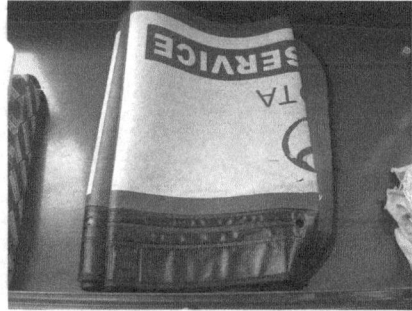

（b）翼子板布和前格栅布归位

图 4.20 收起翼子板布和前格栅布并归位

步骤二 盖上发动机舱盖，如图 4.21 所示。

图 4.21 发动机舱盖支撑杆归位

- 取下发动机舱盖支撑杆并放回原位，牢固卡住。
- 利用发动机舱盖的自身重力盖上发动机舱盖。

步骤三 收汽车排气抽气管并清洁汽车排气管下方地面，如图 4.22（a）、（b）所示。

（a）收排气抽气管并挂放到位

（b）清洁排气管下方地面

图 4.22 收汽车排气抽气管并清洁汽车排气管下方地面

◆ 将汽车排气抽气管牢靠挂放到位，不能随手放在地上。
◆ 用拖把将排气管下方的水清洁干净，保持教室地面的清洁。

步骤四　收起转向盘套、座椅套和地板垫，丢弃一次性保护用品，如图 4.23（a）、（b）所示。

（a）收转向盘套、座椅套和地板垫　　　　（b）丢弃废弃物

图 4.23　收转向盘套、座椅套和地板垫，丢弃废弃物

◆ 依次收起转向盘套、座椅套和地板垫。
◆ 丢弃一次性保护用品，能二次使用的方向盘套、座椅套和地板垫应叠放整齐，放回原位。

步骤五　升起车窗玻璃，如图 4.24 所示。

由于该车型没有中央闭锁装置作用后自动关窗功能,故车窗玻璃一定要升到完全关闭位置。

步骤六　清洁整理工作，如图 4.25 所示。

图 4.24　避免车窗玻璃未升到位　　　　图 4.25　清洁仪表台、车身、工作台、地面等

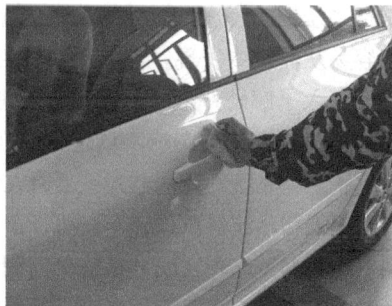

清洁、整理工作的要求如下。
◆ 清洁仪表台、操纵手柄、车窗玻璃升降开关、车门把手、车身上作业过程中碰触过的地方；工量具清洁归位；工作台清洁；地面清洁。
◆ 清洁要到位，不能遗漏。

步骤七　遥控锁车门，如图 4.26 所示。

步骤八　收车轮挡块并放置到位，如图 4.27 所示。

图 4.26　操纵遥控器锁车门

图 4.27　车轮挡块放置到位

车轮挡块应放置在车辆右后侧的工具车里。

课题二　有故障代码故障的诊断与排除案例

　　汽车电子控制系统是指以计算机为核心的汽车控制系统，如发动机电子控制系统、自动变速器电子控制系统等。电子控制系统由硬件和软件组成，硬件包括传感器、控制电脑和执行器，软件主要是指系统控制程序，从故障诊断的角度来看，从硬件层面来了解故障的存在是基础，硬件故障比较容易从测试中发现，但如果对软件的控制过程和控制逻辑了解不够，很难真正把握故障的命脉。在深入了解硬件组成的同时，要理解软件的控制作用。同时，在思考电控系统故障现象时，不能忽略机械系统的影响，这是一个在电子控制系统故障诊断时永远不能忽视的问题。

　　汽车电子控制系统的检测方式主要有在线测试和通信测试。在线测试是电路测试的基本形式，主要采用万用表和示波器对传感器、执行器、电源、搭铁电路进行在线动态参数的测试和采集，在汽车控制电脑和测试仪表之间只具有单向测试的特点。通信测试是采用汽车故障电脑诊断仪——计算机串行通信的方式与汽车控制电脑进行通信测试，在汽车控制电脑与诊断仪之间具有双向测试的特点。常用的测试形式是汽车控制电脑的故障码分析和数据流分析，还有通过串行通信方式进行的传感器模拟试验和执行器的驱动试验，以及汽车控制电脑的设定、编码、匹配和防盗解码等功能。

【基础知识】

一、故障代码的设置条件

故障代码的设置条件，即电子控制单元中预先标定好的设置故障代码的条件，不同的车型对于同一故障代码的设置条件可能不同。在诊断故障代码时，必须仔细查阅相关维修资料，根据设置条件排查故障原因。

控制电脑在系统工作时，不断收到各个传感器输入的各种信号，如果电脑在一段时间里收不到某一传感器的输入信号，或在一段时间内输入信号超过软件设定临界数值，就判定为故障信号。如当发动机在正常工作温度下运转时，若电脑在 1min 以上没有检测到氧传感器的输出信号或氧传感器信号在 0.3～0.6V 间 1min 以上没有变化时，就判定氧传感器电路有故障，并设定一个故障码。

发动机工作中，如果偶然出现的一次不正常信号，诊断系统不会判断为故障，只有当不正常信号持续一定时间或多次出现时，控制单元才判定为故障。如发动机转速在 1 000 r/min 时，转速信号丢失 3～4 个脉冲信号，电脑不会判定为转速信号故障，故障指示灯也不会点亮，转速信号的故障代码也不会存入电子控制单元存储器中。

在故障诊断过程中还需要注意，故障信号的出现并不一定都是由传感器或执行器本身的故障引起的，更常见的是相应的电路或导线连接器故障。还有，同样的故障，对于不同的车型设置的故障码可能不同，例如，桑塔纳 2000，当发动机电子控制单元 J220 收到冷却液温度传感器的输入电压信号为低于 0.1V 或高于 4.8V 时，都设置同一故障码 00522，而帕萨特 B5 却根据输入电压的高低分别设置两个故障代码 16501 和 16502。因此，通过故障码本身只能判定故障的性质和范围，最后确定是传感器、执行器还是相关线路故障，另外，还应该根据维修资料提供的步骤进一步检查配线、插头、控制单元和相关元器件。在出现某些故障代码时，电子控制单元将对失效元件的控制提供替代值，不同车型有不同的替代值，并且会有不同的表现特征。

二、故障代码的类型

维修手册一般将故障分为以下几种类型。

硬故障：又称为当前故障或连续性故障，指过去出现过并且当前仍然存在的故障，其设置的故障代码，清除后还会出现。

软故障：又称为历史性故障或间发性故障，指过去曾经出现过但当前可能未出现，其设置的故障代码，清除后可能不会出现。

> 提示　所有汽车厂家都建议按一个基本顺序诊断和维修故障代码：首先是当前故障的硬故障代码，然后是间发性故障的软故障代码或记忆故障代码，因此，确定故障类型是故障诊断维修前的首要工作任务。

【课题实施】

下面介绍丰田 COROLLA 1.6 AT GL 车型发动机（1ZR-FE 控制系统）空气流量传感器和进气温度传感器有代码故障的诊断与排除方法。

一、空气流量传感器的类型和作用

通过对电子控制系统的学习，我们知道用于汽车发动机管理系统的传感器有许多，其中，最重要的是空气流量传感器 MAF、曲轴位置和转速传感器 CKP、发动机冷却液温度传感器 ECT。空气流量传感器用于流量型汽油喷射系统，它的作用是将单位时间内吸入发动机气缸的空气量转换成电信号送至电子控制单元，作为决定喷油量和点火正时的基本信号之一，按其结构形式和进气量的检测原理可以分为以下 4 种：翼板式空气流量传感器、卡门涡旋式空气流量传感器、热膜式空气流量传感器和热线式空气流量传感器，如图 4.28（a）、（b）、（c）、（d）所示。

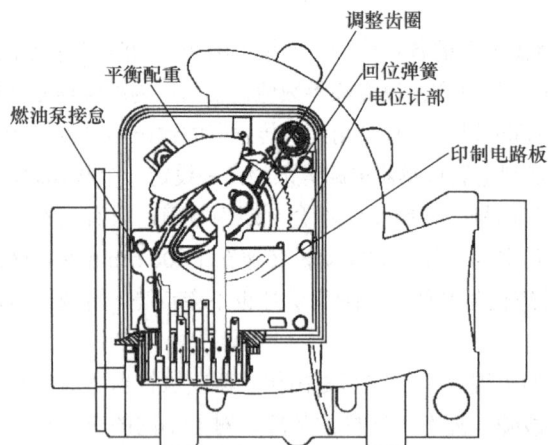

（a）翼板式空气流量传感器

（b）凌志 LS400 卡门涡旋式空气流量传感器

（c）帕萨特 B5 2.8L 热膜式空气流量传感器

（d）COROLLA 热线式空气流量传感器

图 4.28　空气流量传感器

目前，较多小排量汽车发动机上采用进气歧管压力传感器代替空气流量传感器，并且，许多车型把进气歧管压力传感器与进气温度传感器组合成一体，如图 4.29 所示。

图 4.29　奥德赛歧管压力传感器

操作一 实施车辆诊断与维修前的准备工作和常规检查项目

步骤 实施车辆维修前准备工作和车辆诊断与维修前常规检查项目，参考模块四课题一操作一、操作二的作业项目。

操作二 车辆故障诊断维修前的安全确认，掌握维修手册故障诊断基本流程

步骤一 确认自动变速器操纵手柄位于驻车 P 位，拉起驻车制动操纵手柄，如图 4.30 所示。

> 提示 自动变速器换挡手柄的操作方法如下。
> ◆ 如果自动变速器操纵手柄在其他位置，应当打开点火开关，脚踩制动踏板，然后才能移动自动变速器操纵手柄，将操纵手柄推入 P 挡位。
> ◆ 该车型自动变速器换挡手柄有手动解除按钮，按住此按钮，可以在自动变速器换挡锁止控制单元系统损坏时移动换挡手柄。
> ◆ 如果自动变速器操纵手柄不在 P 挡或 N 挡位，起动机继电器的控制线圈线路将被断开，造成起动继电器不工作，发动机将无法起动。

步骤二 找到热线式空气流量传感器和进气温度传感器在发动机上的安装位置，如图 4.31 所示。

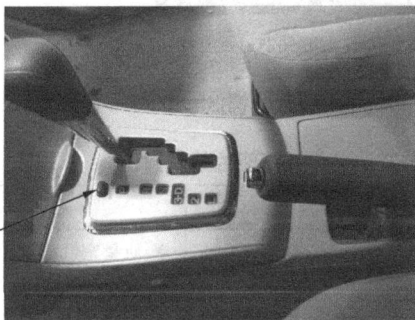

图 4.30 确认驻车 P 位和驻车制动　　图 4.31 热线式空气流量传感器和进气温度传感器

步骤三 认知 1ZR-FE 控制系统 ECM 端子排列编号，如图 4.32 所示。

> 提示 丰田 COROLLA 1.6 AT GL 车型（1ZR-FE 控制系统）发动机和自动变速器合用电子控制单元 ECM。

步骤四 在实车上认知 1ZR-FE 控制系统 ECM 导线连接器上各端子名称和作用，如图 4.33 所示。

> 提示 ◆ 区分 ECM A50 和 ECM B31 连接器，60 针脚为 A50 连接器，126 针脚为 B31 连接器，两个导线连接器的端子序号排列规则有所不同。
> ◆ 了解 A50 和 B31 连接器上各导线的作用，在 B31 连接器上找出空气流量传感器的信号线和地线。

B31

23	22	21	20	19	18	17	16	15	14	13	12	11	10	9	8	7	6	5	4	3	2	1
						40	39	38	37	36	35	34	33	32	31	30	29	28	27	26	25	24
46	45	44	43	42	41	63	62	61	60	59	58	57	56	55	54	53	52	51	50	49	48	47
86	85	84	83	82	81	80	79	78	77	76	75	74	73	72	71	70	69	68	67	66	65	64
						103	102	101	100	99	98	97	96	95	94	93	92	91	90	89	88	87
109	108	107	106	105	104	126	125	124	123	122	121	120	119	118	117	116	115	114	113	112	111	110

A50

11	10	9	8	7	6	5	4	3	2	1
19	18	17	16	15	14	13	12			
30	29	28	27	26	25	24	23	22	21	20
41	40	39	38	37	36	35	34	33	32	31
49	48	47	46	45	44	43	42			
60	59	58	57	56	55	54	53	52	51	50

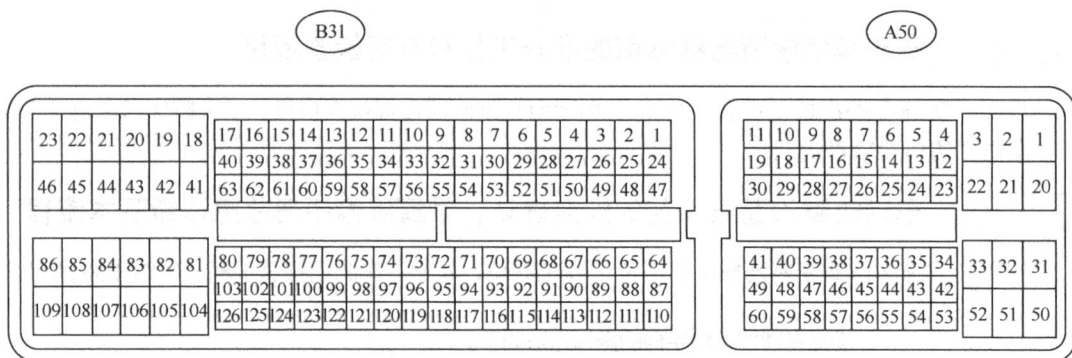

图 4.32 ECM 端子排列编号

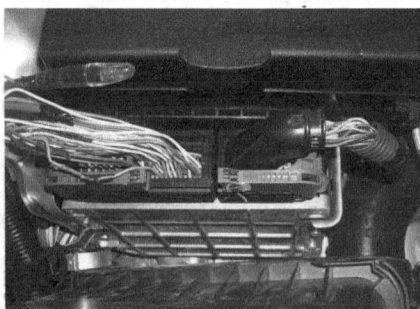

图 4.33 ECM 导线连接器 A50 和 B31 连接状态

步骤五 由教师说明空气流量计故障码成立的条件及可能的故障部位，如表 4.1 所示。

表 4.1 空气流量计故障码成立的条件及可能的故障部位

DTC 号	DTC 检测条件	故障部位
P0100 质量或体积空气流量电路	质量空气流量计电压低于 0.2V 或高于 4.9V 达 3s（单程检测逻辑）	◆ 质量空气流量计电路断路或短路 ◆ 质量空气流量计 ◆ ECM
P0102 质量或体积空气流量电路低输入	质量空气流量计电压低于 0.2V 达 3s（单程检测逻辑）	◆ 质量空气流量计电路断路或短路 ◆ 质量空气流量计 ◆ ECM
P0103 质量或体积空气流量电路高输入	质量空气流量计电压高于 4.9V 达 3s（单程检测逻辑）	◆ 质量空气流量计电路断路或短路 ◆ 质量空气流量计 ◆ ECM

提示

◆ 诊断仪器显示的是实际数值，而不是替代数值。

◆ 当出现空气流量传感器故障代码时，ECM 根据发动机转速和节气门位置计算点火正时，限制发动机运转的最高转速，最高转速被控制在 2 600～2 800r/min 左右。

◆ 常用的检测模式有单程和双程检测逻辑。车辆在正常使用过程中，诊断系统在"正常模式"下工作。在该模式下，使用双程检测逻辑进行准确的故障检测，所谓双程检测逻辑，即当首次检测到故障时，该故障暂时存储在 ECM 的存储器中（单程），将点火开关置于 OFF 位置再置于 ON 位置，如果再次检测到同一故障，则 MIL 故障指示灯点亮；维修技术人员可以选择"检测模式"，在检测模式中，"单程检测逻辑"用于模拟故障症状并增强系统检测故障的能力，包括间歇性故障（仅针对故障检测仪而言）。

步骤六　阅读空气流量传感器电路图，空气流量传感器的控制电路如图 4.34 所示。

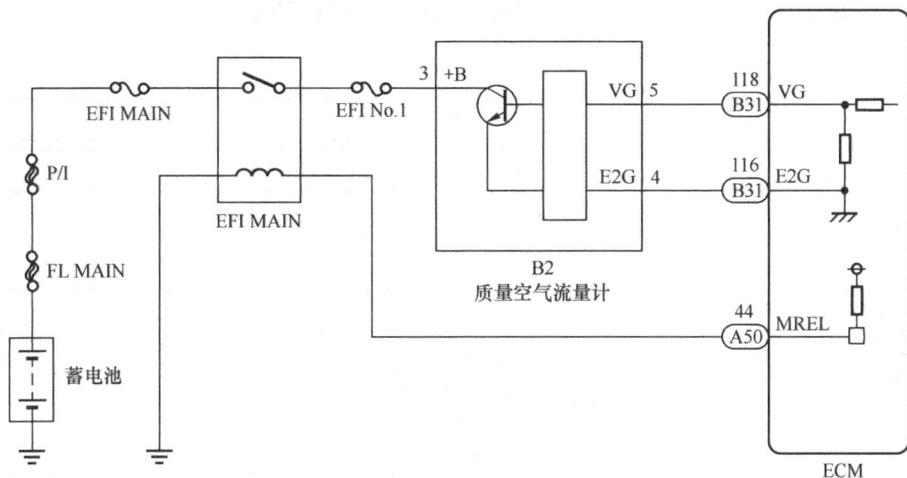

图 4.34　空气流量传感器控制电路

步骤七　连接 KT600 故障诊断仪，读取空气流量传感器的动态数据，根据采集的动态数据对照表 4.2，确定故障诊断与排除流程，空气流量传感器的动态数据采集界面如图 4.35 所示。

表 4.2　　　　　　　　　　　空气流量传感器动态数据及检查步骤

动 态 数 据	检 查 步 骤
质量空气流量为 0.0	检查步骤 A
质量空气流量为 271.0 或更高	检查步骤 B
质量空气流量为 1.0～270.0	检查步骤 C

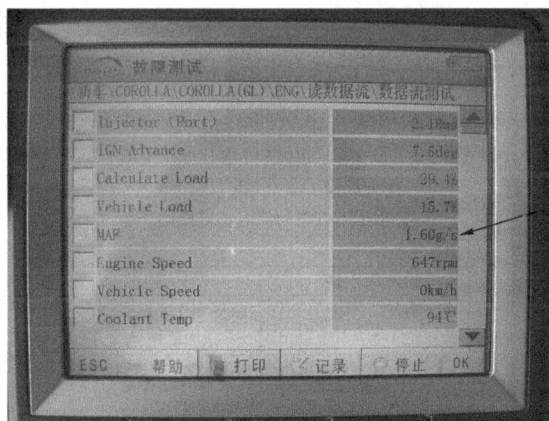

空气流量传感器
正常动态数据

图 4.35　空气流量传感器动态数据（正常数值）

提示
◆ 表 4.2 中出现的空气流量传感器动态数据是使用丰田专用诊断仪得到的最大、最小数值，如果使用 KT600 等通用故障诊断仪，得到的最大、最小数值会有所不同，这点请注意。
◆ 使用 KT600 故障诊断仪时的注意事项参照模块二中的课题二。

步骤八　根据上一步骤中空气流量传感器动态数据的结果，按照下述流程进行故障诊断与排除，直到查到最小故障点并排除故障，具体操作流程如图4.36所示。

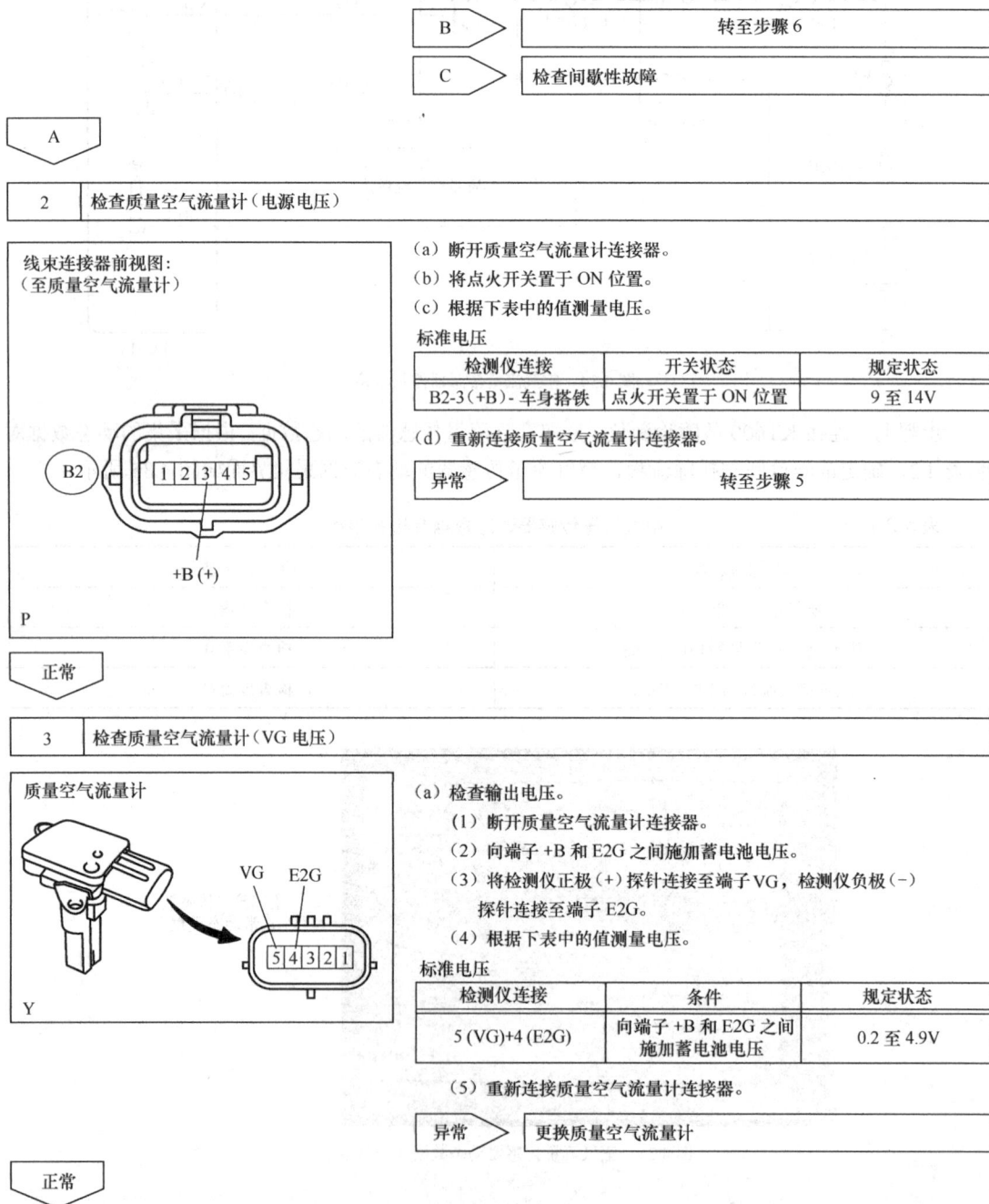

B	转至步骤 6
C	检查间歇性故障

A

2	检查质量空气流量计（电源电压）

线束连接器前视图：
（至质量空气流量计）

B2

| 1 | 2 | 3 | 4 | 5 |

+B (+)

P

（a）断开质量空气流量计连接器。

（b）将点火开关置于 ON 位置。

（c）根据下表中的值测量电压。

标准电压

检测仪连接	开关状态	规定状态
B2-3（+B）- 车身搭铁	点火开关置于 ON 位置	9 至 14V

（d）重新连接质量空气流量计连接器。

异常	转至步骤 5

正常

3	检查质量空气流量计（VG 电压）

质量空气流量计

VG　E2G

| 5 | 4 | 3 | 2 | 1 |

Y

（a）检查输出电压。

（1）断开质量空气流量计连接器。

（2）向端子 +B 和 E2G 之间施加蓄电池电压。

（3）将检测仪正极（+）探针连接至端子VG，检测仪负极（-）探针连接至端子 E2G。

（4）根据下表中的值测量电压。

标准电压

检测仪连接	条件	规定状态
5 (VG)+4 (E2G)	向端子 +B 和 E2G 之间施加蓄电池电压	0.2 至 4.9V

（5）重新连接质量空气流量计连接器。

异常	更换质量空气流量计

正常

图 4.36　空气流量传感器故障排除流程

4	检查线束和连接器（质量空气流量计 -ECM）

线束连接器前视图：（至质量空气流量计）

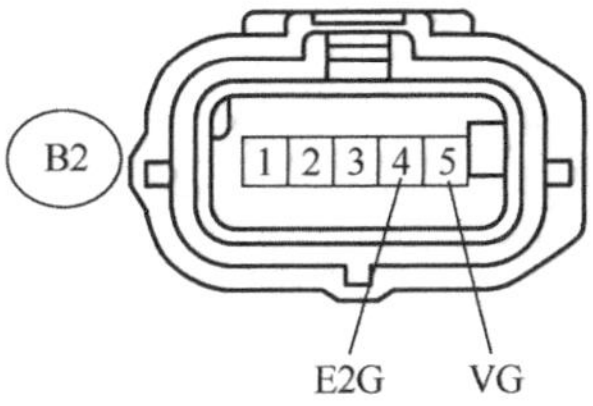

线束连接器前视图：（至 ECM）

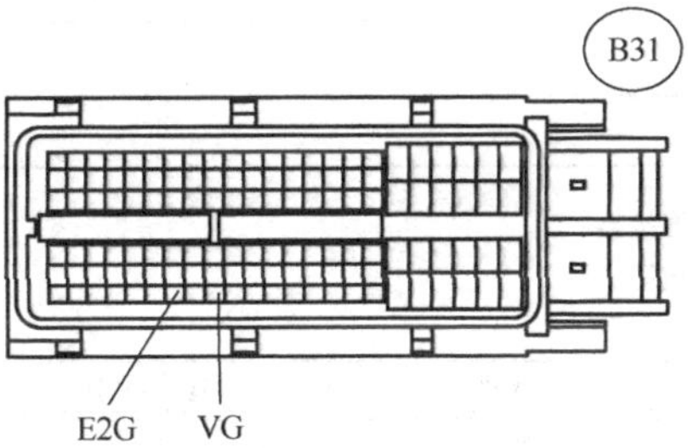

正常

更换 ECM

（a）断开质量空气流量计连接器。

（b）断开 ECM 连接器。

（c）根据下表中的值测量电阻。

标准电阻（断路检查）

检测仪连接	条件	规定状态
B2-5 (VG)-B31-119 (VG)	始终	小于 1Ω
B2-4 (E2G)-B31-116 (E2G)	始终	小于 1Ω

标准电阻（短路检查）

检测仪连接	条件	规定状态
B2-5（VG）或 B31-119（VG）- 车身搭铁	始终	10kΩ 或更大

（d）重新连接质量空气流量计连接器。

（e）重新连接 ECM 连接器。

异常 ▶ 维修或更换线束或连接器（质量空气流量计 -ECM）

图 4.36 空气流量传感器故障排除流程（续）

5	检查保险丝（EFI No.1）

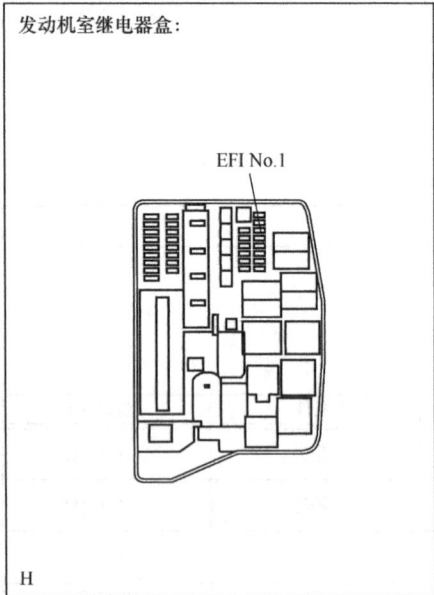

发动机室继电器盒：

（a）从发动机室继电器盒上拆下 EFI No.1 保险丝。

（b）根据下表中的值测量电阻。

标准电阻

检测仪连接	条件	规定状态
EFI No.1 保险丝	始终	小于 1Ω

（c）重新安装 EFI No.1 保险丝。

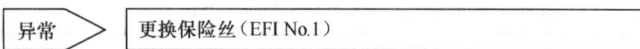

异常	更换保险丝（EFI No.1）

H

正常

维修或更换线束或连接器（质量空气流量计 - 集成继电器）

6	检查线束和连接器（传感器搭铁）

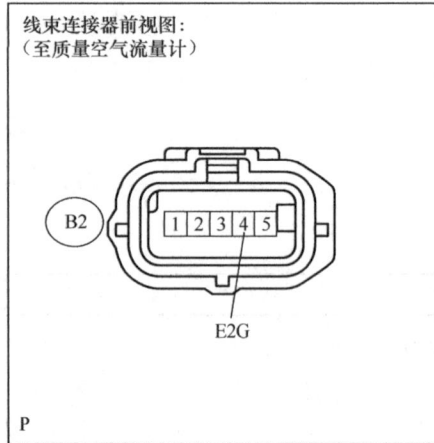

线束连接器前视图：
（至质量空气流量计）

（a）断开质量空气流量计连接器。

（b）根据下表中的值测量电阻。

标准电阻

检测仪连接	条件	规定状态
B2-4（E2G）- 车身搭铁	始终	小于 1Ω

（c）重新连接质量空气流量计连接器。

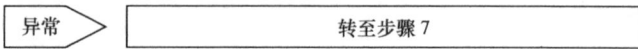

异常	转至步骤 7

B2

1 2 3 4 5

E2G

P

正常

更换质量空气流量计

图 4.36 空气流量传感器故障排除流程（续）

7	检查线束和连接器（质量空气流量计 -ECM）

线束连接器前视图：（至质量空气流量计）

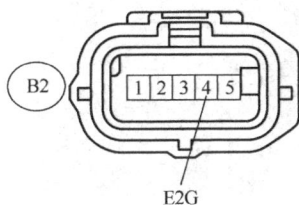

B2

```
1 2 3 4 5
```

E2G

线束连接器前视图：（至 ECM）

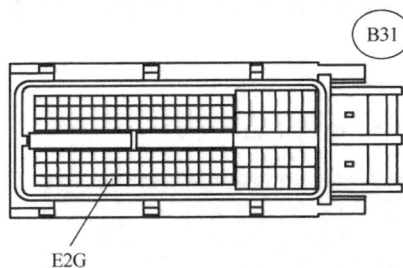

B31

E2G

（a）断开质量空气流量计连接器。

（b）断开 ECM 连接器。

（c）根据下表中的值测量电阻。

标准电阻（断路检查）

检测仪连接	条件	规定状态
B2-4（E2G）-B31-116（E2G）	始终	小于 1Ω

标准电阻（短路检查）

检测仪连接	条件	规定状态
B2-4（E2G）或 B31-116（E2G）- 车身搭铁	始终	10kΩ 或更大

（d）重新连接质量空气流量计连接器。

（e）重新连接 ECM 连接器。

异常	维修或更换线束或连接器（质量空气流量计 -ECM）

正常

更换 ECM

图 4.36　空气流量传感器故障排除流程（续）

提示

故障诊断与排除过程中，进行电路测量时应注意的事项：
◆ 使用万用表检测电阻时，应断开电源并使用相关的量程进行测量。
◆ 测量电压时应打开点火开关，采用并联的方法进行测量。
◆ 当需要断开 ECM 连接器时，必须关闭点火开关，断开蓄电池的负极。

操作三　**故障排除后的工作**

步骤一　使用 KT600 上的 ESC 按钮，依次将检测仪器屏幕显示退至初始界面，如图 4.37 所示。

提示

必须依次将诊断仪退到初始界面，然后关闭电源开关。

步骤二　关闭 KT600 故障诊断仪电源开关，如图 4.38 所示。

步骤三　关闭点火开关，将诊断线连同诊断卡从 DLC3 诊断插座上取下，如图 4.39 所示。

图 4.37 诊断仪初始主界面状态

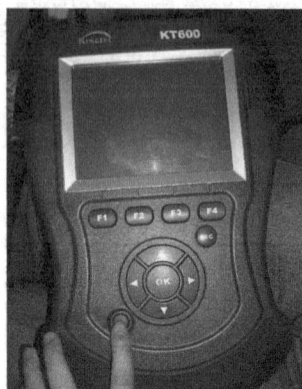

图 4.38 关闭 KT600 电源开关

提示 必须首先关闭点火开关，才可以拔下检测仪器诊断卡和诊断线，禁止用手拉诊断线，拔下时必须手握诊断卡。

步骤四 将检测仪器所有部件按照原样放回诊断仪器箱中，如图 4.40 所示。

图 4.39 取下诊断卡和诊断线

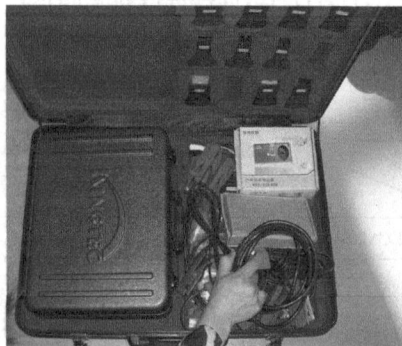

图 4.40 整理 KT600 诊断箱

步骤五 实施模块四课题一车辆维修后的清洁、整理工作，参考模块四课题一操作三的作业项目。

操作四 教师预先设置故障

步骤一 教师设置故障码 P0102 质量或体积空气流量电路低输入故障。故障设置范围主要包括以下几个方面。

（1）+B 电源线断路故障。

（2）信号线断路故障。

（3）信号线与地线短路故障。

（4）信号线与车身短路故障。

（5）空气流量传感器元件故障。

（6）电子控制单元 ECM。

在丰田维修手册中没有体现导线之间互相短路的检查步骤，这一点需要特别注意。

步骤二 实施车辆维修前准备工作和车辆诊断与维修前常规检查项目，参考模块四课题一操作一、操作二的作业项目，确认自动变速器操纵手柄位于驻车 P 位，拉起驻车制动操纵手柄。

操作五 **使用 KT600 故障诊断仪，对故障车辆进行故障代码、冻结数据、动态数据的读取**

步骤一 点火开关 OFF，正确连接 KT600 故障检测仪，点火开关 ON，静态读取故障代码，故障代码读取结果如图 4.41 所示。

步骤二 读取与故障代码相关的冻结数据，冻结数据读取结果如图 4.42 所示。

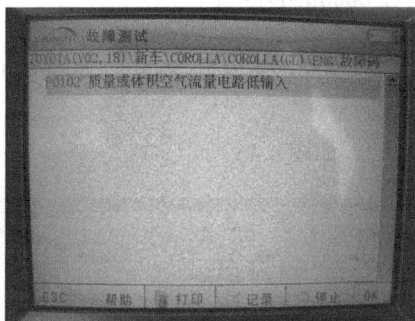

图 4.41 读到的故障码 P0102

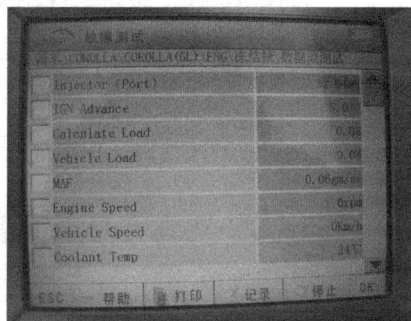

图 4.42 冻结数据

当车辆发生故障并有故障代码存入 RAM 时，可以确认与故障码相关的冻结数据，该冻结数据可以确定发生故障时车辆是运行还是停止，发动机是暖机还是冷机，空燃比是稀还是浓，以及一些其他的车辆信息数据。

步骤三 读取与故障有关的动态数据流，关于空气流量传感器动态数据读取如图 4.43 所示。

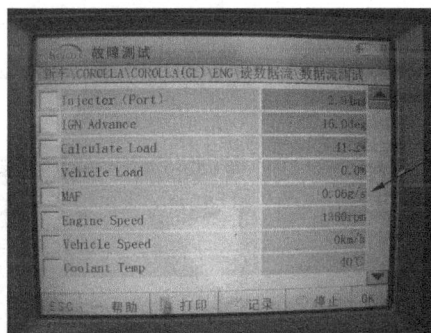

空气流量传感器异常动态数据

图 4.43 与故障代码有关的动态数据

确认与故障码相关的动态数据，此做法可以确定读取的故障码是否以前已经排除但是没有清除的故障代码，该步骤即可确定故障是硬故障还是软故障。

步骤四 记录故障代码，并清除故障代码。

步骤五 根据故障代码的提示，对连接空气流量传感器的 B2 连接器进行目视检查，如图 4.44 所示。

> **提示** 根据故障代码 P0102 和动态数据的提示，在做线路或元件检测之前，应确定 B2 连接器连接正常，包括检查导线连接器是否有虚接现象、空气流量传感器的+B 电源火线和信号线 VG 是否从连接器中松脱，如果 B2 连接器虚接或导线松脱，请恢复正常连接。

步骤六 起动发动机，确认故障症状。

> **提示** 确认车辆故障症状的方法如下。
> 包括发动机不同转速下的运行状态和故障灯显示状态。如果是硬故障，发动机电控单元进入失效保护状态，ECM 根据发动机转速和节气门位置计算点火正时，限制发动机运转的最高转速，最高转速被控制在 2 600～2 800r/min 左右。
> 发动机故障症状：
> 发动机在正常冷却液温度下怠速运转正常，最高转速只有 2 600～2 800r/min 左右。

步骤七 再次读取故障代码，出现的故障码为 P0102，如图 4.45 所示。

图 4.44 空气流量计（内置进气温度传感器）连接器 B2 应可靠连接

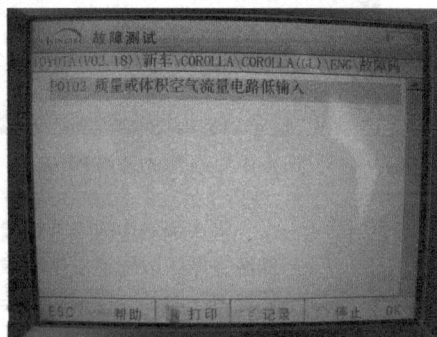

图 4.45 再次读取的故障码 P0102

步骤八 再次确认与故障代码相关的冻结数据，冻结数据读取结果如图 4.46 所示。

步骤九 再次确认与故障有关的动态数据流，关于空气流量传感器动态数据读取结果如图 4.47 所示。

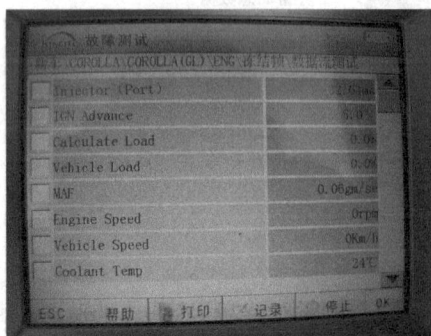

图 4.46 再次读取冻结数据

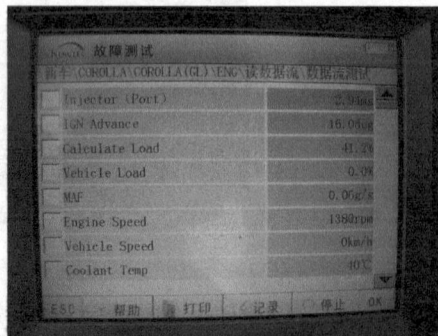

图 4.47 再次读取与故障代码有关的动态数据

操作六 使用 KT600 故障诊断仪的示波器功能，采集空气流量传感器信号波形

步骤一 使用 T 型线连接 B2 连接器和空气流量传感器元件，连接后的状态如图 4.48 所示。

◆ 根据检测出的故障代码，使用 T 型导线将 B2 连接器与空气流量传感器进行正确的连接，找到相关信号波形的测试点 B2-5（VG），鳄鱼夹搭铁，分别在怠速运转、缓慢加速、稍急加速状态下采集波形。

◆ 图中使用的示波器探针有 ×1 和 ×10 两个挡位，空气流量传感器的信号波形采集应放在 ×1 挡位。

步骤二 采集报 P0102 故障代码时故障维修前的波形，并对故障波形进行分析，采集的波形如图 4.49 所示。

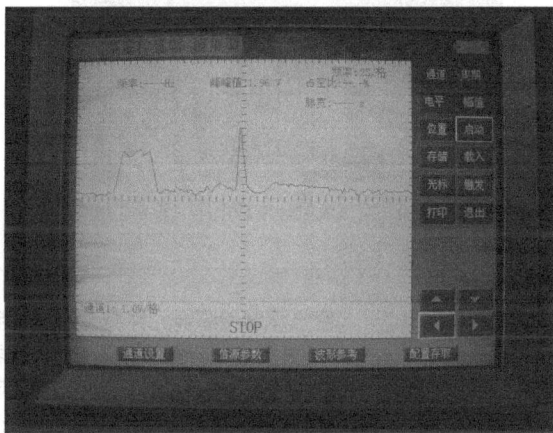

图 4.48 使用 T 型线连接 B2 连接器和空气流量传感器元件　　图 4.49 报 P0102 故障代码时在 B2 处采集的波形

对故障波形进行分析，分析结果如下。

◆ 通过诊断维修前的波形采集，可以确定空气流量传感器的工作电源线+B（火线）、E2G（地线）和空气流量传感器元件都是正常的，故障范围在空气流量传感器信号线与电脑的连接、电脑的导线连接器或电脑有故障。

◆ 有一点需要提醒，对同一个故障代码故障，在不同点采集的波形，完全有可能是不同的波形。

操作七 依据维修手册，对产生故障代码 P0102 的故障可能部位进行检测

步骤一 测量空气流量计电源线+B 电压，测量结果正常，如图 4.50 所示。

空气流量传感器电源电压测量条件和结果分析：

◆ 点火开关置于 OFF 位置，断开 B2 连接器，将点火开关置于 ON 位置，将数字万用表放置在直流电压 20V 挡位，根据下表中的值测量 B2-3（+B）-车身或是 B2-3（+B）-B2-4（E2G 地线）之间的电压，测量的电压为 12.19V，为正常结果，这个结果与故障前波形分析的结果一致，即空气流量传感器的+B 火线和 E2G 地线正常。

维修手册规定数值

数字万用表连接	开 关 状 态	规 定 状 态
B2-3（+B）-车身搭铁	点火开关置于 ON 位置	9~14V

检测结果：+B 火线正常。

◆ B2 导线连接器插座针脚序号为：连接器锁扣向上，从左到右分别为 1~5 序列号。

步骤二 空气流量传感器元件测试，连接状态和检测结果正常，如图 4.51 所示。

图 4.50 空气流量计电源电压（正常）

图 4.51 空气流量传感器元件测试（正常）

空气流量传感器元件测试方法和测试结果分析：

◆ 关闭点火开关，拔下 B2 连接器，拆卸进气温度和空气流量传感器。

◆ 向端子+B 和 E2G 之间施加蓄电池电压，将数字万用表放置在直流电压 20V 挡位，正极（+）探针连接至 VG，负极（-）探针连接至 E2G 或蓄电池负极，根据下表中的值测量电压，万用表显示电压为 0.73V，向空气流量传感器气流感知部位吹气，电压有上升的趋势，为正常结果，这个结果与故障前波形分析的结果一致，即空气流量传感器元件正常。

维修手册规定数值

数字万用表连接	条 件	规 定 状 态
5（VG）-4（E2G）	向端子+B 和 E2G 之间施加蓄电池电压	0.2~4.9V

检测结果：空气流量传感器元件正常。

◆ 空气流量传感器元件插针针脚序号为：连接器锁扣部位向上，从右到左分别为 1~5 序列号。

步骤三 对空气流量传感器信号线进行断路和短路检查，检查结果为空气流量传感器信号线断路，如图 4.52（a）、（b）所示。

（a）空气流量传感器信号线断路（异常）　　　　（b）短路检查（正常）

图 4.52　对空气流量传感器信号线进行断路和短路检查

断路测量条件和结果分析：

将点火开关关闭，断开蓄电池负极连接，断开质量空气流量计 B2 和 ECM 的 B-31 连接器，用万用表电阻挡测量 B2-5（VG）-B31-118（VG）导通性。根据下表中的值测量电阻。

维修手册标准电阻（断路检查）

数字万用表连接	条　件	规 定 状 态
B2-5（VG）-B31-118（VG）	始终	小于 1Ω
B2-4（E2G）-B31-116（E2G）	始终	小于 1Ω

测量结果：B2-5（VG）-B31-118（VG）线路呈现断路状态，即暂时能确定的故障点。

维修方案：维修线束，找到断路点。线路恢复正常连接后，一定要验证空气流量传感器信号线 B2-5（VG）-B31-118（VG）线路的状态是否正常。

短路测量条件和结果分析：

将点火开关关闭，断开蓄电池负极连接，断开质量空气流量计 B2 和 ECM 的 B-31 连接器，用万用表电阻挡测量 B2-5（VG）或 B31-118（VG）与车身之间的导通性。根据下表中的值测量电阻。

维修手册标准电阻（短路检查）

数字万用表连接	条　件	规 定 状 态
B2-5（VG）或 B31-118（VG）-车身搭铁	始终	10kΩ 或更大

测量结果：信号线与车身无短路，正常。

步骤四　恢复 B2、B31 连接器和蓄电池负极的连接，打开点火开关，清除故障代码，并重新读取故障代码进行验证，读取结果为发动机电子控制系统正常，如图 4.53 所示。

步骤五　再次读取空气流量传感器动态数据，结果显示实际的进气量值，系统恢复正常，如图 4.54 所示。

P0102 故障代码产生的最终原因：

根据故障代码和动态数据流的最终检查结果，确认故障码 P0102 是由于 B2-5（VG）-B31-118（VG）线路出现了断路故障而引起，该故障点是导致出现故障代码 P0102 最终和唯一的原因。

图 4.53 系统显示正常

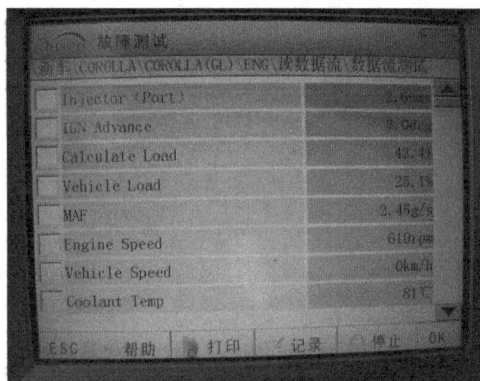

图 4.54 空气流量传感器正常数据

操作八 故障排除后的工作

故障排除后的工作参照模块四课题二操作三。

车辆维修后的清洁、整理工作，参考模块四课题一操作三的作业项目。

二、温度传感器的类型和作用

为了确定发动机的温度状态，正确地控制燃油喷射、点火正时、怠速转速和尾气排放，提高发动机的运行性能，发动机控制单元需要能连续精确地监测冷却液的温度、进气温度与排气温度（部分车型装备）。从结构上讲，这些温度传感器有绕线电阻式、热敏电阻式、扩散电阻式、半导体晶体管式、金属芯式和热电偶式。应用较多的是热敏电阻式温度传感器。而从检测对象方面讲，温度传感器包括发动机冷却液温度传感器、进气温度传感器和排气温度传感器。

热敏式温度传感器利用的是半导体电阻随着温度的变化而变化的特性，其灵敏度较高。有NTC（负热敏系数）和PTC（正热敏系数）两种。被广泛应用在检测发动机冷却液温度和进气温度。

目前汽车上使用的基本上是NTC热敏电阻，少量使用PTC热敏电阻（如某些开磁路式点火线圈中的附加电阻，起限制电流作用）。在实际线路中，温度传感器的一根线通过发动机电子控制单元形成搭铁，有些车型的温度传感器用壳体直接搭铁，另外一根线是作为传感器的信号输出线，发动机控制单元利用这根线向传感器提供一个5V的参考电压，同时也是通过这根线上的反馈电压来监测温度的高低。当温度上升的时候，传感器的电阻减小，传感器两端的电压降也将下降，发动机控制单元就是根据该电压降来反映温度的高低，由此可见，对于负热敏系数的温度传感器而言，温度越高，传感器的电阻值越小，传感器的信号电压越低，其性能变化曲线如图4.55所示。

常见温度传感器如图4.56（a）（b）（c）（d）（e）（f）所示。

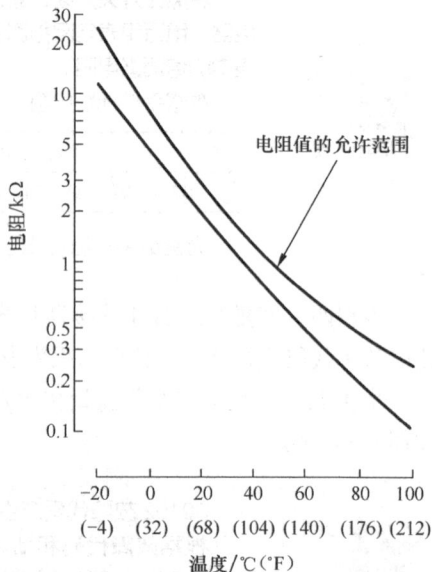

图 4.55 冷却液温度传感器性能变化曲线（NTC）

（a）桑塔纳 2000GLi 进气压力传感器及进气温度传感器　（b）本田奥德赛进气温度传感器

（c）本田奥德赛冷却液温度传感器　　　　　　（d）帕萨特 1.8T 冷却风扇温控开关

（e）COROLLA 冷却液温度传感器　　　　（f）COROLLA 空气流量传感器和进气温度传感器

图 4.56　温度传感器

操作一　实施车辆诊断与维修前的准备工作和常规检查项目

步骤　实施车辆维修前准备工作和车辆诊断与维修前常规检查项目，参考模块四课题一操作一、操作二的作业项目。

操作二　车辆故障诊断维修前的安全确认，掌握维修手册故障诊断基本流程

步骤一　确认自动变速器操纵手柄位于驻车 P 位，拉起驻车制动操纵手柄。

步骤二　找到热线式空气流量传感器和进气温度传感器在发动机上的安装位置，如图 4.57 所示。

步骤三　说明进气温度传感器故障码成立的条件及可能的故障部位，如表 4.3 所示。

图 4.57　热线式空气流量传感器和进气温度传感器

表 4.3 进气温度传感器故障码成立条件及可能故障部位

DTC 号	DTC 检测条件	故 障 部 位
P0110	进气温度传感器电路断路或短路 0.5s（单程检测逻辑）	◆ 进气温度传感器电路断路或短路 ◆ 进气温度传感器（内置于质量空气流量计中） ◆ ECM
P0112	进气温度传感器电路短路 0.5s（单程检测逻辑）	◆ 进气温度传感器电路短路 ◆ 进气温度传感器（内置于质量空气流量计中） ◆ ECM
P0113	进气温度传感器断路 0.5s（单程检测逻辑）	◆ 进气温度传感器电路断路 ◆ 进气温度传感器（内置于质量空气流量计中） ◆ ECM

提示

◆ 当设置故障代码时，系统进入失效保护状态时采用替代值，值得注意的是，诊断仪器显示的动态数据流是实际数值，而不是替代数值。

◆ 如果出现冷却液温度传感器的故障代码，设定的替代值为 80℃，会出现冷车难着车的故障现象，出现进气温度传感器故障代码，系统设定的替代值为 20℃。

◆ 常用的检测模式有单程和双程检测逻辑，车辆在正常使用过程中，诊断系统在"正常模式"下工作。在该模式下，使用双程检测逻辑进行准确的故障检测，所谓双程检测逻辑，即当首次检测到故障时，该故障暂时在 ECM 的存储器中（单程），将点火开关置于 OFF 位置再置于 ON 位置，如果再次检测到同一故障，则 MIL 故障指示灯点亮；维修技术人员可以选择"检测模式"，在检测模式中，"单程检测逻辑"用于模拟故障症状并增强系统检测故障的能力，包括间歇性故障（仅针对故障检测仪而言）。

步骤四 阅读进气温度传感器电路图，进气温度传感器的控制电路如图 4.58 所示。

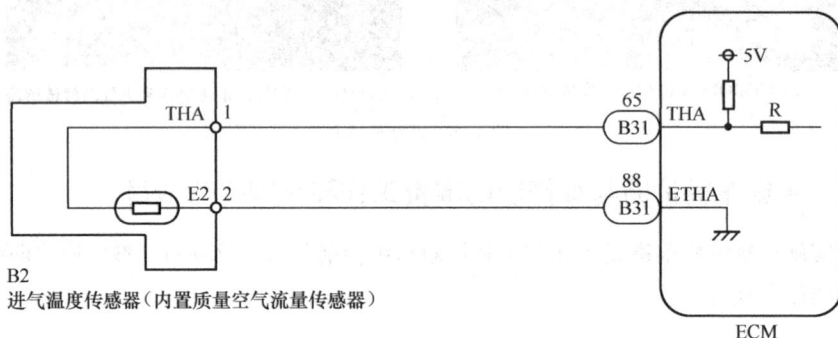

图 4.58 COROLLA 进气温度传感器控制电路

步骤五 连接 KT600 故障检测仪，读取进气温度传感器的动态数据，根据采集的动态数据对照表 4.4，确定故障诊断与排除流程，进气温度传感器的动态数据采集界面如图 4.59 所示。

表 4.4 进气温度传感器动态数据及检查步骤

动 态 数 据	检 查 步 骤
显示温度为−40℃	检查步骤 A
显示温度为 140℃或更高	检查步骤 B
显示温度与实际进气温度相同	检查步骤 C

进气温度标准数据，要求与实际进气温度相同。

◆ 如果存在电路、进气温度传感器元件或 ECM 内部电路断路故障，故障诊断仪将显示-40℃。

◆ 如果存在电路、进气温度传感器元件或ECM内部电路短路故障，故障诊断仪将显示140℃。

进气温度传感器正常动态数据

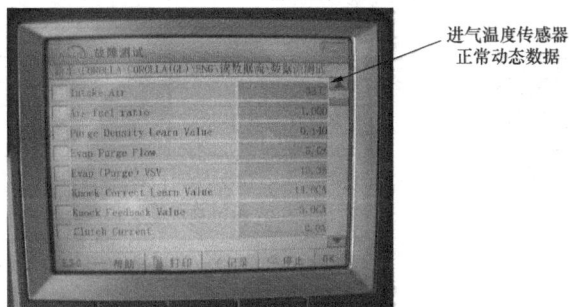

图 4.59　进气温度动态数据（正常数值）

步骤六　根据上一步骤中进气温度传感器动态数据的结果，按照下述流程进行故障诊断与排除，直到查到最小故障点并排除故障，具体操作流程如图 4.60 所示。

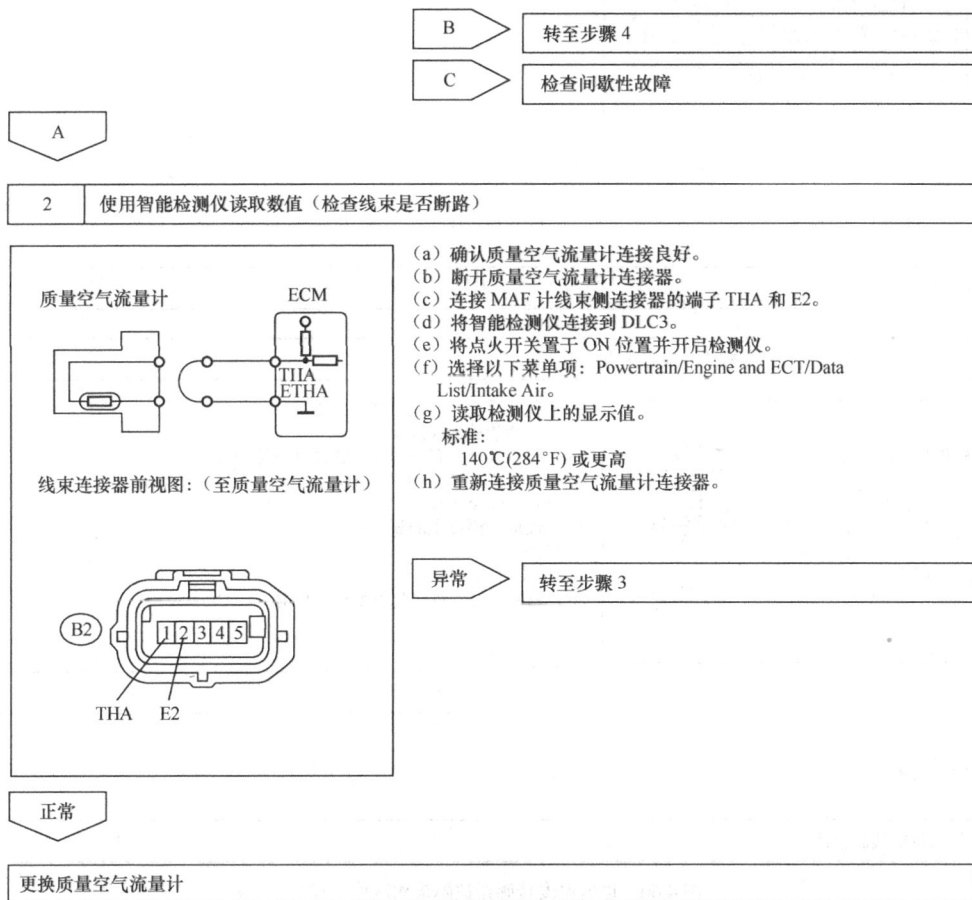

B → 转至步骤 4

C → 检查间歇性故障

A

2　使用智能检测仪读取数值（检查线束是否断路）

质量空气流量计　　ECM

THA
ETHA

线束连接器前视图：（至质量空气流量计）

B2 ① ② ③ ④ ⑤
THA　E2

（a）确认质量空气流量计连接良好。
（b）断开质量空气流量计连接器。
（c）连接 MAF 计线束侧连接器的端子 THA 和 E2。
（d）将智能检测仪连接到 DLC3。
（e）将点火开关置于 ON 位置并开启检测仪。
（f）选择以下菜单项：Powertrain/Engine and ECT/Data List/Intake Air。
（g）读取检测仪上的显示值。
　　标准：
　　　140℃(284°F) 或更高
（h）重新连接质量空气流量计连接器。

异常 → 转至步骤 3

正常

更换质量空气流量计

图 4.60　进气温度传感器故障检测流程

| 3 | 检查线束和连接器（质量空气流量计-ECM） |

线束连接器前视图：（至质量空气流量计）

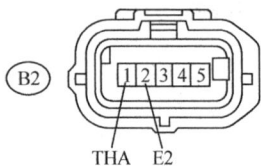

（B2）
1 2 3 4 5
THA E2

线束连接器前视图：（至ECM）

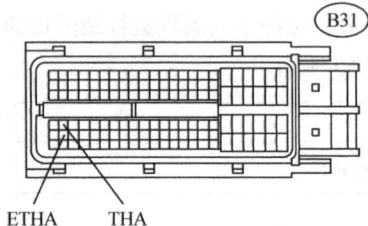

B31

ETHA　THA

（a）断开质量空气流量计连接器。
（b）断开ECM连接器。
（c）根据下表中的值测量电阻。
标准电阻

检测仪连接	条件	规定状态
B2-1(THA)-B31-85 (THA)	始终	小于1Ω
B2-2(E2)-B31-88 (ETHA)	始终	小于1Ω

（d）重新连接质量空气流量计连接器。
（e）重新连接ECM连接器。

异常 ▷ 维修或更换线束或连接器（质量空气流量计-ECM）

正常

更换 ECM

| 4 | 使用智能检测仪读取数值（检查线束是否短路） |

质量空气流量计　ECM

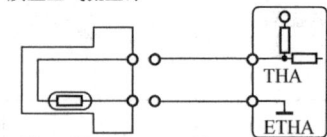

THA
ETHA

（a）断开质量空气流量计连接器。
（b）将智能检测仪连接到DLC3。
（c）将点火开关置于ON位置并开启检测仪。
（d）选择以下菜单项：Powertrain/Engine and ECT/Data List/Intake Air。
（e）读取检测仪上的显示值。
标准：
-40℃（-40°F）
（f）重新连接质量空气流量计连接器。

异常 ▷ 转至步骤5

正常

更换质量空气流量计

图4.60 进气温度传感器故障检测流程（续）

| 5 | 检查线束和连接器（质量空气流量计 -ECM） |

线束连接器前视图：（至质量空气流量计）

B2

1 2 3 4 5

THA

线束连接器前视图：（至 ECM）

B31

THA

（a）断开质量空气流量计连接器。
（b）断开 ECM 连接器。
（c）根据下表中的值测量电阻。
标准电阻

检测仪连接	条件	规定状态
B2-1(THA) 或 B31-65（THA）- 车身搭铁	始终	10kΩ 或更大

（d）重新连接质量空气流量计连接器。
（e）重新连接 ECM 连接器。

异常 ▷ 维修或更换线束或连接器（质量空气流量计 -ECM）

正常

更换 ECM

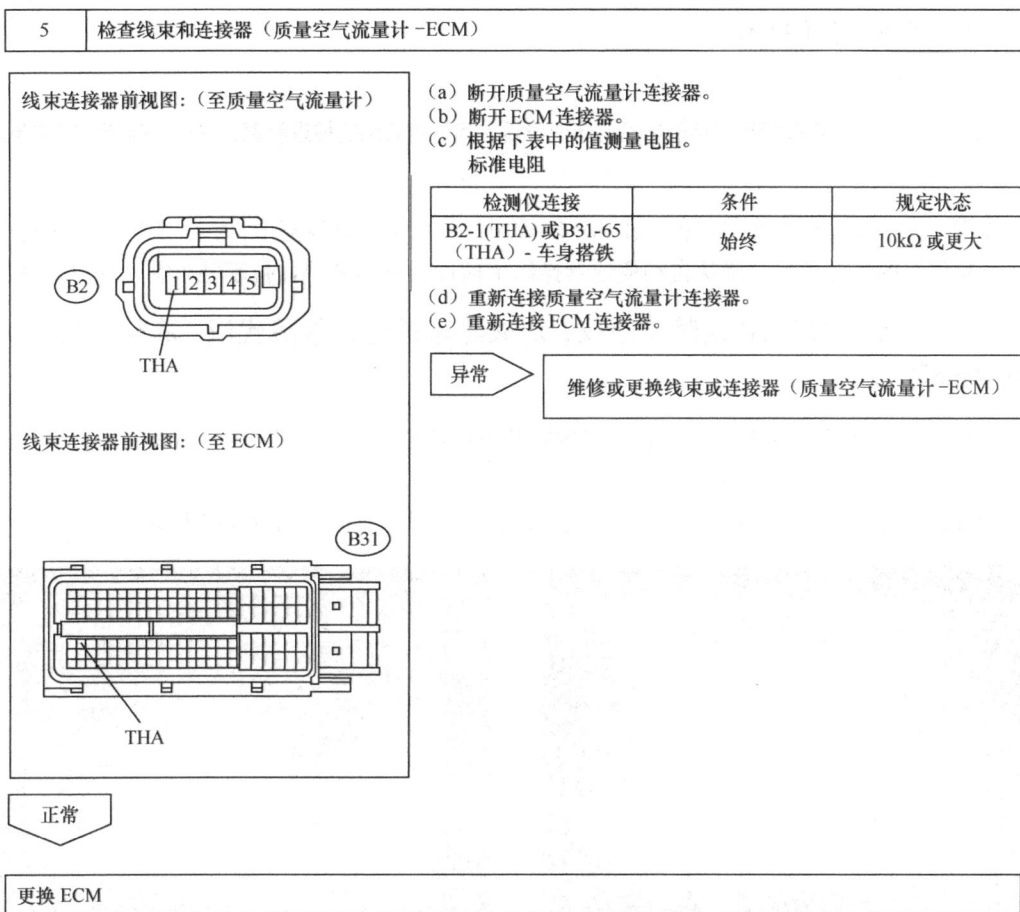

图 4.60 进气温度传感器故障检测流程（续）

提示 故障诊断与排除过程中，进行电路测量时应注意以下事项。
◆ 使用万用表检测电阻时，应断开电源并使用相关的量程进行测量。
◆ 测量电压时应打开点火开关，采用并联的方法进行测量。
◆ 当需要断开 ECM 连接器时，必须关闭点火开关，断开蓄电池的负极。

操作三 故障排除后的工作

故障排除后的工作参照模块四课题二操作三。
车辆维修后的清洁、整理工作，参考模块四课题一操作三的作业项目。

操作四 教师预先设置故障

步骤一 教师设置故障码 P0112 进气温度电路低输入故障。故障设置范围主要包括以下几个方面。
（1）信号线 THA 与搭铁线 ETHA 线间短路故障。
（2）信号线 THA 与车身短路故障。
（3）进气温度传感器元件故障。

（4）电子控制单元 ECM。

> **提示**
>
> 在丰田维修手册中没有体现导线之间互相短路的检查步骤，这一点需要特别注意。

步骤二　实施车辆维修前准备工作和车辆诊断与维修前常规检查项目，参考模块四课题一操作一、操作二的作业项目，确认自动变速器操纵手柄位于驻车 P 位，拉起驻车制动操纵手柄。

操作五 **使用 KT600 故障诊断仪，对故障车辆进行故障代码、冻结数据、动态数据的读取**

步骤一　点火开关 OFF，正确连接 KT600 故障检测仪，点火开关 ON，静态读取故障代码，故障代码读取结果如图 4.61 所示。

步骤二　读取与故障代码相关的冻结数据，冻结数据读取结果如图 4.62 所示。

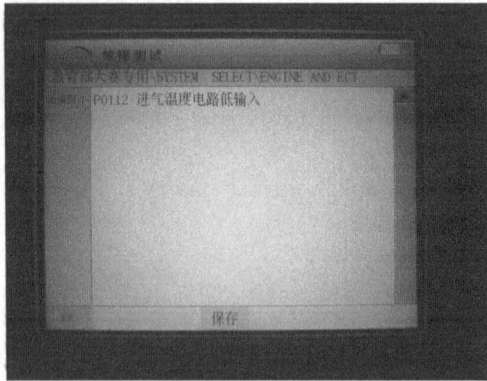

图 4.61　进气温度报低输入故障代码

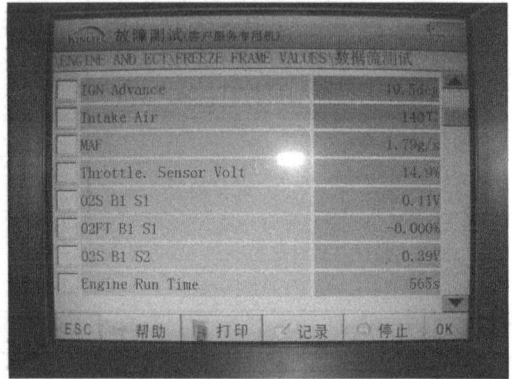

图 4.62　进气温度报低输入故障时的冻结数据

> **提示**
>
> 当车辆发生故障并有故障代码存入 RAM 时，可以确认与故障码相关的冻结数据，该冻结数据可以确定发生故障时车辆是运行还是停止，发动机是暖机还是冷机，空燃比是稀还是浓，以及一些其他的车辆信息数据。

步骤三　读取与故障有关的动态数据流，关于进气温度传感器动态数据读取如图 4.63 所示。

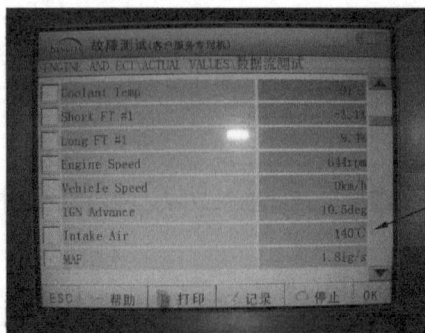

进气温度传感器
异常动态数据

图 4.63　进气温度报低输入故障动态数据

确认与故障码相关的动态数据，此做法可以确定读取的故障码是否是以前已经排除但是没有清除的故障代码，该步骤即可确定故障是硬故障还是软故障。

步骤四　记录故障代码，并清除故障代码。

步骤五　根据故障代码的提示，对连接空气流量传感器的 B2 连接器进行目视检查，如图 4.64 所示。

◆ 根据故障代码 P0112 和动态数据的提示，在做线路或元件检测之前，应确定 B2 连接器连接正常，包括检查导线连接器是否有虚接现象，如果 B2 连接器虚接或导线松脱，请恢复正常连接。

◆ 根据进气温度传感器控制机理分析，故障代码 P0112 不可能是 B2 连接器虚接或导线松脱造成，但必须养成目视检查的习惯。

◆ 如果 B2 连接器没有插上，必定有空气流量传感器低输入故障代码 P0102 同时显现。

步骤六　起动发动机，确认故障症状。

确认车辆故障症状的方法：

包括发动机不同转速下的运行状态和故障灯显示状态。如果是硬故障，发动机电控单元进入失效保护状态，ECM 估计进气温度为 20℃，对发动机运行状态影响不大，如果是冷却液温度传感器部分故障，ECM 以 80℃的温度值替代，此时将会引起发动机冷车难以起动着车。

发动机故障症状：

发动机在冷却液温度为 91℃时怠速转速为 650r/min 左右，运转平稳，各种负荷状态下运转均正常。

步骤七　再次读取故障代码，出现的故障码为 P0112，如图 4.65 所示。

图 4.64　空气流量计（内置进气温度传感器）连接器 B2 应可靠连接

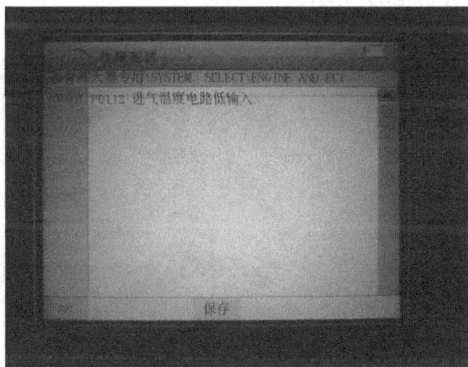

图 4.65　进气温度报低输入故障代码

步骤八　再次确认与故障代码相关的冻结数据，冻结数据读取结果如图 4.66 所示。

步骤九　再次确认与故障代码有关的动态数据流，关于进气温度传感器动态数据读取如图 4.67 所示。

出现故障码时，关于进气温度传感器的定格数据和动态数据均为异常数据 140℃，说明故障代码 P0112 是硬性故障，需要及时排除。

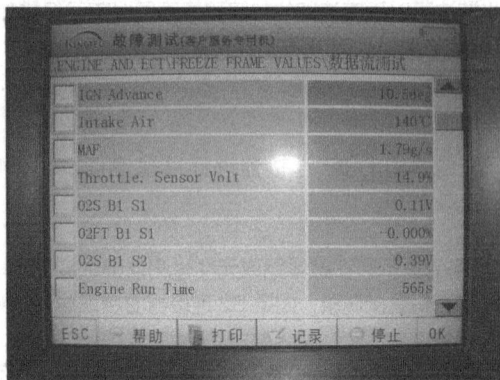

图 4.66 进气温度报低输入故障冻结数据

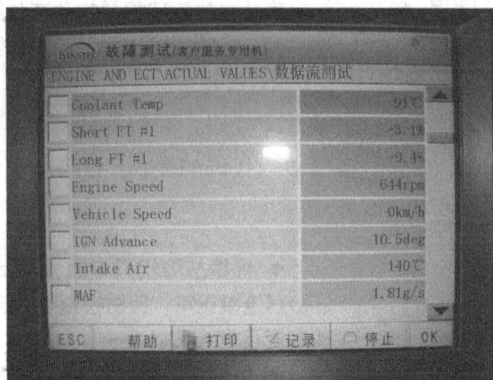

图 4.67 进气温度报低输入故障动态数据

操作六 使用 KT600 故障诊断仪的示波器功能，采集进气温度传感器信号波形

步骤一 使用 T 型线连接 B2 连接器和进气温度传感器元件，连接后的状态如图 4.68 所示。

◆ 根据检测出的故障代码，使用 T 型导线将 B2 连接器与进气温度传感器进行正确的连接，找到相关信号波形的测试点 B2-1（THA），鳄鱼夹搭铁，分别在怠速运转、缓慢加速、稍急加速状态下采集波形。

◆ 图中使用的示波器探针有 ×1 和 ×10 两个挡位，进气温度传感器的信号波形采集应放在 ×1 挡位。

步骤二 采集报 P0112 故障代码时故障维修前的波形，并对故障波形进行分析，采集的波形如图 4.69 所示。

图 4.68 使用 T 型导线连接 B2 连接器和进气温度传感器元件

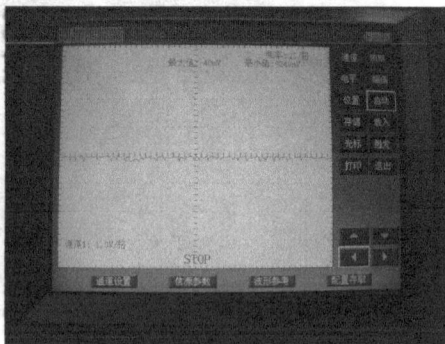

图 4.69 报 P0112 故障代码时在 B2-1 处采集的波形

对故障波形进行分析，分析结果如下。

通过诊断维修前的波形采集，可以看到在进气温度传感器元件处 THA 信号电压为 0.00V，同时，根据动态数据显示的进气温度值为 140℃，可以基本确定故障范围为信号线 THA 与搭铁线 ETHA 线间短路、信号线 THA 与车身短路、进气温度传感器元件故障或是电子控制单元 ECM 有故障。

操作七 **依据维修手册，对产生故障代码 P0112 的故障可能部位进行检测**

步骤一 关闭点火开关，断开空气流量传感器和进气温度传感器的 B2 连接器，如图 4.70 所示。

> **提示**
>
> 断开 B2 连接器的目的：
> 通过故障代码的文字解释和动态数据显示 140℃温度值，可以确定是进气温度信号线 THA 与 E2 线间或是与车身短路、ECM 内部短路或是进气温度传感器元件电阻过小（小于 30Ω），该步骤目的是为了区分故障是进气温度传感器元件还是连接导线或是电子控制单元 ECM，结合下一步骤，可以得出结论。

步骤二 打开点火开关，观察进气温度动态数据是否转换成-40℃，显示结果仍然为 140℃，如图 4.71 所示。

图 4.70 断开 B2 连接器

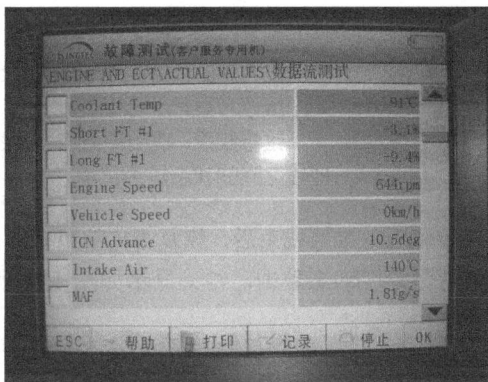

图 4.71 进气温度动态数据未转换

> **提示**
>
> 断开 B2 连接器后，观察进气温度传感器的动态数据，结果为 140℃，可以确定的结果如下。
> ◆ 断开 B2 连接器后，进气温度的动态数据仍然为异常数据 140℃，可以肯定的是故障在 ECM 或 ECM 到进气温度传感器的线路有短路故障，进气温度传感器元件本体是否有故障暂时不用考虑。
> ◆ 断开 B2 连接器后，如果 ECM 或是 ECM 与进气温度传感器连接线路没有短路现象，数据应该转换为-40℃，此时的故障点是进气温度传感器元件本体。

步骤三 使用万用表的电阻挡位，检测进气温度传感器信号线与车身之间是否存在短路现象，检测结果正常，如图 4.72 所示。

> **提示**
>
> 进气温度传感器信号线与车身之间是否短路检测方法如下。
> ◆ 将点火开关关闭，断开蓄电池负极连接，断开 B2 连接器和 ECM 的 B31 连接器，用万用表电阻挡测量 B2-1（THA）或 B31-65（THA）与车身之间的电阻，标准电阻的规定状态应为 10kΩ 或更大，测量结果正常。
> ◆ 有一点需要注意，按照维修手册的要求，下一步的维修方案就是更换电子控制单元 ECM，在更换 ECM 控制单元之前，必须要测量进气温度传感器的信号线与地线之间是否短路，如果没有短路现象，才能更换 ECM 电子控制单元。

步骤四 在同样条件下，测量 B2-1（THA）与 B2-2（E2）或 B31-65（THA）与 B31-88（ETHA）

之间的电阻，应该为无短路现象，检测结果异常，如图 4.73 所示。

图 4.72 进气温度传感器信号线与车身测量未短路（正常）

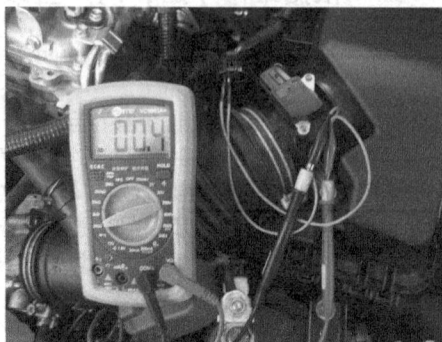

图 4.73 进气温度传感器信号线与电线短路（异常）

测量结果说明：
进气温度传感器信号线与地线之间线路呈现短路状态，即暂时能确定的故障点。
维修方案：
维修线束，找到短路点，线路恢复正常连接后，一定要验证进气温度传感器信号线与地线之间的状态是否正常。

步骤五 维修线束后，恢复蓄电池负极的连接，打开点火开关，在断开 B2 连接器的条件下，观察进气温度动态数据，结果显示如图 4.74 所示。

断开 B2 连接器后，观察进气温度传感器的动态数据，结果为 -40℃，可以确定的结果为：
通过进气温度动态数据的转换，说明进气温度传感器与 ECM 之间的连接导线以及 ECM 已经恢复正常状态，没有确定的是进气温度传感器元件本体是否有故障，此时，不必测量进气温度传感器本体的电阻值来判断传感器是否有故障，可以通过清除故障代码后，重新读取故障代码，根据故障代码读取的结果，判定进气温度传感器是否有故障。会出现以下两种状况。
◆ 如果清除故障代码，重新读取后没有故障代码，表示故障已经排除。
◆ 如果清除故障代码，重新读取后还有进气温度传感器相关故障代码，不论出现的故障代码是进气温度电路低输入或是进气温度电路高输入，都是进气温度传感器元件本体故障，更换进气温度传感器即可排除故障。

步骤六 关闭点火开关，恢复 B2 连接器的连接，打开点火开关，清除故障码并重新读取故障代码进行验证，显示结果为发动机电子控制系统正常，如图 4.75 所示。

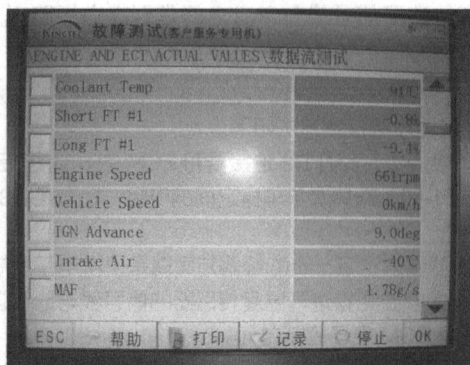

图 4.74 进气温度传感器显示 -40℃（正常）

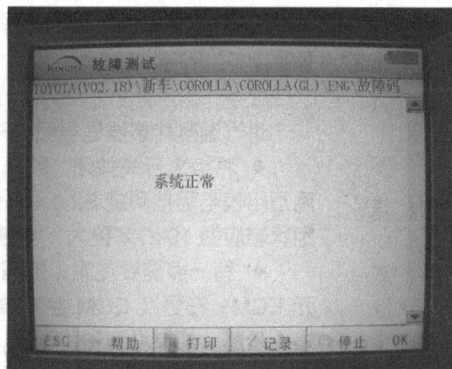

图 4.75 系统显示正常

步骤七 再次检查进气温度传感器动态数据，结果显示实际的进气温度值，系统恢复正常，如图 4.76 所示。

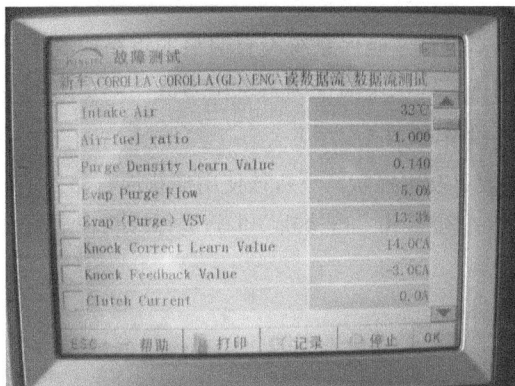

图 4.76 进气温度显示数据正常

> **提示**
>
> P0112 故障代码产生的最终原因：
> 根据故障代码和动态数据流的最终检查结果，确认故障码 P0112 是由于进气温度传感器信号线（THA）与传感器搭铁线（ETHA）线路出现了短路故障而引起，该故障点是故障代码 P0112 的最终和唯一的原因。

操作八　故障排除后的工作

故障排除后的工作参照模块四课题二操作三。

车辆维修后的清洁、整理工作，参考模块四课题一操作三的作业项目。

课题三　无故障代码故障的诊断与排除案例

在进行本课题所述的故障诊断之前，必须先完成基本检查程序和自诊断检查步骤，如果在自诊断检查过程中没有出现故障代码，但驾驶性能故障存在时，应进行症状诊断。

症状诊断是指根据故障症状进行的诊断方法，它可以指导维修人员查出存在故障的部件，以便对查出有故障的部件或系统进行测试、调整或规范验证。

有些驾驶性能故障也可能由制造厂通过更换可编程只读存储器（ROM）或发动机控制单元来排除，因此，应当查阅制造厂商是否推出最新版本的可编程只读存储器和发动机控制单元的信息。

【基础知识】

一、症状诊断前的检查工作

执行任何症状诊断之前，应该进行一些基本检查，包括如下内容。

（1）按照车载诊断系统进行随车诊断，包括故障代码、相关动态数据的读取以及执行器的元件主动测试，确保没有储存故障诊断代码，或没有间发故障代码。

（2）确保动力传动系控制模块和故障指示灯工作正常，排除因为故障指示灯线路异常引起的错误判断。

（3）进行外围部件的基本检查，确保系统没有明显的管路松脱或导线连接器的脱落。

（4）做燃油系统压力测试，确保燃油控制系统压力值在规定的正常范围。

二、确定症状诊断的检查项目

进行汽车测试时，如果没有发生症状，不应该使用症状检查，为了节省诊断时间，诊断症状之前，应该先进行"基本检查"的步骤和"自诊断"步骤进行诊断。常见的症状诊断包括如下内容。

（1）不能起动或起动困难。

（2）动力不足、加速不良。

（3）发动机怠速不良。

（4）汽车喘振或加速不良。

（5）爆震/点火爆震。

（6）发动机缺火。

（7）燃油经济性不良。

（8）发动机回火、排气管放炮。

（9）发动机续燃/不熄火。

（10）排放超标。

> **提示** 只有故障发生才能用症状诊断的方法进行故障诊断。

【课题实施】

下面介绍丰田 COROLLA 1.6 AT GL 车型发动机（1ZR-FE 控制系统）发动机怠速不良、抖动的故障诊断与排除方法。

操作一　实施车辆诊断与维修前的准备工作和常规检查项目

步骤　实施车辆维修前准备工作和车辆诊断与维修前常规检查项目，参考模块四课题一操作一、操作二的作业项目。

操作二　车辆故障诊断维修前的安全确认

步骤　确认自动变速器操纵手柄位于驻车 P 位，拉起驻车制动操纵手柄。

操作三　教师预先设置故障

步骤　教师设置单个气缸不工作故障。故障设置范围主要包括以下几个方面。

（1）某个气缸的火花塞不点火故障。

（2）某个气缸的点火线圈（带点火放大器）高压部位损坏故障。

（3）某个气缸喷油器线路引起的不喷油故障。

（4）某个气缸喷油器堵塞故障。

（5）相关系统的连接线路。

 **提示**
◆ 在丰田维修手册中没有体现导线之间互相短路的检查步骤，这一点要特别注意。
◆ 上述设置故障导致的缺火率超过了限值并有可能导致排放超标，ECM 将点亮 MIL 故障指示灯并设置 DTC 故障代码（双程检测逻辑）。

操作四 **确定故障诊断方向**

步骤一 起动着车至正常的冷却液温度，确定故障症状。

 **提示**
车辆故障症状如下。
◆ 怠速有规律抖动，喘振，发动机加速性能差，燃油消耗量大，具有明显的单个气缸工作异常的现象，发动机故障指示灯有的时候会按一定的频率闪烁，有的时候保持常亮；
◆ 熄火后，重新着车，故障症状重现，故障指示灯短时间内不点亮。

步骤二 根据该车故障症状，初步判定故障为单个气缸工作异常。

 **提示**
确定故障诊断方向前，确保做以下检查。
◆ 检查发动机所有喷油器导线连接器的连接是否正常；
◆ 节气门体前后管路检查。
检查结果：正常

操作五 **使用 KT600 故障诊断仪，对故障车辆进行故障代码、冻结数据、动态数据的读取**

步骤一 点火开关 OFF，正确连接 KT600 故障检测仪，点火开关 ON，静态读取故障代码，故障代码读取结果显示发动机电子控制系统正常，如图 4.77 所示。

图 4.77 系统显示正常

 **提示**
由于发动机电子控制系统存储器中没有故障代码，所以无冻结数据。

步骤二　起动发动机，着车运行，读取动态数据，显示结果如图4.78（a）、（b）所示。

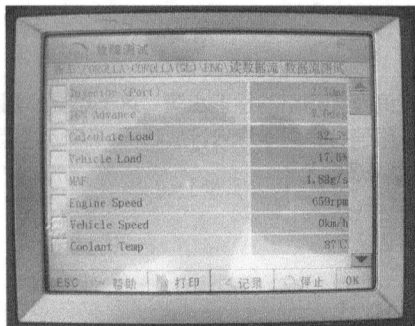

（a）动态数据流状态（1）　　　　　　（b）动态数据流状态（2）

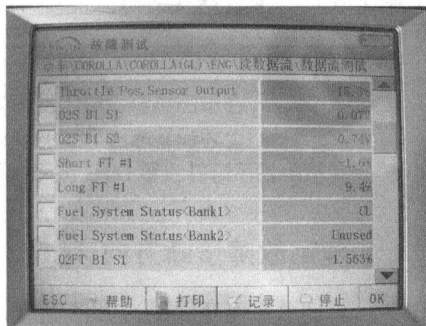

图 4.78　动态数据流状态

动态数据分析和分析结果如下。

（1）动态数据分析。

◆ 诊断仪读取到的动态数据，喷油器喷油时间、空气流量传感器的流量明显大于正常车，变化频率明显大大高于正常车辆，发动机冷却液温度正常时的怠速转速明显高于正常车辆且变化范围大。

◆ 前氧传感器输出信号电压 O2S B1 S1 在 0.07～0.68V 之间变化。

◆ 后氧传感器输出信号电压 O2S B1 S2 基本维持 0.74～0.8V 不动。

◆ Short FT#1 短期燃油修正系数出现了-1.6%以上甚至更大的要求减少喷油时间的要求（混合比控制的实时要求，用于使空燃比保持在理论空燃比）。

◆ Long FT#1 长期燃油修正出现 9.4%数据（混合比控制的长期要求，用于补偿短期燃油修正与中心值的持续偏差）。

（2）数据流结果分析。根据上述几项动态数据中后氧传感器输出信号电压和短期燃油修正系数显示，可以看该车的空燃比明显趋于混合气浓，系统要求减少喷油时间。

操作六　使用故障诊断仪主动测试功能确定有故障的气缸

步骤　根据该车具有单个气缸工作异常症状，使用诊断仪主动测试功能，确定工作异常的气缸，如图4.79（a）、（b）所示。

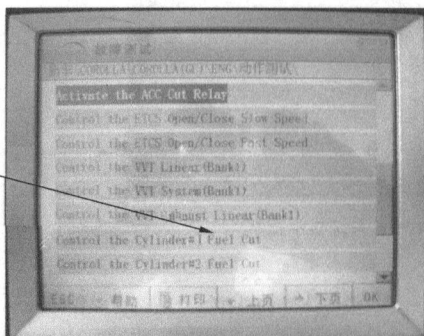

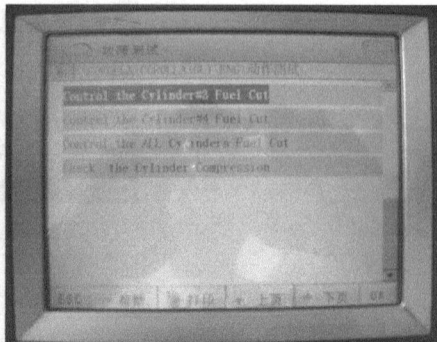

断缸功能提示

（a）主动测试中的断缸功能（第1#和第2#气缸）　（b）主动测试中的断缸功能（第3#和第4#气缸）

图 4.79　主动测试中的断缸功能

主动测试功能的作用和测试结果如下。

（1）主动测试的作用。使用故障诊断仪可以进行主动测试，在无需拆下任何零件的情况下，就可以进行继电器、VSV、执行器和其他项目的操作。这种非侵入式检查非常有用，在排除故障时，尽早进行主动测试可以缩短诊断时间。正常工作的气缸在切断后，发动机的转速会下降约 200r/min，如果气缸在切断后，发动机转速没有下降或下降很少，说明该气缸完全不工作或工作不良。

（2）测试结果。通过主动测试中的断缸功能，确定第一气缸没有正常工作。

操作七　使用尾气分析仪器检查车辆排放

步骤一　使用 NHA500 或 NHA502 尾气分析仪器检查车辆排放，测试结果如图 4.80 所示。

车辆主要排放污染物和形成机理如下。

（1）汽车排放污染物主要是指从排气管排出的 CO、HC 和 NO_x 等有害污染物。

（2）CO、HC 和 NO_x 等有害污染物的形成机理如下。

◆ CO 主要是燃油混合气过浓，燃烧时的氧气不足造成的。

◆ HC 包括未燃烧和未完全燃烧的燃油，是由于混合气过稀、喷油器过脏、点火不良（点火正时不当或火花塞过脏）、排气门泄漏等，导致燃烧不完全造成的。

◆ NO_x 由于混合气在高温、富氧条件燃烧时，含在混合气中的 N_2 和 O_2 发生化学反应产生的。

另外，在使用尾气分析仪的时候，要注意尾气参数值的变化，有些故障会使 HC 的数值不断上升到 9 999 ppm 极限值（例如喷油器的信号线搭铁故障），这样会导致仪器的损坏。

步骤二　对尾气参数进行分析，确定第一气缸不工作的查找方向。

对尾气参数进行分析的分析结果如下。

通过对尾气参数的采集，发现如下异常现象。

◆ HC 为 1 058ppm，检测数值偏高并仍然有上升的趋势。

◆ CO_2 为 14.77%，检测数值偏低，表示发动机燃烧不充分。

分析结果：

通过尾气分析、动态数据的采集，以及主动测试的结果，初步判定第一气缸没有工作的原因如下。

◆ 该气缸喷油器卡死在打开位置或雾化不良。

◆ 该气缸火花塞、点火线圈高压部分有故障。

步骤三　使用听诊器或起子，对比工作正常气缸与异常气缸是否有区别，如图 4.81 所示。

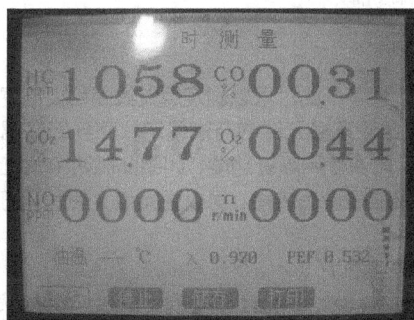

图 4.80　故障维修前尾气参数（异常）

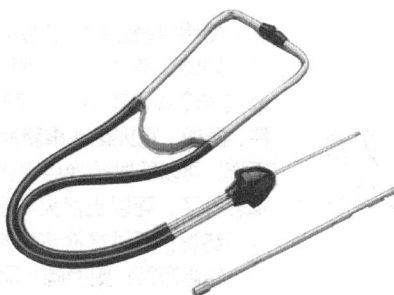

图 4.81　听诊器

操作八 **采用替换元件的判断方法判断故障气缸的故障点**

步骤一 同时将第一气缸的点火线圈、火花塞与工作正常气缸的点火线圈和火花塞互换，判断故障点，如图 4.82（a）、（b）所示。

（a）带点火放大器的点火线圈　　　（b）采用更高熔点的铱金火花塞

图 4.82 判断故障点的火线圈和火花塞

步骤二 将第一气缸的点火线圈、火花塞同时与工作正常气缸的点火线圈和火花塞互换后，再次使用断缸功能，确定故障是否转移，如图 4.83 所示。

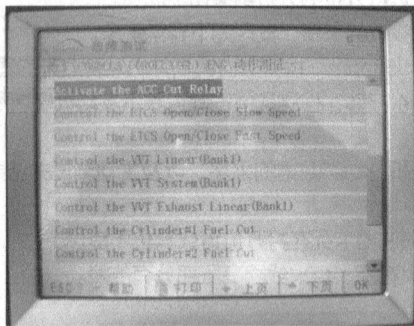

图 4.83 主动测试中的断缸功能

步骤三　再次使用主动测试中的断缸功能，确定所有气缸工作正常，如图4.84（a）、（b）所示。

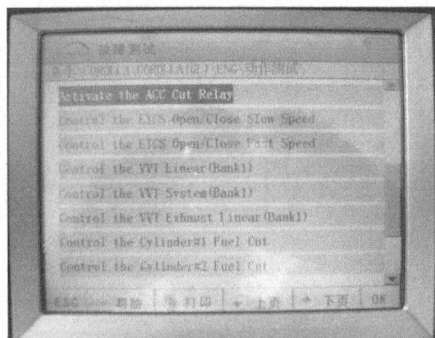

（a）主动测试中的断缸功能（第1#和第2#气缸）　　（b）主动测试中的断缸功能（第3#和第4#气缸）

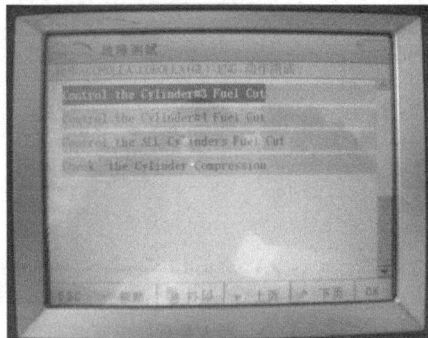

图4.84　主动测试中的断缸功能

> **更换火花塞后使用断缸功能检验结果分析：**
> 4个气缸在分别断缸后，发动机的转速都下降了约200r/min，说明第一气缸已经开始工作，做了有效功，故障现象有了转换。

步骤四　再次使用尾气分析仪器检查车辆排放，检测结果显示正常，如图4.85所示。

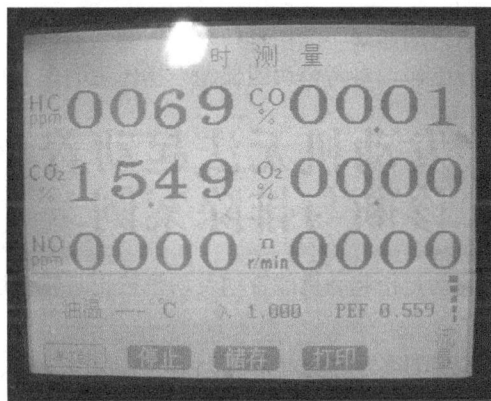

图4.85　维修后尾气测试（正常）

> 更换火花塞后使用NHA502尾气分析仪测量发动机排放，结果分析如下。
> ◆ HC值由维修前的1 058ppm下降到69ppm。
> ◆ CO_2值由维修前的14.77%上升到了15.49%。
> 说明更换了第一气缸的火花塞之后，发动机尾气排放有了改变，并且在正常范围之内。

步骤五　再次读取车辆动态数据流，显示结果正常，如图4.86（a）、（b）所示。

> 更换火花塞后使用NHA502尾气分析仪测量发动机排放，结果分析如下。
> 后氧传感器的信号电压由维修前的0.74V下降到了0.37V。
> Short FT#1短期燃油修正系数由维修前的-1.6%以上变成了1%。
> 说明更换了第一气缸的火花塞之后，发动机动态数据值有了改变，并且在正常范围之内。

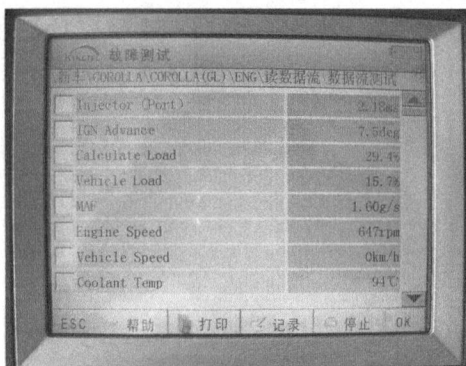

（a）维修后动态数据（一）　　　　　　　　（b）维修后动态数据（二）

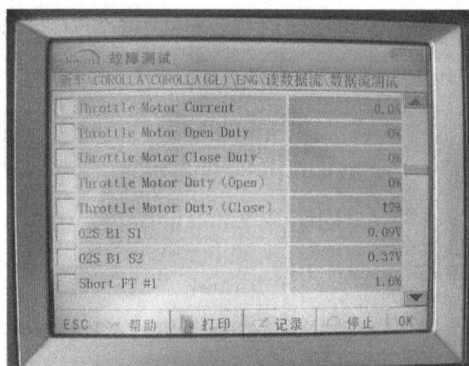

图 4.86　维修后动态数据

步骤六　清除在诊断过程中输入存储器的故障代码。

> **提示**　怠速有规律抖动，喘振，发动机加速性能差，单个气缸工作异常故障的最终原因：
> 根据尾气测试和动态数据流的最终检查结果，确认第一气缸工作异常是由于该气缸的
> 火花塞损坏而引起，火花塞损坏是该故障最终和唯一的原因。

操作九　故障排除后的工作

故障排除后的工作参照模块四课题二操作三。

车辆维修后的清洁、整理工作，参考模块四课题一操作三的作业项目。

课题四　发动机无法起动着车故障诊断与排除案例

发动机起动困难或无法起动是指起动机能带动发动机按正常转速运转，但是发动机不能起动或长时间才能起动着车。

要使发动机正常起动着车必须具备足够的点火能量和正确的点火正时、恰当浓度的混合气以及正常的气缸压缩压力等 3 个条件。如果其中有一个条件不能满足，就会引起发动机不能起动或起动困难。

【基础知识】

维修此类故障时，需要检查以下项目。

（1）检查起动机能否转动，如果起动机不运转，先要检查蓄电池电量以及起动线路，如果起动机能转动但发动机不能运转，则检查起动机与发动机啮合部分以及发动机机械部件。

（2）若将加速踏板踩到中等位置再起动，发动机能起动，说明故障应为怠速控制系统有问题或是进气管漏气或堵塞或燃油供给系统有问题（如混合气过浓）。

（3）检查起动时火花塞有没有电火花。

（4）检查燃油系统供油是否正常，包括燃油压力、燃油质量、喷油器控制电路以及喷油是否正常。

（5）如果车辆配置有 EGR 系统，则要检查该系统的密封、连接和操作是否正常。

（6）检查发动机冷却液温度传感器电路和电阻是否符合规范。

（7）检查进气歧管绝对压力传感器或空气流量传感器是否有问题。

（8）检查曲轴位置传感器间隙和电阻值以及线路是否正常。

（9）检查基本的发动机机械问题。如气缸的密封性检查（测压力）、曲轴的旋转阻力是否过大以及配气相位是否有问题。

【课题实施】

下面介绍丰田 COROLLA 1.6 AT GL 车型发动机（1ZR-FE 控制系统）无法着车的故障诊断与排除方法。

操作一　实施车辆诊断与维修前的准备工作和常规检查项目

步骤　实施车辆维修前准备工作和车辆诊断与维修前常规检查项目，参考模块四课题一操作一、操作二的作业项目。

操作二　车辆故障诊断维修前的安全确认

步骤　确认自动变速器操纵手柄位于驻车 P 位，拉起驻车制动操纵手柄。

操作三　教师预先设置故障

步骤　教师设置发动机无法起动着车故障。故障设置范围主要包括以下几个方面。

（1）ECM 电源故障。

（2）VC 电源电路故障。

（3）喷油器电源故障。

（4）点火线圈电源故障。

（5）燃油泵本体故障。

（6）燃油泵控制电路故障。

（7）点火开关故障。

（8）燃油泵继电器故障。

（9）曲轴位置传感器本体以及线路故障。

（10）相关系统的连接线路故障。

> **提示**　在丰田维修手册中没有体现导线之间互相短路的检查步骤，这一点要特别注意。

操作四　确定故障诊断方向

步骤一　起动发动机，确定故障症状。

> **提示**　车辆故障症状：
> 点火开关 ON，MIL 故障指示灯亮，起动时，仪表上转速表有约 200r/min 的转速指示，但是发动机无法起动着车，踩下加速踏板一半位置左右，再次起动，仍然无法着车。

步骤二　根据该车故障症状，初步判定为发动机不能起动着车故障。

确定故障诊断方向前，确保做以下检查。

◆ 检查发动机所有喷油器导线连接器的连接是否正常。

◆ 节气门体前后管路检查。

检查结果：正常

操作五　使用 KT600 故障诊断仪，对故障车辆进行故障代码、冻结数据、动态数据的读取

步骤一　点火开关 OFF，正确连接 KT600 故障检测仪，点火开关 ON，静态读取故障代码，故障代码读取结果显示发动机电子控制系统正常，如图 4.87 所示。

由于发动机电子控制系统存储器中没有故障代码，所以无冻结数据。

步骤二　读取动态数据流，冷却液温度动态数据显示结果如图 4.88 所示。

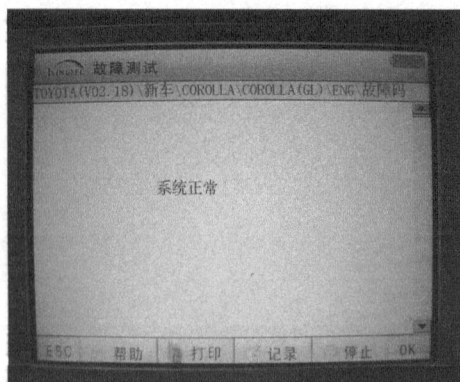

图 4.87　系统显示正常

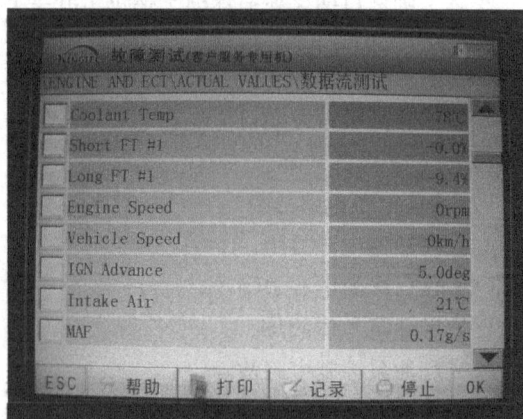

图 4.88　发动机冷却液温度数据正常

观察冷却液温度传感器动态数据的目的如下。

如果冷却液温度传感器的温度显示值过高，与实际温度值相差太大，会引起发动机冷车喷油量过少，混合气过稀，造成冷车起动困难。

如果冷却液温度传感器的温度显示值过低，与实际温度值相差太大，会引起发动机热车喷油量过多，混合气过浓，造成热车起动困难。

步骤三　根据该车症状和动态数据显示，对可以确定的正常条件进行分析

通过一些症状和冷却液温度传感器动态数据显示，可以确定正常的条件如下。

◆ 由于故障诊断仪能够进入发动机和自动变速器电子控制单元 ECM，并且点火开关 ON 时，MIL 故障指示灯亮，所以确定点火开关、ECM 的电源电路和 VC 电源电路均正常。

◆ 该车在起动时，转速表上有约 200r/min 的转速指示，确定曲轴位置传感器信号正常。

◆ 由于没有报点火线圈的故障代码，说明电子控制单元收到了各个点火线圈的 IGF 点火反馈信号，即各个气缸的 IGT 点火信号正常。

◆ 发动机冷却液温度显示正常。

步骤四　确定发动机无法起动着车故障排除思路。

> ◆ 节气门体前后管路检查，检查结果正常。
> ◆ 确定喷油器喷油信号和进行发动机喷油器连接状况以及喷油器电源和喷油信号的检查。
> ◆ 使用诊断仪的主动测试功能，对燃油泵进行不解体的驱动试验。

操作六　**使用 KT600 故障诊断仪的示波器功能，采集喷油控制信号的波形**

步骤　在起动时采集喷油器信号波形（在喷油器连接器 2#线取波形），波形显示如图 4.89 所示。

> 喷油信号波形采集注意事项和波形分析结论如下。
> ◆ 采集喷油信号波形时，应该将波形探针的量程放在 ×10 挡位，有关波形正确与否，请参考正常车辆的喷油信号波形，注意自感电动势幅值。
> ◆ 波形显示喷油信号正常。
> ◆ 喷油器的喷油信号也可以采用二极管测试灯进行测试，拔下喷油器的连接器，将二极管测试灯的鳄鱼夹夹在蓄电池的正极上，测试灯的针尖连接喷油控制信号线，起动发动机，如果喷油信号正常，二极管测试灯将闪亮。
> ◆ 当起动时间加长时，喷油脉冲会缩小。

操作七　**使用 KT600 故障诊断仪的主动测试功能，执行燃油泵的驱动试验**

步骤　打开点火开关，使用诊断仪的主动测试功能，对燃油泵进行不解体的驱动试验，显示界面如图 4.90 所示。

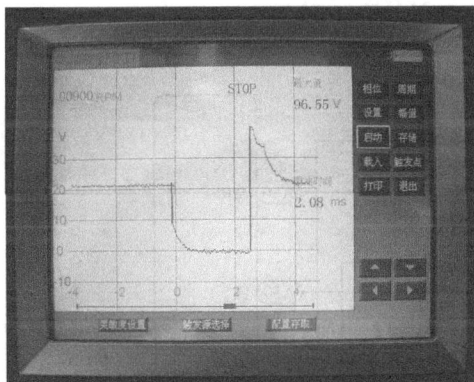

图 4.89　喷油控制信号波形（正常）

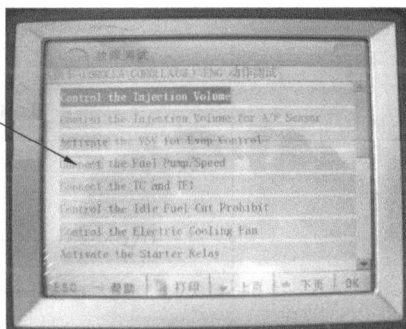

图 4.90　燃油泵驱动试验界面

> 燃油泵驱动试验的目的和驱动试验结论如下。
> ◆ 使用燃油泵驱动测试功能，无需拆下任何零件就可以执行燃油泵继电器（集成在仪表接线盒中）、燃油泵本体和系统控制电路的操作，这种非侵入式的检查可以在扰动零件或配线之前发现故障，排除故障时，进行主动测试可以缩短诊断时间。
> ◆ 通过对燃油泵驱动试验，没有听到燃油泵运转的声音（异常现象），这是目前发现的导致发动机不能起动着车的首要原因。

操作八　**对燃油泵控制线路和燃油泵本体故障可能部位进行检测**

步骤一　对燃油泵控制电路进行分析，燃油泵控制电路如图 4.91（a）、（b）所示。

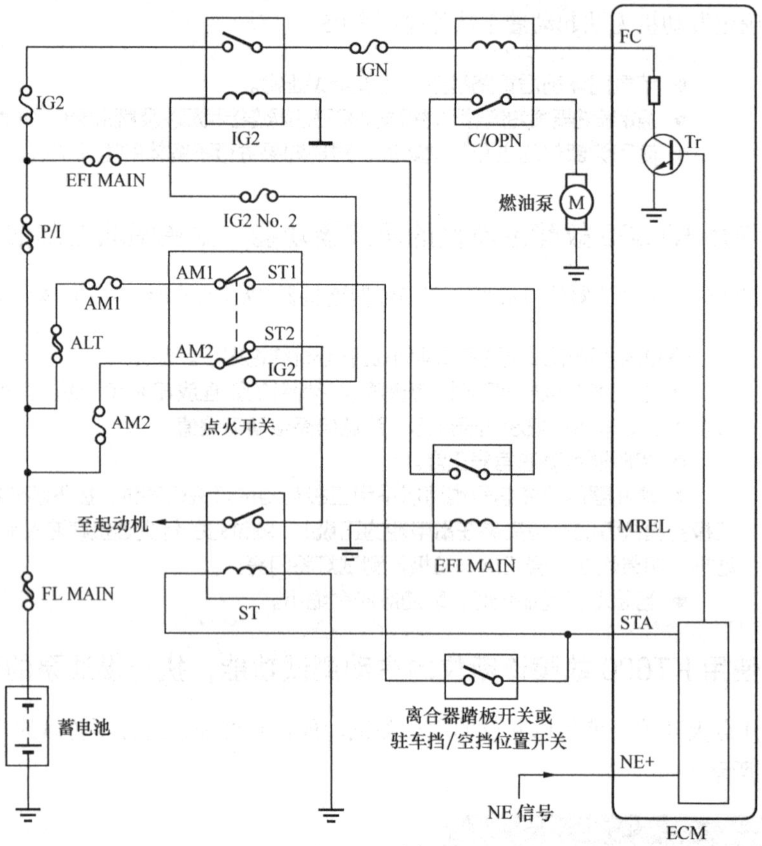

（a）

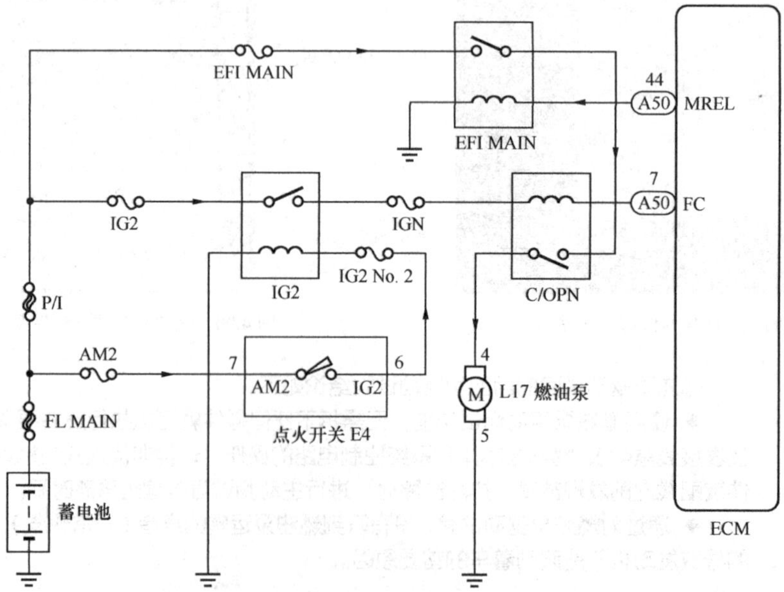

（b）

图 4.91 燃油泵控制电路

燃油泵控制电路分析：
当发动机起动时，电流从点火开关的端子 ST1 流向起动继电器线圈并流向 ECM 的端子 STA（STA 信号）。当 STA 信号和 NE 信号输入 ECM 时，Tr 接通，电流将流向电路断路继电器线圈（C/OPN 继电器），继电器接通，给燃油泵提供电源，从而使燃油泵工作，当曲轴位置传感器 NE 信号（发动机运转）时，ECM 将保持 Tr 接通，从而使燃油泵保持运转。

步骤二 拆卸后座乘客座椅和燃油泵总成防护盖，找到燃油泵安装位置，如图 4.92 所示。

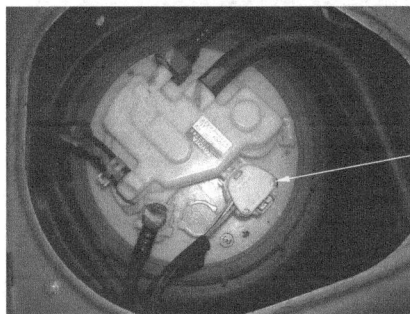

燃油泵和燃油液位传感器总成 L17 连接器

图 4.92 燃油泵安装部位

步骤三 拔下燃油泵和燃油液位传感器总成的导线连接器 L17，打开点火开关，再使用 KT600 诊断仪的燃油泵驱动试验，同时使用万用表直流电压挡位测量 L17-4（高电位火线）和 L17-5（搭铁线）之间的电压，测量结果异常，如图 4.93 所示。

测量结果：
在点火开关"ON"，使用燃油泵驱动试验时 L17-4（高电位火线）和 L17-5（搭铁线）之间无蓄电池电压（异常），正常应该有蓄电池电压。

步骤四 在起动时，再次验证燃油泵连接器 L17-4（高电位火线）和 L17-5（搭铁线）之间的电压，测量结果异常，如图 4.94 所示。

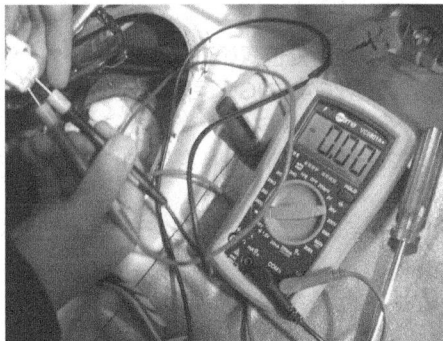

图 4.93 主动测试时，燃油泵导线之间无电压（异常）

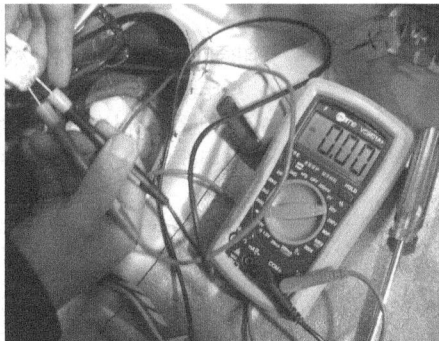

图 4.94 起动测试时，燃油泵导线之间无电压（异常）

起动发动机时测量 L17-4（高电位火线）和 L17-5（搭铁线）之间电压的目的：
为了防止 KT600 故障诊断仪燃油泵主动测试功能失效，所以再次在起动发动机时测量两线之间的电压，测量结果仍然无蓄电池电压（异常）。

步骤五 测量燃油泵和燃油液位传感器总成连接器 L17-5（搭铁线）与车身之间的电阻，结果显示正常，如图 4.95 所示。

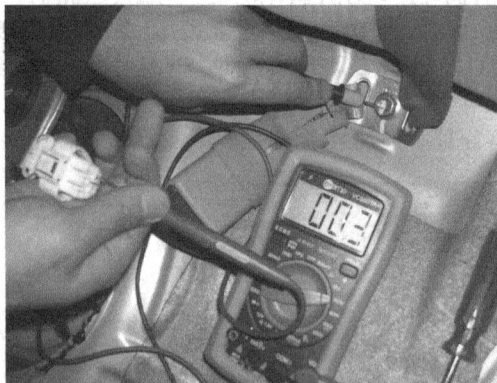

图 4.95 L17 -5（地线）与车身之间的电阻正常

测量结果分析如下。
◆ 使用万用表电阻挡位测量 5#线与车身之间的电阻，测量结果正常。
◆ 此时可以确定故障出现在燃油泵连接器 L17-4 高电位火线上，即在起动时没有蓄电池电压送入 L17-4 导线。
◆ 燃油泵本体是否正常可以先不考虑。
目前为止，已经可以确定正常的条件如下。
◆ 由于 KT600 故障诊断仪可以进入发动机电子控制系统，确定 ECM 电源正常，则 EFI MAIN 继电器负载出线（触点出线）一定正常，此处在点火开关 ON 时一定有蓄电池电压。
◆ 通过对故障症状的结果分析，确定了 ECM 电源正常，则 IGN 保险丝一定正常。
◆ 燃油泵控制搭铁线正常。
结论：由于燃油泵 C/OPN 继电器集成在仪表接线盒内，所以采取在仪表接线盒上诊断该故障，确定燃油泵 C/OPN 继电器上 4 根导线的状态是明智的选择。

步骤六 了解仪表接线盒正面连接器，如图 4.96 所示。

燃油泵 C/OPN 继电器 4 根导线在仪表接线盒所处位置如下。
◆ 继电器控制进线（控制线圈进线）：通过 2F-4 与 IGN 保险丝出线连接。
◆ 继电器控制出线（控制线圈出线）：通过 2B-10 与 ECM 的 A50-7（Fc 线）连接。
◆ 继电器负载进线（触点进线）：通过 2B-11 与 EFI MAIN 继电器的负载出线（触点出线）连接
◆ 继电器负载出线（触点出线）：通过 2A-8 与燃油泵连接器 L17-4 连接（燃油泵火线）

步骤七 起动时，在仪表接线盒 2A-8 处测量蓄电池，测量结果正常，如图 4.97 所示。

测量结果分析如下。
起动时在仪表接线盒 2A-8 处测量蓄电池电压，结果正常，说明曲轴位置传感器的信号进入了 ECM，Tr 接通，电流流向燃油泵 C/OPN 继电器线圈，继电器接通，如图 4.110（a）所示。

步骤八 测量 2A-8 与 L17-4 之间的导线电阻，测量结果显示异常，如图 4.98 所示。

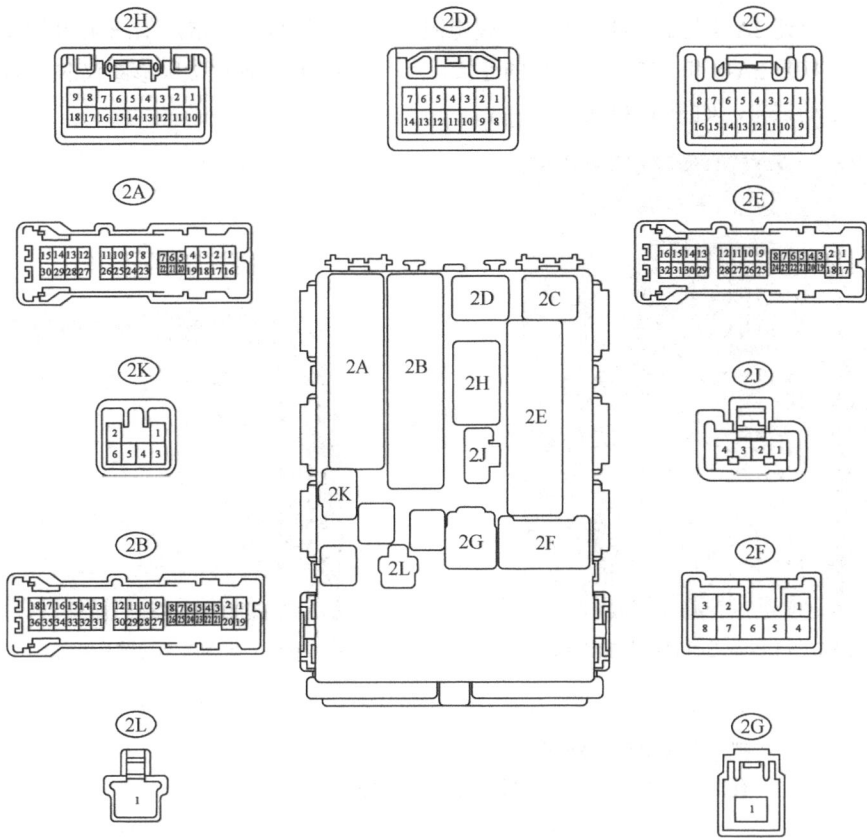

图 4.96　仪表接线盒正面连接器

图 4.97　2A-8 处起动发动机时测量电压（正常）

图 4.98　2A-8 与 L17-4 之间的导线电阻（异常）

测量结果分析如下。

仪表接线盒 2A-8 与燃油泵连接器 L17-4 之间的导线呈现断路状态（异常）。

结论：2A-8 与 L17-4 之间的导线断路，暂时确定的故障点。

维修方案：维修线束，找到断路点，并恢复连接。

步骤九　验证 2A-8 与 L17-4 之间的导线电阻，测量结果显示正常，如图 4.99 所示。

步骤十　恢复 2A-8 和 L17-4 连接器的连接，点火开关 ON，使用故障诊断仪的主动测试功能，做燃油泵的驱动试验，如图 4.100 所示。

图 4.99　2A-8 与 L17-4 之间的导线电阻（正常）

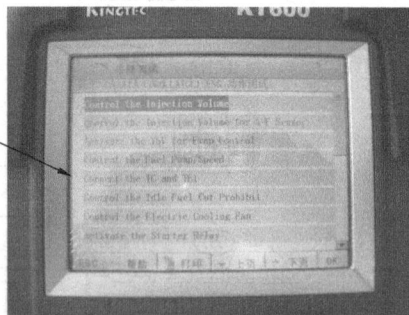

燃油泵驱动测试

图 4.100　燃油泵驱动试验界面

> 提示
>
> 燃油泵驱动测试结果：
> 在燃油泵驱动试验中，燃油泵运转正常。

步骤十一　起动发动机，发动机顺利起动着车，各种负荷状态运转正常。

> 提示
>
> 发动机无法起动着车故障最终原因：
> 根据故障症状的转变，确认不能起动着车的故障是由仪表接线盒 2A-8 与燃油泵和燃油液位传感器导线连接器 L17-4 之间的线路出现了断路故障而引起，该故障点是造成该车无法起动着车的最终和唯一的原因。

操作九　故障排除后的工作

故障排除后的工作参照模块四课题二操作三。

车辆维修后的清洁、整理工作，参考模块四课题一操作三的作业项目。

课题五　电子控制单元电源电路故障诊断与排除案例

发动机控制模块（Engine Control Unit），俗称电脑，或称为发动机电子控制单元，是发动机的"大脑"，各种传感器是发动机的"眼睛和耳朵"，执行器是发动机的"手和脚"，电子控制单元采集各传感器的信号并进行处理和运算后，控制执行器动作，最终控制发动机机械系统的运转。

汽车制造厂家对发动机控制模块的称呼不尽相同，如美国通用汽车公司把发动机控制模块称为 ECM（Engine Control Module）；福特汽车公司把发动机控制单元称为 MCU（Microprocessor Control Unit）；本田公司最初也称为 ECM，但是 1996 年车型将发动机控制模块和变速器控制模块集成在一个模块上，称为动力控制模块 PCM（Power train Control Module）。

在系统学习了发动机管理各种控制功能的基础上，应该对电脑（对发动机而言为发动机控制模块）工作原理做进一步具体了解，对汽车维修人员在实际工作中进行故障诊断和车辆检测提供极大的帮助。

【基础知识】

一、发动机电子控制单元的基本组成

主要有输入回路、A/D（模拟/数字）转换器、微处理器和输出回路组成，如图 4.101 所示。

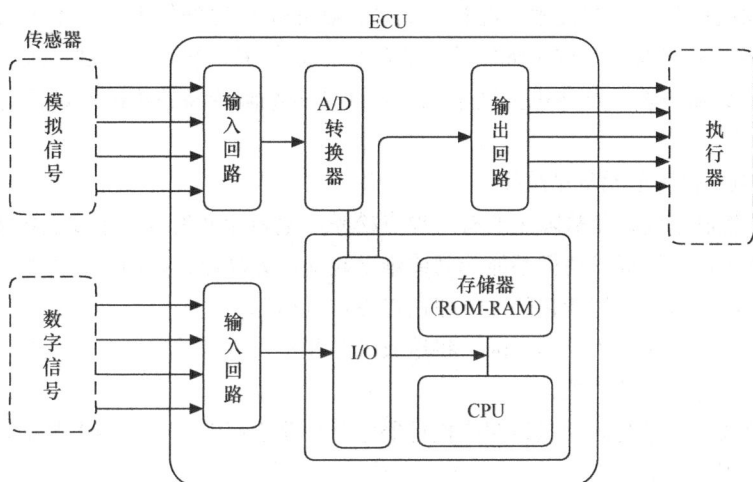

图 4.101　电子控制单元基本组成

1．输入回路

微处理器只能识别 0～5V 的方波数字信号，但传感器输送给控制单元的信号有数字和模拟两种信号，对应不同的输入信号，输入回路的作用也不相同。

（1）数字信号：如霍尔式和光电式传感器、卡门式空气流量传感器以及各种开关的输入信号，输入回路的作用就是对其削峰后转换成 0～5V 的方波信号。

（2）模拟信号：如进气温度传感器、冷却液温度传感器、电位计式节气门位置传感器以及热线式空气流量传感器的输入信号，输入回路的作用就是将信号波形的杂波滤去，削峰后输入到 Λ/D（模拟/数字）转换器将模拟信号转换成数字信号。

2．A/D（模拟/数字）转换器

微处理器不能直接处理模拟信号，A/D 转换器的作用就是将模拟信号转换成数字信号，然后输入微处理器进行处理。

3．微处理器的构成

微处理器主要由三部分组成：中央处理器（CPU）、存储器（RAM 和 ROM）、输入输出（I/O）接口。

（1）中央处理器（CPU）是整个控制系统的核心，所有的数据都要在 CPU 内进行运算。

（2）存储器主要用来存储信息资料，一般分为两种，一种是能读出也能写入的存储器，叫随机存储器 RAM；另外一种是只能读出的存储器，叫只读存储器 ROM。

（3）输入输出（I/O）接口是 CPU 与输入装置（传感器）、输出装置（执行器）间进行信息交流的控制电路，一般通过 I/O 接口才能与电脑连接。

4．输出回路

电脑输出的电压都是很低的数字信号，用这种信号一般不能直接驱动执行器工作。输出回路的作用就是将低电压的数字信号转换成可以驱动执行器工作的控制信号，一般采用大功率的电子元件（如三极管、场效应管、达林顿管等），由微处理器输出的信号控制导通和截止，从而控制执行器的供电或搭铁回路来控制执行器的动作。

二、发动机电子控制单元的故障以及原因

目前，发动机控制单元的技术已经相当成熟，在正常使用条件下本身不容易出故障，但是在实际维修中很多维修人员不按照维修手册的程序诊断故障，在几次尝试仍未能解决发动机故障时，往往会将故障归咎于发动机控制单元，从而造成故障诊断的不准确，同时也增加了车主的经济负担。

1．发动机电子控制单元常见故障

发动机电子控制单元常见故障主要有：焊点松脱，电容元件失效、集成块损坏等。

一旦出现故障，会造成发动机不能起动或难于起动、无高速、燃油消耗量大等现象，出现这些故障除了使用时间过长自然老化外，一般由以下原因引起。

（1）环境因素：水是最主要的原因，将造成短路和不可恢复的腐蚀，其次是过热和振动，可能会在线路板中引起微小的裂纹。

（2）电压超载：通常是因为电磁阀或执行器电路短路引起的，在更换电脑前，一定要彻底查清电脑损坏的原因。

（3）不规范的操作：如在拆装电脑的时候没有采取静电防护措施，安装电子控制单元之前没有断开蓄电池，用内阻较小的电阻表测量端子等。

2．更换电子控制单元的注意事项

（1）准确识别：许多电子控制单元表面看上去完全一样（外壳大小和接头都相同），其内部的电路和标定可能不完全一样，所以必须要完全符合所修车辆的要求，不仅需要车辆的年、厂、型和排量，还要知道控制单元的零件号。

（2）更换的技巧：更换控制单元其实就是更换一个盒子，在拆卸旧电脑和安装新电脑之前都应当断开蓄电池，许多控制单元在重新接上蓄电池之后需要进行"再学习"过程，对于某些车型，可能要经过特定程序才能建立基本怠速，而有些车型可能需要经过短时间的驾驶让电脑调整自己，具体要求可以查阅相应的维修手册。

三、发动机控制单元电源电路

电子控制单元必须有一个合适的电压才能控制某一个管理系统，电源电路就是由蓄池向电子控制单元供电的电路。主要由蓄电池、主继电器及点火开关等组成。

电子控制单元电路不但要保证在点火开关接通（ON 位置）时获得电源电压，而且还要保证电脑在特定端子（如 BATT 端子）在点火开关关闭（OFF 位置）时也能与电源相通，获得不间断的电源电压。当点火开关接通时，将蓄电池电压调节到 5V 或 12V 后供给内部和外部元件使用。

电子控制单元电源电路，如图 4.102 所示。

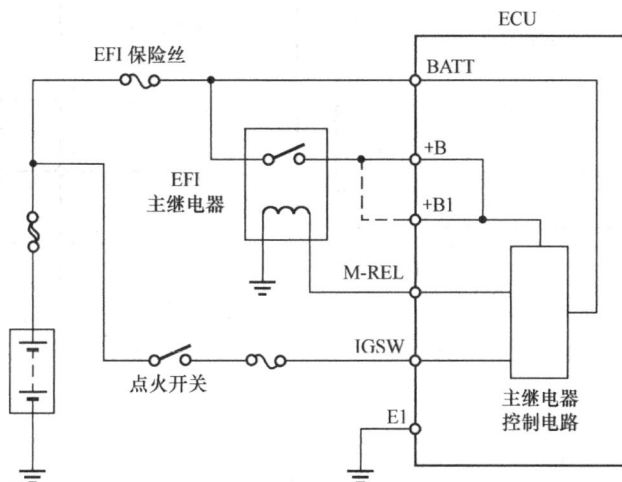

图 4.102 电子控制单元电源电路

由电路图可见有一根导线通过 EFI 保险丝直接从蓄电池连接到电脑的"+BATT"端子。其作用是不论点火开关的状态如何，都向电脑的随机存储器（RAM）持续供电，保证电脑能随时存储故障代码、空燃比修正值等数据。

> ◆ 不要轻易断开蓄电池负极，否则将丢失存储器中的故障代码、冻结数据、设定的参数、自适应参数，甚至锁死音响系统。
> ◆ 书中所用的端子+BATT、+B、+B1 以及 E1、E2 等代号是丰田车系电路中的表示方法，不同车系电路图中表示的方法可能有所不同。

（1）电子控制单元内部电源电路，如图 4.103 所示。

电子控制单元内部电源电路给微处理器和传感器提供电源，具体实施过程是施加在电脑的+B和+B1 端子的蓄电池电压（12～14V），通过内部电源电路（即+5V 恒定电压电路）产生恒定的 5V电压，供应给微处理器和传感器，作为它们的电源电压。

> ◆ 当内部电源电路（+5V 恒定电压电路）断路或短路时，电脑提供 5V 电源电压的传感器都不再工作。
> ◆ 当内部电源电路（+5V 恒定电压电路）短路时微处理器不再工作，即电脑也不工作，此时，不同车型可能有不同的故障症状作为提示。

（2）接地电路，如图 4.104 所示。

电子控制单元的接地线对系统管理是否能正常工作十分重要，因此，电脑一般至少有两条以上的地线，确保电脑有良好的接地。图中显示的是三种类型的接地电路，将电脑接地，如 E1 端子；将所有传感器接地，如 E2 端子；将喷油器或怠速控制阀等执行器的驱动电路接地，如 E01和 E02 端子。

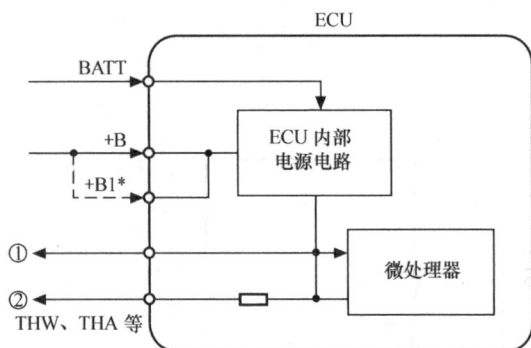

＊仅限某些型号
①从 5V 恒定电压电路输出 5V 电压。
②从 5V 恒定电压电路经过电阻器输出 5V 电压。

图 4.103　电子控制单元内部电路

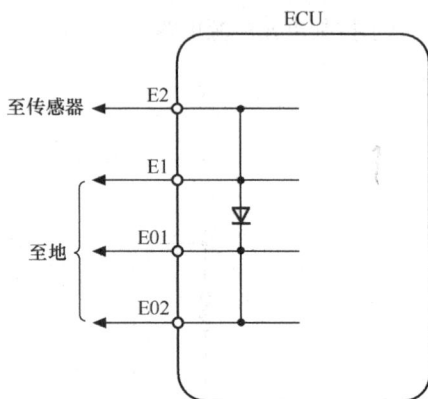

图 4.104　电子控制单元接地电路

【课题实施】

下面介绍丰田 COROLLA 1.6 AT GL 车型发动机（1ZR-FE 控制系统）和自动变速器电子控制单元 ECM 电源电路故障诊断与排除方法。

操作一　实施车辆诊断与维修前的准备工作和常规检查项目

步骤　实施车辆维修前准备工作和车辆诊断与维修前常规检查项目，参考模块四课题一操作一、操作二的作业项目。

操作二　车辆故障诊断维修前的安全确认

步骤　确认自动变速器操纵手柄位于驻车 P 位，拉起驻车制动操纵手柄。

操作三　教师预先设置故障

步骤　教师设置 ECM 电源控制电路故障。故障设置范围主要包括以下几个方面。

（1）点火开关控制线路。

（2）EFI MAIN 继电器和 IG2 继电器。

（3）电子控制单元电源电路相关保险丝，包括 EFI MAIN（20A）、IG2（15A）、IGN（7.5A）、EFI No.1（10A）、IGN No.2（7.5A）。

（4）VC 控制电路，包括使用 VC 电源的元件。

（5）电子控制单元连接线路。

> **提示**　在丰田维修手册中没有体现导线之间互相短路的检查步骤，这一点要特别注意。

操作四　确定故障诊断方向

步骤一　点火开关 ON，观察仪表上发动机 MIL 故障指示灯的状态，起动发动机，确定故障症状。

车辆故障症状:

点火开关 ON，MIL 故障指示灯不亮，散热器和冷凝器冷却风扇运转，起动时，仪表上转速表没有转速指示,发动机无法起动着车，踩下加速踏板一半位置左右，再次起动，仍然无法着车。

步骤二　点火开关 OFF，正确连接故障诊断仪，点火开关 ON，静态读取故障代码，故障诊断仪无法进入指定系统，如图 4.105 所示。

步骤三　根据该车故障症状，进行症状分析。

车辆故障症状分析如下。

◆ 点火开关 ON，MIL 故障指示灯不亮，有可能是故障指示灯灯泡损坏了或是灯控制线路有故障，但不可能引起诊断仪无法进入电子控制系统，也不可能引起不着车的故障症状。

◆ 散热器和冷凝器冷却风扇运转，是丰田车 ECM 电源电路有故障提示症状。

◆ 起动时，仪表上转速表没有转速指示,发动机无法起动着车，踩下加速踏板一半位置左右，再次起动，仍然无法着车，可能是曲轴位置传感器及线路有故障，但曲轴位置传感器及线路故障也不可能引起诊断仪无法进入电子控制系统。

◆ 另外，还有 CAN BUS 通信系统的特定故障，也会引起无法进入 ECM 电子控制系统，但是 CAN BUS 系统的故障不可能引起不能起动着车。

步骤四　确定故障排除基本思路，使用故障诊断仪进入车辆其他电子控制系统，如图 4.106 所示。

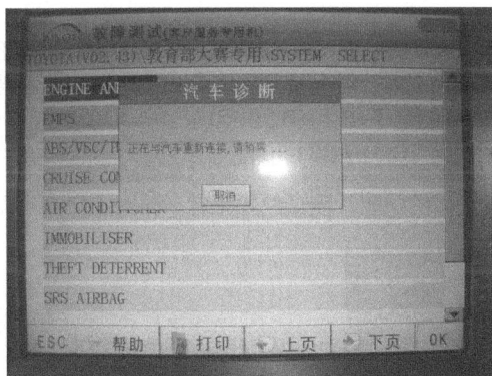

图 4.105　诊断仪无法进入发动机系统

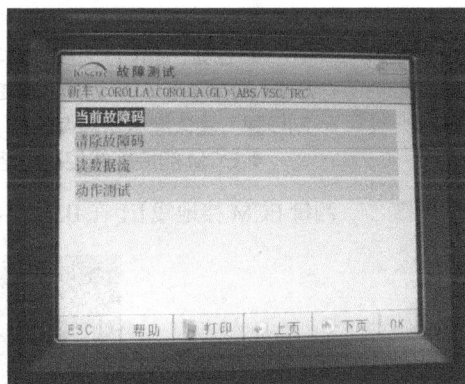

图 4.106　选择 ABS 系统（正常进入）

选择进入车辆其他电子控制系统结果分析:

故障诊断仪能够正常进入 ABS 系统，说明诊断仪、主通信线路和诊断卡没有问题，引起故障诊断仪无法进入 ECM 的故障原因可以基本确定为 ECM 电源电路、ECM 内部电源电路或是 ECM 接地线路故障。

操作五　对 ECM 电源控制电路故障可能部位进行检测

步骤一　分析 ECM 电源控制电路，ECM 电源控制电路如图 4.107 所示。

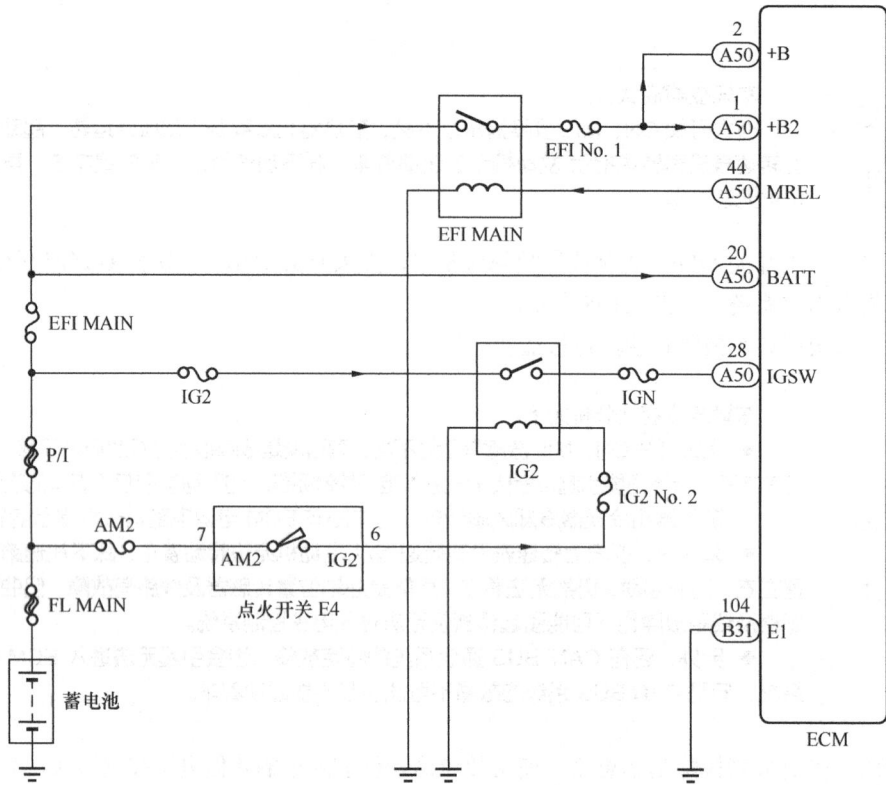

图 4.107　ECM 电源控制电路

ECM 电源控制电路分析结果如下。

◆ ECM 高电位火线控制电路：当点火开关位于 ON 位置时，蓄电池电压被施加到 ECM 的端子 IGSW 上，ECM 的 MREL 端子的输出信号使电流流向 EFI MAIN 继电器控制线圈，使该继电器触点闭合，并向 ECM 的端子+B 和+B2 供电。

◆ ECM 的接地线控制电路：E1 连接至 ECM 的 B31-104。

步骤二　测量 ECM 接地线 E1 在 B31-104 与车身之间的电阻，测量结果正常，如图 4.108 所示。

图 4.108　ECM 地线状态（正常）

测试条件以及检查结果：

◆ 点火开关 OFF。

◆ 拆卸蓄电池负极。

◆ 断开 ECM 的 A50 和 B31 连接器。

检查结果：ECM 接地线 E1 与车身之间的电阻正常。

步骤三　找到发动机仓内保险丝、继电器盒，检查 ECM 电源控制电路相关的保险丝，如图 4.109 所示。

IG2 15A 保险丝（如图所示位置，左侧为保险丝进火线）

EFI MAIN 20A 保险丝（如图所示位置，左侧为保险丝进火线）

IG2、HORN 和 EFI MAIN 组合继电器

EFI No.1 10A 保险丝（如图所示位置，右侧为保险丝进火线）

IGN No.2 7.5A 保险丝（如图所示位置，左侧为保险丝进火线）

图 4.109　发动机舱内保险丝、继电器盒

步骤四　找到仪表保险丝、继电器盒，检查 ECM 电源控制电路相关的保险丝，如图 4.110 所示。

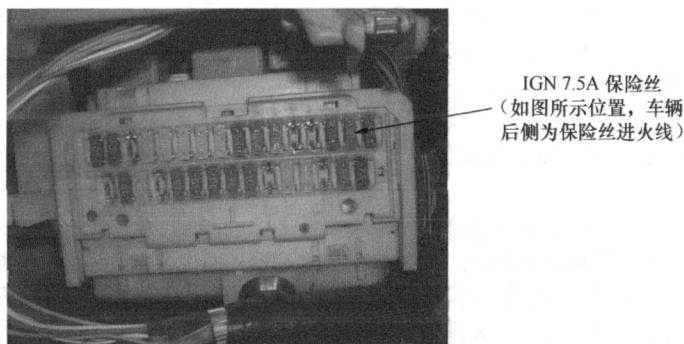

IGN 7.5A 保险丝（如图所示位置，车辆后侧为保险丝进火线）

图 4.110　仪表保险丝、继电器盒

步骤五　检查相关保险丝（5 个保险丝），检查结果正常。

步骤六　测量 EFI No.1 保险丝出线到 ECM 的 A50-2、A50-1 导线电阻，检查结果正常，如图 4.111 所示。

测试条件：

◆ 点火开关 OFF。

◆ 拆卸蓄电池负极。

◆ 断开 ECM 的 A50 和 B31 连接器。

检查结果：+B 和+B2 与 EFI No.1 保险丝出线之间导线电阻正常。

步骤七　验证+B 和+B2 在 ECM A50-2、A50-1 的电压，检查结果显示正常，如图 4.112 所示。

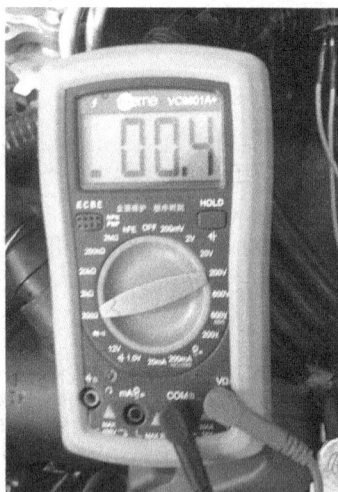

图 4.111　+B 和+B2 与 EFI No.1 保险丝出线之间导线电阻检查（正常）

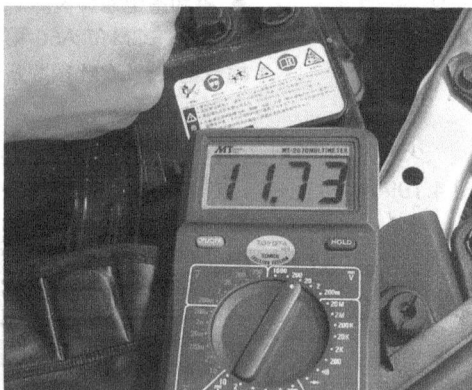

图 4.112　+B 和+B2 对地电压（正常）

提示

测试条件：
◆ 点火开关 OFF。
◆ 安装拆卸的保险丝。
◆ 安装蓄电池负极。
◆ 连接 ECM 的 A50 和 B31 连接器。
◆ 点火开关 ON。
◆ 使用博世 208 诊断盒里的专用工具和万用表，借用蓄电池负极或车身，测量 ECM A50-2、A50-1 的对地电压，测量结果正常。
结论：检查到此，ECM 电源电路和接地电路正常，下一步应该检查 ECM 的 VC 电源电路。

步骤八　分析 VC 电路，VC 电路如图 4.113 所示。

提示

VC 电源电路分析结果如下。
◆ VC 电路短路时，ECM 中的微处理器和通过 VC 电路获得电源的传感器由于没有从 VC 电路获得电源而不能运行，在此条件下，系统不能起动，并且即使系统出现故障，故障指示灯 MIL 在点火开关 ON 时也不点亮。
◆ 该车发动机控制系统使用 VC 电源电路的传感器有：节气门位置传感器、油门踏板位置传感器以及进、排气侧凸轮轴位置传感器。

步骤九　找到节气门位置传感器，点火开关 OFF，拔下 B25 连接器，点火开关 ON，观察 MIL 故障指示灯的状态，如图 4.114 所示。

提示

拔下 B25 连接器后结果分析：
拔下 B25 连接器后，点火开关 ON，MIL 故障指示灯仍未点亮，说明故障点不在节气门位置传感器，此时不要恢复 B25 的连接，并将点火开关 OFF。

步骤十　找到油门踏板位置传感器，拔下 A3 连接器，点火开关 ON，观察 MIL 故障指示灯的状态，如图 4.115 所示。

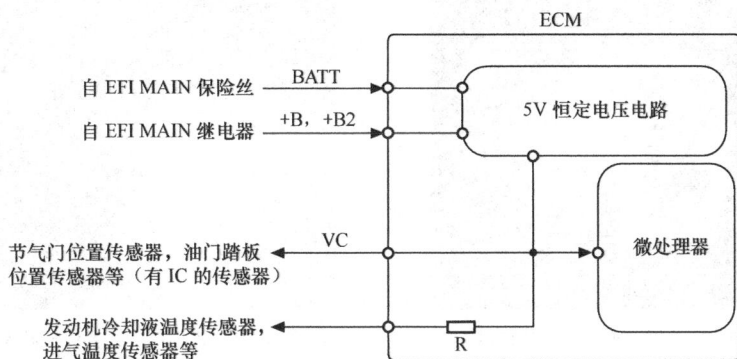

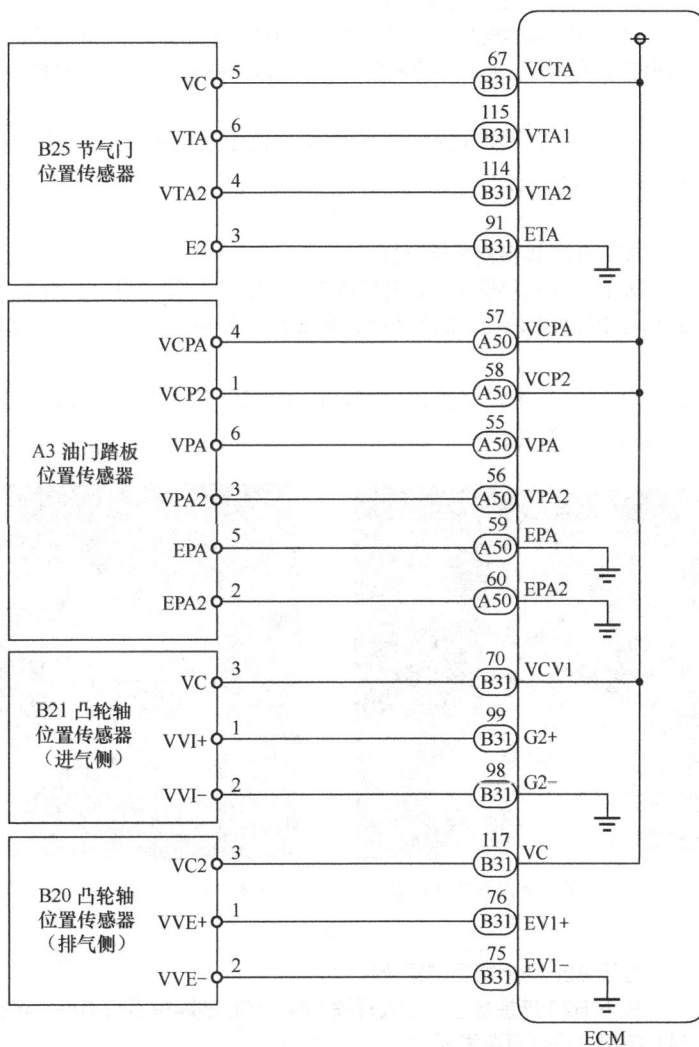

图 4.113 VC 电源控制电路

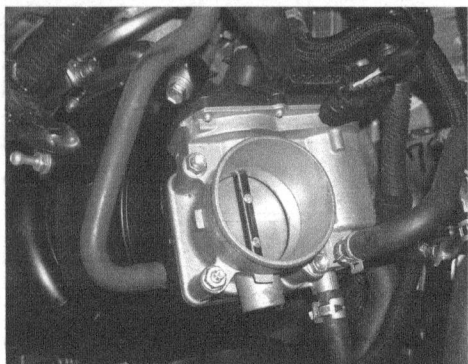

图 4.114　节气门位置传感器 B25 连接器

图 4.115　油门踏板位置传感器 A3 连接器

> **提示**
> 拔下 A3 连接器后结果分析：
> 拔下 A3 连接器后，点火开关 ON，MIL 故障指示灯仍未点亮，说明故障点不在油门踏板位置传感器，此时不要恢复 A3 的连接，并将点火开关 OFF。

　　步骤十一　找到进气侧凸轮轴位置传感器，拔下 B21 连接器，点火开关 ON，观察 MIL 故障指示灯的状态，如图 4.116 所示。

> **提示**
> 拔下 B21 连接器后结果分析：
> 拔下 B21 连接器后，点火开关 ON，MIL 故障指示灯仍未点亮，说明故障点不在进气侧凸轮轴位置传感器，此时不要恢复 B21 的连接，并将点火开关 OFF。

　　步骤十二　找到排气侧凸轮轴位置传感器，拔下 B20 连接器，点火开关 ON，观察 MIL 故障指示灯的状态，如图 4.117 所示。

图 4.116　进气侧凸轮轴位置传感器 B21 连接器

图 4.117　排气侧凸轮轴位置传感器 B20 连接器

> **提示**
> 拔下 B20 连接器后结果分析：
> 拔下 B20 连接器后，点火开关 ON，MIL 故障指示灯点亮，再次恢复 B20 的连接，MIL 故障指示灯再次熄灭。
> 结论：目前为止，暂时发现的故障点是排气侧凸轮轴位置传感器元件损坏。
> 维修方案：更换凸轮轴位置传感器。

步骤十三　更换良好的凸轮轴位置传感器（进、排侧的凸轮轴位置传感器相同），如图 4.118 所示。

图 4.118　更换良好的凸轮轴位置传感器

提示　凸轮轴位置传感器固定螺栓扭矩为 10N·m。

步骤十四　点火开关 OFF，恢复所有连接器的连接,检查故障症状是否有改变。

提示
更换排气侧凸轮轴位置传感器后车辆症状的改变:
◆ 点火开关 ON，观察仪表上 MIL 故障指示灯的状态，指示灯亮。
◆ 散热器和冷凝器冷却风扇停止运转。
◆ 故障诊断仪能正常进入发动机和自动变速器电子控制单元 ECM。
◆ 清除在诊断过程中输入存储器的故障代码。

步骤十五　起动发动机，发动机顺利起动着车，各种负荷状态运转正常。

提示　根据故障症状的转变，确认 ECM 电源系统故障是由于排气侧凸轮轴位置传感器元件的损坏引起，该故障点是造成 ECM 电源系统故障的最终和唯一的原因。

操作六　故障排除后的工作

故障排除后的工作参照模块四课题二操作三。
车辆维修后的清洁、整理工作，参考模块四课题一操作三的作业项目。

课题六　照明系统故障诊断与排除案例

汽车照明对交通安全有着重要作用。由于交通密度的增加，行驶条件复杂多变，使得汽车照明系统的设计面临着日益严酷的挑战。

　　决定汽车照明系统设计的一个重要因素就是必须掌握大量车辆在行驶过程中可能出现的情况，在各种不同条件下的有效路面照明，不仅仅是增强人的视觉，在某些情况下，若不借助车辆照明系统，想看见东西是完全不可能的事。最重要并且必须考虑的是照明系统要有足够的明亮程度、惹眼的颜色和照射范围的立体感，高性能前照灯以及其他前后车灯，是实现看得见和被看见的汽车照明的基本目标。

　　在照明技术领域内，如今又增加了对风格和造型的要求，为此，最重要的一个条件就是局部或是全部改变外部光学部件的外形，造就像玻璃一样光滑的完美成品，前照灯或其他灯具的内部就可以按照风格造型需要进行设计，其最终结果就是使用功率强大的前照灯和具有特异风格造型的车灯。

【基础知识】

　　一、汽车灯具及其作用

　　汽车灯具按其功能可以分为照明灯和信号灯两大类；按照安装位置又可以分为外部灯具和内部灯具。

　　1. 外部灯具

　　常见的外部灯有：前照灯、防雾灯、牌照灯、倒车灯、制动灯、转向信号灯和危险警告灯、示位灯等。外部灯具光色一般采用白色、橙黄色和红色。

　　（1）前照灯：俗称大灯，安装在汽车头部两侧，灯泡功率一般为 55W 和 60W，用来照明车前道路。前照灯有二灯制、四灯制之分，也有自动和手动控制前照灯之分。

　　（2）防雾灯：安装在汽车头部或尾部，前防雾灯功率常为 45W，采用波长较长、透雾性能好的橙黄色作防雾灯光色。在雾天、下雪、暴雨或尘埃弥漫等情况下，改善车前道路的照明情况。后防雾灯功率为 21W 或 6W，光色为红色，警示尾随车辆保持安全行车距离。

　　（3）牌照灯：装于汽车尾部牌照上方或左右两侧，功率一般为 5～10W，用来照明后牌照，确保行人距离车尾 20m 处能看清楚牌照上的数字和文字。

　　（4）倒车灯：安装在汽车尾部，功率为 21W，光色为白色。当变速器挂入倒挡时，照明车辆后侧，警示车辆后方行人注意安全。

　　（5）制动灯：安装在车辆尾部和尾部中间部位，功率为 21W，光色为红色，灯罩显示面积或灯光亮度较示位灯亮。踩下制动踏板时，发出较强红光，以示制动。为避免尾随大型车对轿车碰撞的危险，轿车后窗内装有成排显示的发光二极管或灯泡显示的高位制动灯。

　　（6）转向信号灯和危险警告灯：主转向灯一般安装在汽车头尾部的左右侧，用来指示车辆行驶趋势，在汽车侧面中间位置或在车辆后视镜上装有侧面转向灯。主转向灯功率一般为 21W，侧面转向灯为 5W，光色为琥珀色，转向时，灯光呈闪烁状。在紧急遇险状态需要其他车辆注意避让时，可以通过危险报警灯开关同时接通所有左右转向灯闪亮。

　　（7）示位灯：俗称小灯、示宽灯，安装在汽车前部和后部，功率为 5W，光色为白色或黄色，后位灯俗称尾灯，光色为红色，夜间行驶接通前照灯时，示位灯与仪表照明灯、牌照灯同时发亮，以标志车辆的形位。

　　2. 内部灯具

　　常见的内部灯有：顶灯、阅读灯、行李箱灯、门灯、仪表照明灯、仪表报警和指示灯等。

（1）顶灯：除用做汽车乘客舱内照明外，还具有监视车门是否可靠关闭作用，功率一般为5～15W。

（2）阅读灯：装于乘员前部或中部，聚光时乘员看书不会给驾驶员产生炫目现象，照明范围较小，有的车型还有光轴方向调节机构。

（3）行李箱灯：装于行李箱内，功率为5W，当行李箱盖开启时，行李箱灯点亮，照明行李箱内的空间。

（4）门灯：功率为5W，光色为红色，开启车门时，门灯发亮，以告示后面行人、车辆注意避让。

（5）仪表照明灯：装在仪表反面，功率为2W，用来照明仪表指针以及刻度板，仪表照明灯与示位灯、牌照灯并联，多数车辆仪表照明灯发光强度可以调节。

（6）仪表报警和指示灯：常见的有充电指示灯、机油压力报警灯、转向指示灯、远光指示灯等，报警灯光色一般为红色、黄色，指示灯光色一般为绿色或蓝色。

二、光纤照明

在某些只需要微弱光线照明并且不便安装灯泡的地方，如烟灰缸、门锁孔处，可以采用光导纤维照明，光导纤维照明是用普通车用灯泡作为光源，让光线通过光导纤维传到末端，发出微光，照亮一定范围。光导纤维是由有机玻璃丝制成，在外部具有隔光作用的透明的聚合物质，当灯泡产生的光线通过光导纤维时，在其内部经过多次反射，曲折前进传到末端。如果将多根光导纤维组合在一起就形成了光缆，光缆外部包有不透明的软管，如图4.119所示。

图4.119　光纤照明的运用

【课题实施】

下面介绍丰田COROLLA 1.6 AT GL车型转向信号和危险警告灯故障诊断与排除方法，所用车型不带自动灯光控制和光电仪表。

操作一　实施车辆诊断与维修前的准备工作和常规检查项目

步骤　实施车辆维修前准备工作和车辆诊断与维修前常规检查项目，参考模块四课题一操作一、操作二的作业项目。

操作二 **车辆故障诊断维修前的安全确认**

步骤 确认自动变速器操纵手柄位于驻车 P 位,拉起驻车制动操纵手柄。

操作三 **教师预先设置故障**

步骤 教师设置转向信号和危险警告灯故障。故障设置范围主要包括以下几个方面。

(1)点火开关控制线路。

(2)转向信号和危险警告灯相关保险丝,包括 TURN-HAZ(10A)、ECU-IG NO.2(10A),保险丝安装位置如图 4.120(a)、(b)所示。

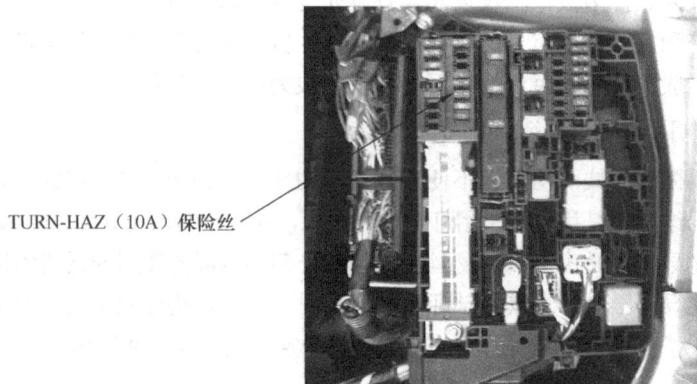

(a)发动机舱内保险丝继电器盒

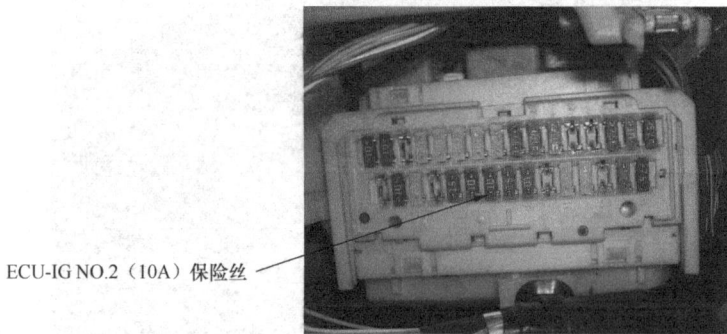

(b)组合仪表下保险丝盒

图 4.120 保险丝安装位置

(3)闪光继电器,安装在驾驶员侧仪表接线盒,安装位置如图 4.121 所示。

(4)灯光开关(内含转向开关)或危险警告灯开关,灯光开关安装位置如图 4.122 所示。

(5)转向信号灯灯泡。

(6)连接线路或接线连接器。

操作四 **确定故障诊断方向**

步骤一 点火开关 OFF,按下危险警告灯开关 E41,观察车外的转向信号灯和车内组合仪表上转向信号指示灯的状态,确定故障症状。

图 4.121　仪表接线盒中闪光继电器及安装位置

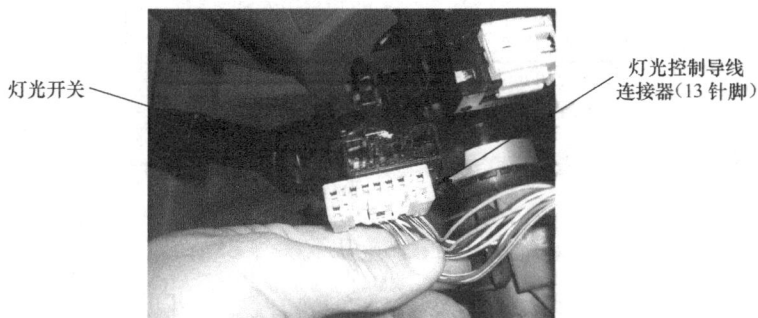

闪光继电器(已经从插座上拔下)

闪光继电器插座

灯光开关

灯光控制导线
连接器(13 针脚)

图 4.122　灯光开关及导线连接器

> **提示**
>
> 车辆故障症状:
> 点火开关 OFF, 按下危险警告灯开关 E41 后, 发现所有左侧转向灯包括组合仪表上的左侧转向信号指示灯都不闪亮。

　　步骤二　点火开关 ON, 分别将灯光开关总成 E60 向左、向右开启左右转向灯, 观察车外的转向信号灯和车内组合仪表上转向信号指示灯的状态, 再次确定故障症状。

> **提示**
>
> 车辆故障症状:
> 点火开关 ON, 向左、向右开启左右转向灯, 发现仍然是所有左侧转向灯包括组合仪表上的左侧转向信号指示灯都不闪亮。

操作五　对转向信号和危险警告灯故障可能部位进行检测

　　步骤一　分析转向信号和危险警告灯控制电路, 如图 4.123 (a) 和图 4.123 (b) 所示。

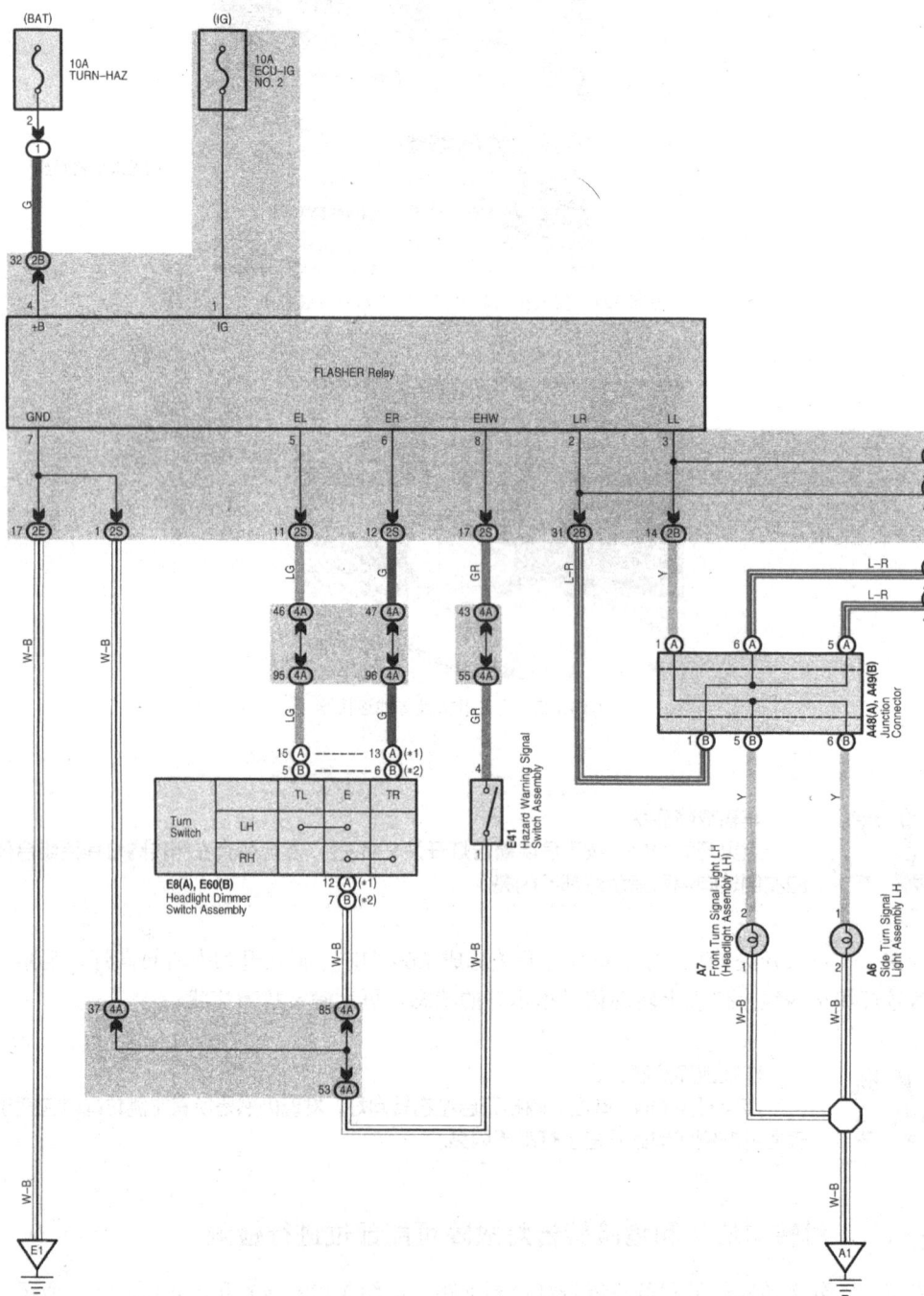

（a）

图 4.123　转向信号和危险警告灯控制电路

* 1 : w/ Automatic Light Control
* 2 : w/o Automatic Light Control
* 3 : Optitron Meter
* 4 : Except Optitron Meter

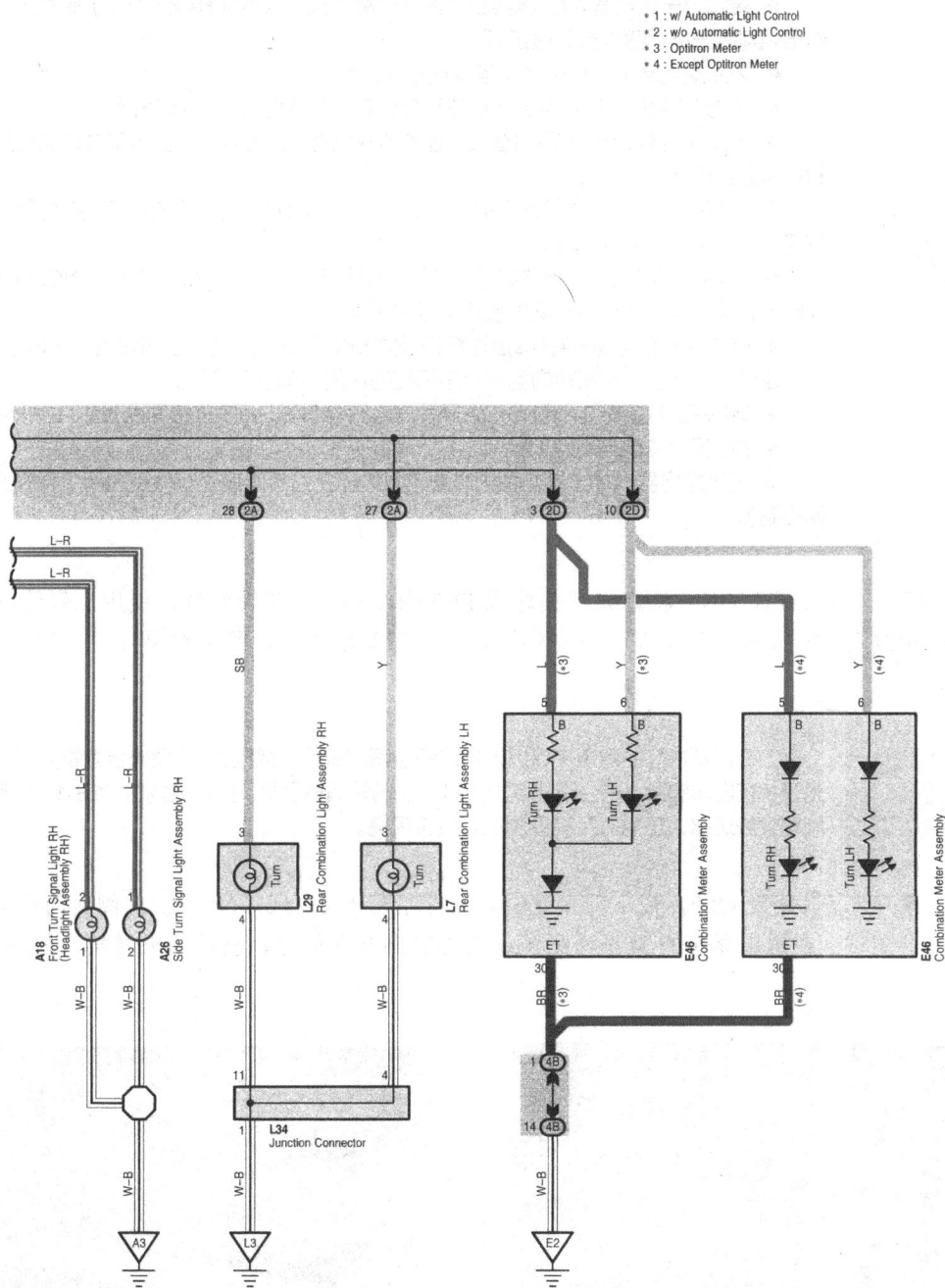

（b）

图 4.123 转向信号和危险警告灯控制电路（续）

点火开关 OFF，按下危险警告灯开关后，右侧转向信号灯闪亮，说明以下部位正常。

◆ 转向闪光继电器 4#针脚得到了蓄电池常火线，TURN-HAZ（10A）保险丝和保险丝出线到闪光继电器连接导线正常。

◆ 闪光继电器 7#针脚与 E1 搭铁线连接正常。

◆ 闪光继电器 8#针脚得到了地线电位，危险警告灯开关 E41 正常。

◆ 闪光继电器 2#针脚有间歇火线往右转向信号灯上送，并且右侧转向信号灯灯泡和灯泡搭铁正常。

点火开关 ON，分别将灯光开关总成 E60 向左、向右开启左右转向灯，右侧转向信号灯闪亮，说明以下部位正常。

◆ 转向闪光继电器 1#针脚在点火开关打开状态下得到了火线，ECU-IG NO.2（10A）保险丝和保险丝出线到闪光继电器连接导线正常。

◆ 转向闪光继电器 6#针脚通过灯光开关 E60 形成了地线，右侧转向开关信号正常。

通过以上分析，左侧转向信号灯不闪亮的可能性有以下几种。

◆ 转向闪光继电器 5#针脚与灯光开关 E60 的 5#针脚之间的连接导线出现了断路故障。

◆ 灯光开关总成 E60 故障。

◆ 闪光继电器损坏（该车型闪光继电器内部左右转向信号灯分别由两个独立的继电器控制）。

步骤二　点火开关 ON，将灯光开关总成 E60 向左开启左侧转向灯，使用二极管测试灯在仪表接线盒 2B-14 处，验证是否有左侧转向信号灯间歇火线，测试结果异常，如图 4.124 所示。

二极管测试灯的鳄鱼夹可以借用门铰链固定螺栓形成搭铁，该操作步骤是为了验证灯光开关在左转向时，是否有间歇火线送往左侧转向信号灯。向左转向时，2B-14 处应该有间歇火线送出，正常时二极管测试灯应该闪亮。

步骤三　点火开关 OFF，拔下闪光继电器，将灯光开关总成 E60 处于左侧转向位置，使用二极管测试灯在继电器座的 5#插座处测试左侧转向开关信号，测试结果异常，如图 4.125 所示。

图 4.124　仪表接线盒 2B-14 处无间歇火线　　　　图 4.125　闪光继电器 5# 插座无左转向开关信号

二极管测试灯的鳄鱼夹可以借用仪表接线盒中的 2G 连接器形成火线，该操作步骤是为了验证左转向开关地线信号是否正常。灯光开关总成 E60 处于左侧转向位置时，闪光继电器的 5#插座应该形成地线，正常时二极管测试灯应该点亮。

步骤四　点火开关 OFF，拆卸组合开关的前后护板，拔下灯光开关总成 E60 的导线连接器，如图 4.126 所示。

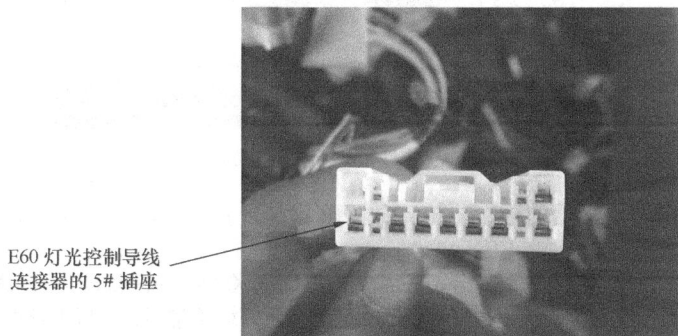

E60 灯光控制导线连接器的 5# 插座

图 4.126　灯光开关总成 E60 的导线连接器

步骤五　使用万用表电阻挡，测量灯光开关总成 E60 导线连接器的 5#插座与闪光继电器 5#插座之间的电阻，测量结果正常，如图 4.127 所示。

故障检查到此，已基本锁定故障点为灯光开关总成 E60 损坏（内部开关触点或弹簧片损坏）

步骤六　将灯光开关处于左转向位置，使用万用表电阻挡，测量灯光开关总成 E60 的 5#与7#插针之间的导通性，测量结果异常，如图 4.128 所示。

图 4.127　测量结果正常

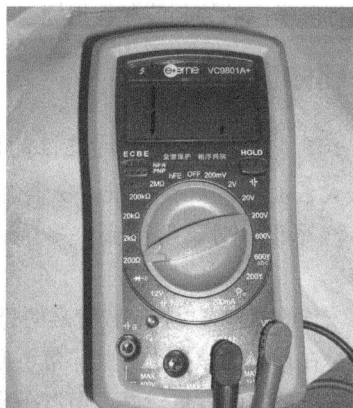

图 4.128　E60 的 5#与 7#插针呈现断路状态

步骤七　更换灯光开关总成 E60（与雨刮、喷洗器开关一体），如图 4.129 所示。

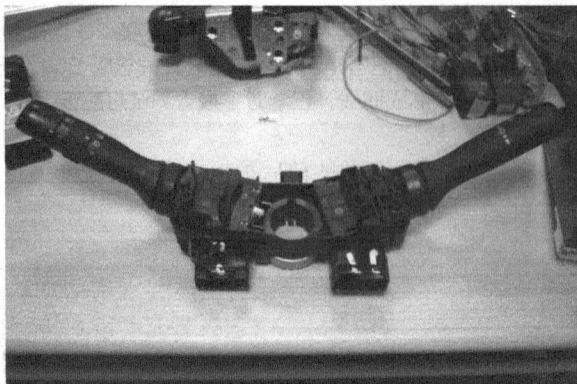

图 4.129　更换灯光、雨刮和喷洗组合开关

步骤八　恢复所有连接器的连接，检查故障症状是否有改变，结果如下。

> **提示**　更换组合开关后，分别在点火开关 OFF 和 ON 的状态下，开启危险警告灯和左右转向灯，左右侧转向信号灯和仪表上转向指示灯均正常闪亮，灯光开关总成 E60 损坏是该故障最终和唯一的故障点。

操作六　故障排除后的工作

车辆维修后的清洁、整理工作，参考模块四课题一操作三的作业项目。

课题七　安全舒适性系统故障诊断与排除案例

车辆安全舒适性系统可以放松驾驶员的心情，减轻驾驶员的频繁操作，且不易疲劳，为驾驶员提供舒适的驾驶环境，使汽车许多功能的操作变的简单、轻松，驾驶员能愉快和无怠倦的进行驾驶，从而在行车过程中专注于道路交通。车辆行驶时的安全舒适性包括乘坐舒适性、操作方便性和行驶噪声的控制等参数指标。

【基础知识】

一、影响汽车安全舒适性的因素

人们心中的好车标准，安全舒适性可能最重要，驾车是为了给工作和生活带来方便和愉悦。汽车设计时，要受到许多因素的影响，如行驶稳定性、内部空间、操纵灵活性和实用性等。

较长的车型可以拥有较宽敞的腿部空间，但汽车不能太长，否则会直接影响汽车的转弯特性，尤其是在拥堵的城市内行驶非常不便，停车也会造成困难。较宽的车型一般其行驶稳定性较好，并且肩部的宽敞度也较好，但汽车不能太宽，如果太宽，对于其转向特性影响较大，转弯半径也会较大。较高的车型头部空间较大，非常适合魁梧身材者使用，但汽车也不能太高，在满足车型定位需求的前提下，车辆高度设计要尽量放低，以便使其拥有较佳的行驶稳定性和减少空气阻力，因此，越是行驶速度要求较高的车型，其高度越低。

现在的事实是，我们驾驶的许多车型，在设计它们的驾驶空间时，不是根据每个人的身材定做的，而是根据大多数人的身材设计的，这样一来，在驾车时就需要调节驾驶姿势。曾见一些身材矮小的驾驶人员把座椅调到最前端和最高端，这样才勉强找到适合自己的驾驶姿势。为了适合多数驾驶人员的操作，出现了转向盘的位置调节功能，这样就能更好地适应不同身材和不同驾驶习惯的驾驶人员，使更多的驾驶人员都能找到适合自己的驾驶姿势。

再比如座椅，对驾驶人员非常重要，座椅是与驾驶人员接触面积最大也是最亲近的汽车部件，对汽车的舒适性、安全性和操控性等都有较大的影响，对驾驶人员的驾驶疲劳和身体健康影响最大。如果总是伸长脖子探着脑袋开车，一会儿就累了，座椅太矮还会影响驾驶视线，对安全行车非常不利。所以，当汽车设计师设计座位时，只好在座椅调节上做文章。座椅调节分为手动和电动调节。手动调节成本较低，但很实用，要快速放下靠背，或快速移动坐垫，比电动调节的速度还要快。只是它的调节是分级的，有时不一定调到最理想的位置，随之出现的是无级多位置调整和带记忆功能的电动座椅。

为了能让驾乘人员便捷的操控车辆某个功能，汽车设计师们研制出了诸多具有前瞻性的技术，车辆无论行驶在拥挤的城市，还是崎岖的山路，伴随的是一路逸兴飞扬，尽享安适驾乘。

二、汽车安全舒适性系统常见功能体现

1. 天窗

就是在车顶开的窗户。有了天窗着实给驾驶带来了不少便利。汽车天窗改变了传统的换气形式，汽车行驶时，空气分别从车的四周快速流过，当天窗打开时，车的外面就形成一片负压区，由于车内、外气压不同，因此就能将车内污浊的空气抽出，从而达到换气的目的，让车厢内始终保持清新的空气。天窗的另一个作用往往不被重视，那就是除雾功能。如果雨中行车时，车的侧窗紧闭，此时会增大车内、外温差，前挡风玻璃容易形成雾气。虽然可以开空调除雾，但车中温度又会让人不舒服。此时，只要让天窗处于后翘通风位置，便可轻易消除前挡风玻璃的雾气，既不必担心车外恶劣脏污的环境，也不必担心雨水被吹进车内。

2. 电动调节座椅

驾乘人员通过键钮操纵，可以将座椅调整到最佳的位置，使驾驶员获得最好视野，易于操纵转向盘、踏板、变速杆等操纵件，还可以获得最舒适和最习惯的乘坐角度，只有调整到最适合自己的姿势，才能长时间驾驶而不至于疲劳。

3. 电控后视镜和电动车窗

不同身材的驾驶员，会有不同的驾驶姿势，调节后视镜就成了一个必要的动作，驾驶员侧后视镜调节起来还算方便，但前方乘客侧后视镜的位置调整就不是那么省心了，动则爬来爬去折腾几回着实让人厌烦。同样，机械的车窗升降，除了驾驶员侧操作比较方便，其他乘客侧的车窗玻璃升降控制是一个很大的难题。而电控后视镜和电动车窗控制给我们带来了不小的便利，驾驶员通过按钮控制转动部件来调节镜面达到后视镜所需视角和车窗位置，启闭乘客侧车窗，这样的操作轻松、快捷、方便。

4. 随动转向大灯

随动转向的意思就是汽车大灯能够不断进行动态调节，照射光束保持与汽车当前行驶方向一致，以确保对前方道路提供最佳照明，并对驾驶员提供最佳可见度，从而显著增强了黑暗中驾驶

的安全性。这在转向时更具优势。

5．倒车雷达和可视倒车系统

车辆除了需要向前开，很多时候也需要向后倒车。随着汽车的增多和停车位的日趋紧张，泊车成为很多车主头痛的问题，这时倒车雷达和可视倒车系统就成了你的好助手。

6．随速可变助力转向系统

现在几乎所有的轿车上都使用了助力转向，助力转向有很多种，一般经济型轿车使用机械液压助力系统的比较多。现在比较先进的是转向传动比能随驾驶员转动转向盘的快慢并参考发动机转速和车速信号变化而变化的可变助力转向，也称为随速助力转向，有电子式和电液式转向助力之分，这种形式的动力转向系统相比于前者，能使转向操纵更灵活、更睿智，这种助力转向在低速行驶时助力大，比如在停车入位时，转向盘比较轻，操作灵活；而在高速行驶时助力小，转向盘感觉比较重，会觉得车辆很稳，容易掌握，不发飘，高速行驶的时候这一点对安全是至关重要的。

【课题实施】

下面介绍丰田 COROLLA 1.6 AT GL 车型电动车窗故障诊断与排除方法，该车型不带智能起动系统和自动灯光控制系统。

操作一　实施车辆诊断与维修前的准备工作和常规检查项目

步骤　实施车辆维修前的准备工作和车辆诊断与维修前常规检查项目，参考模块四课题一操作一、操作二的作业项目。

操作二　车辆故障诊断维修前的安全确认

步骤　确认自动变速器操纵手柄位于驻车 P 位，拉起驻车制动操纵手柄。

操作三　教师预先设置故障

步骤　教师设置电动车窗故障。故障设置范围主要包括以下几个方面。

（1）点火开关控制电路。

（2）电动车窗相关保险丝，包括 RR-DOOR（20A）、RL-DOOR（20A）、POWER（30A 易熔丝）、FR-DOOR（20A）、ECU-IG NO.1（10A）、ECU-B（10A），保险丝和易熔丝的安装位置如图 4.130（a）、（b）、（c）所示。

（3）左前电动车窗升降器电动机总成 I6。

（4）电动车窗升降器主开关总成 I3。

（5）右前（H7）、左后（K1）、右后（J1）电动车窗升降器开关总成。

（6）右前（H8）、左后（K2）、右后（J2）电动车窗升降器电动机总成。

（7）相关连接线路或接线连接器。

操作四　确定故障诊断方向

步骤一　点火开关置 ON，操纵驾驶员侧电动车窗升降器主开关 I3 左前、右前、左后、右后按键，分别使相应侧的车窗上升（UP）和下降（DOWN），确定故障症状。

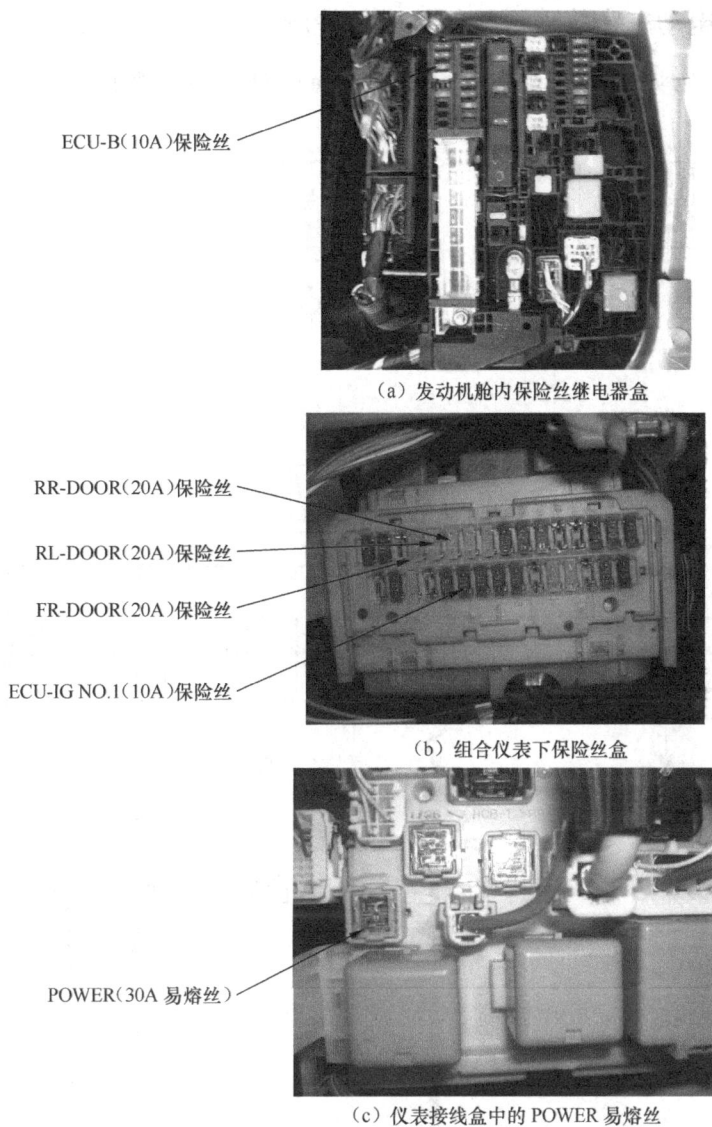

（a）发动机舱内保险丝继电器盒

ECU-B（10A）保险丝

RR-DOOR（20A）保险丝
RL-DOOR（20A）保险丝
FR-DOOR（20A）保险丝
ECU-IG NO.1（10A）保险丝

（b）组合仪表下保险丝盒

POWER（30A 易熔丝）

（c）仪表接线盒中的 POWER 易熔丝

图 4.130　保险丝和易熔丝的安装位置

车辆故障症状如下。

点火开关置 ON，操纵驾驶员侧电动车窗升降器主开关 I3 相应功能按键后，发现前座乘客侧的车窗不能上升（UP）和下降（DOWN），其他车窗上升和下降均正常。

步骤二　点火开关 ON，操纵所有乘客侧电动车窗升降器开关，使车窗上升（UP）和下降（DOWN），再次确定故障症状。

车辆故障症状如下。

点火开关置 ON，操纵右前 H7、左后 K1、右后 J1 电动车窗升降器开关，发现右前乘客侧车窗能上升（UP），但不能下降（DOWN），其他车窗上升和下降均正常。

操作五 对电动车窗故障可能部位进行检测

步骤一 分析电动车窗控制电路，如图 4.131（a）、（b）、（c）所示。

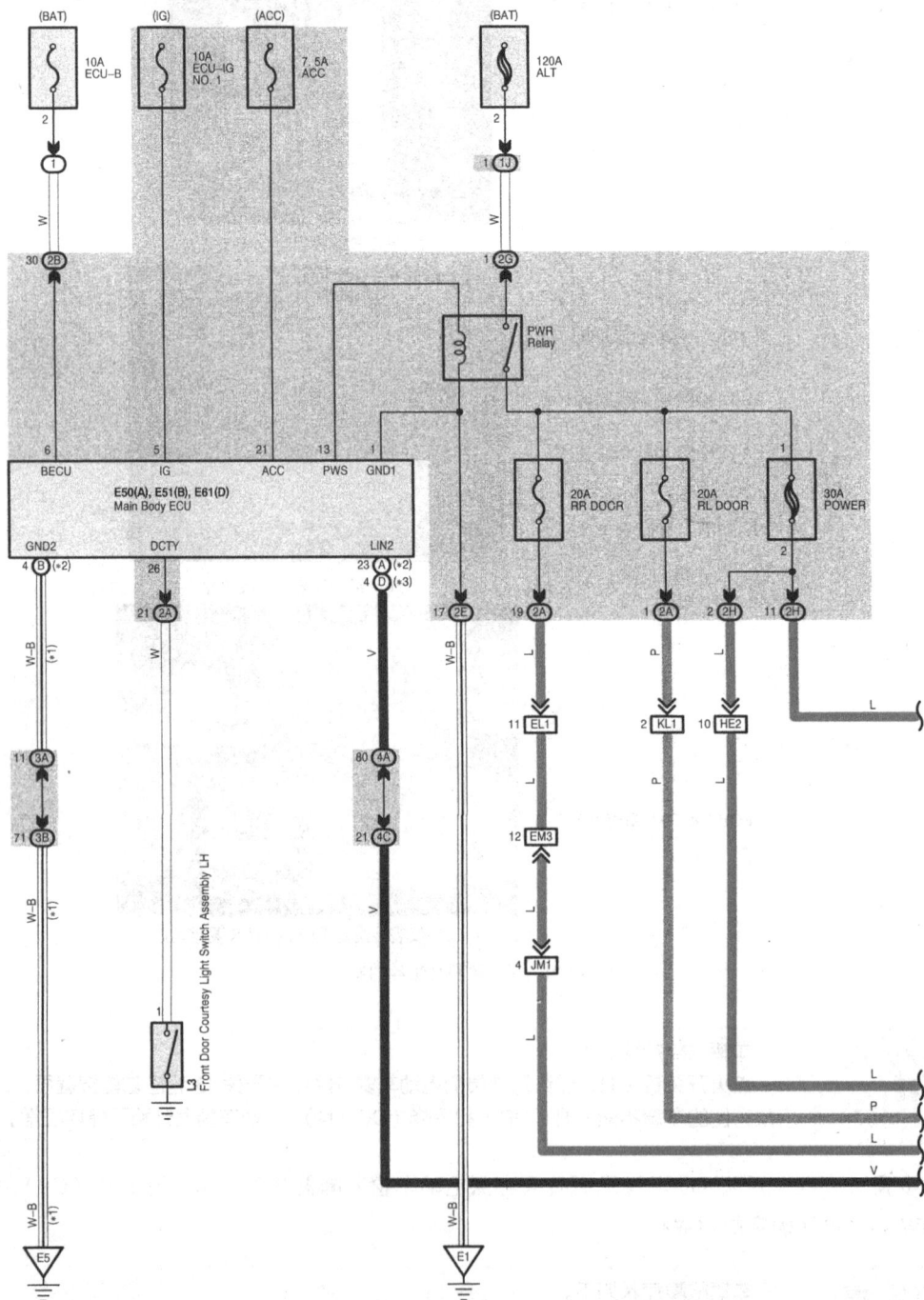

（a）

图 4.131 电动车窗控制电路

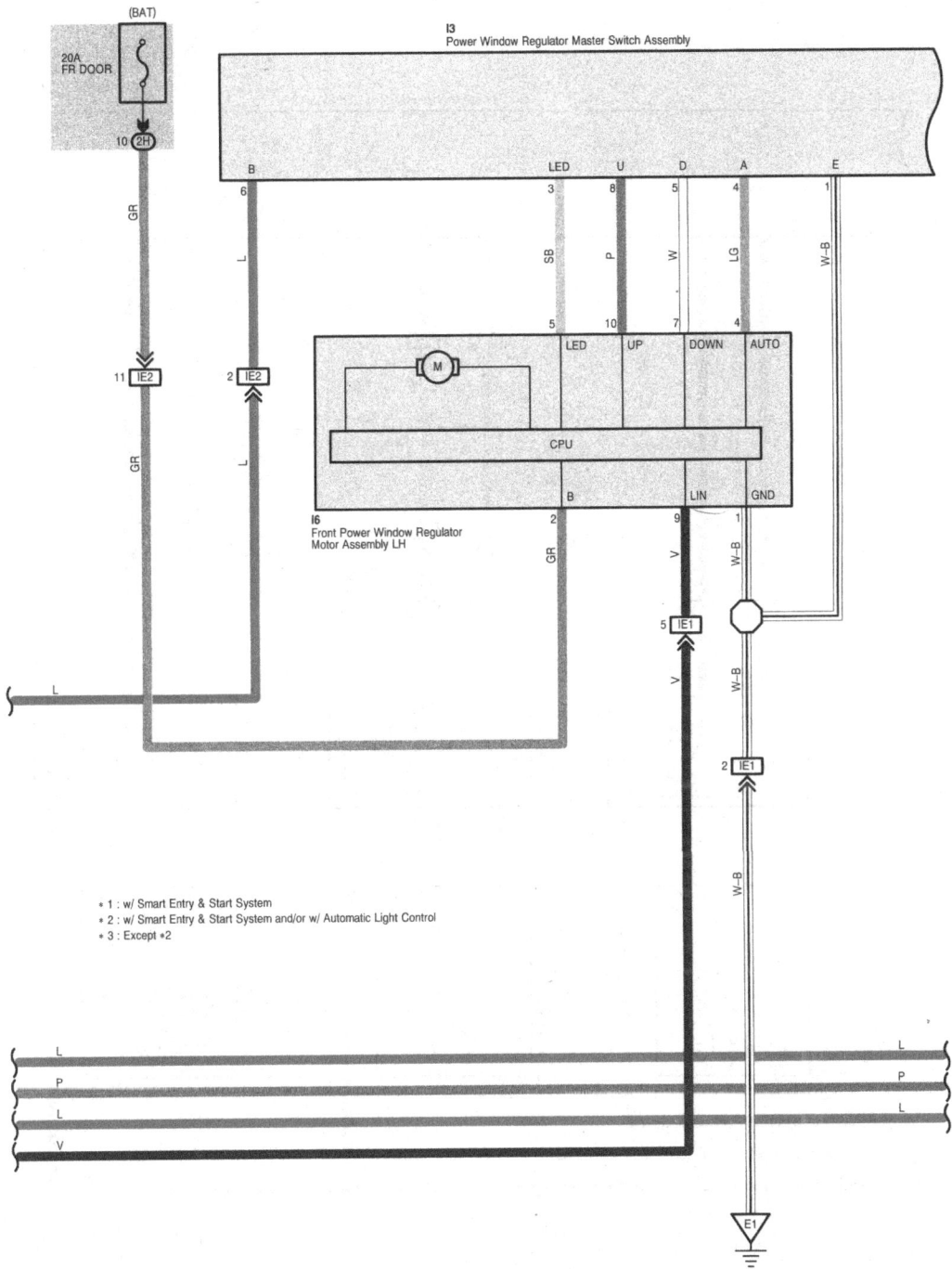

* 1 : w/ Smart Entry & Start System
* 2 : w/ Smart Entry & Start System and/or w/ Automatic Light Control
* 3 : Except *2

（b）

图 4.131　电动车窗控制电路（续）

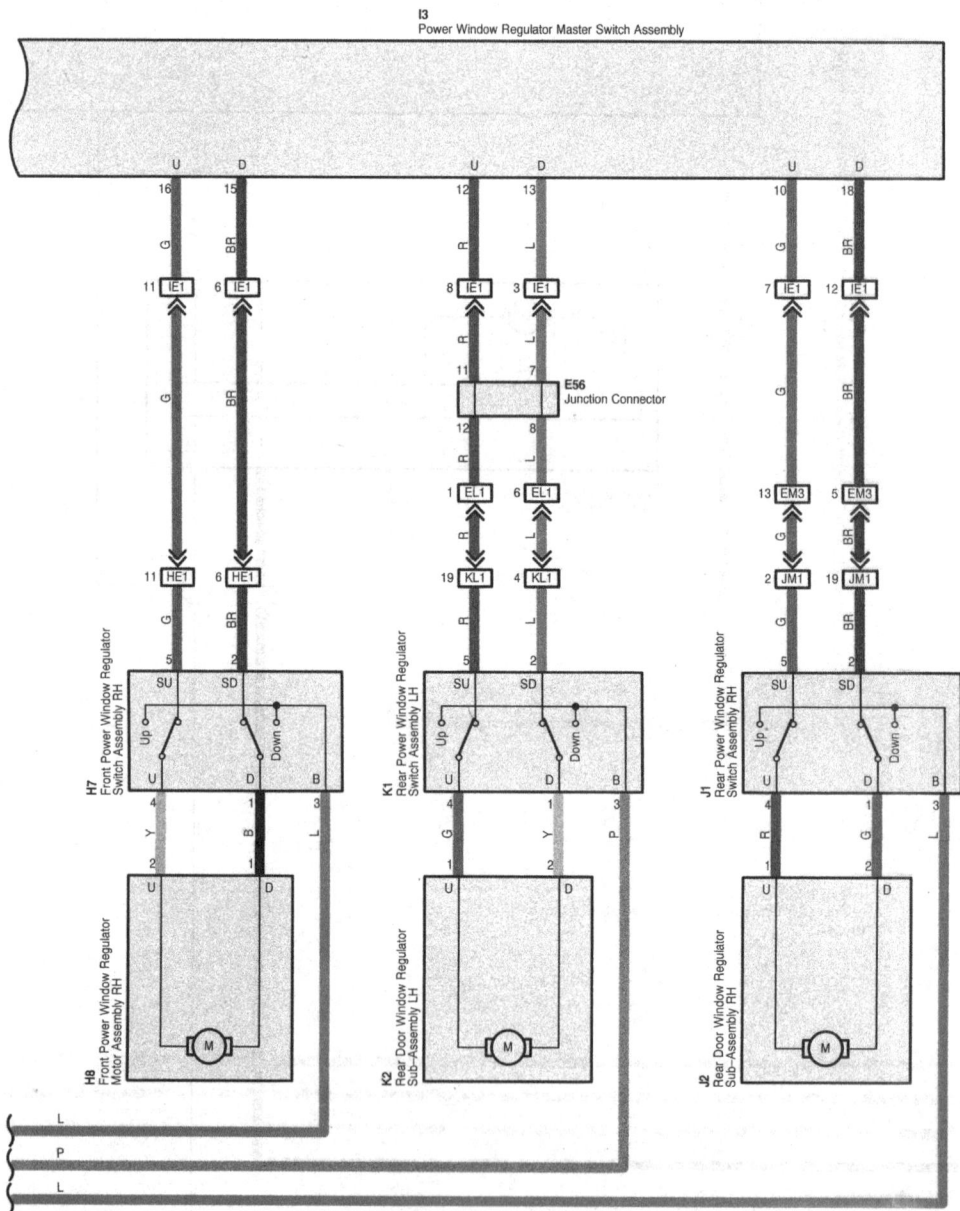

（c）

图 4.131　电动车窗控制电路（续）

点火开关置 ON，操纵驾驶员侧电动车窗升降器主开关 I3 相应功能按键后，发现只有前座乘客侧的车窗不能上升（UP）和下降（DOWN），说明以下部位正常。

主车身控制单元 Main Body ECU 保险丝正常，包括 ECU-IG NO.1（10A）、ECU-B（10A），主车身控制单元 Main Body ECU 正常，FR-DOOR（20A）保险丝正常，除右前车窗外，其他车窗的连接线路、车窗电动机和相应电动车窗升降器开关功能均正常。

点火开关置 ON，操纵右前 H7、左后 K1、右后 J1 电动车窗升降器开关，发现右前车窗能上升（UP），但不能下降（DOWN），其他车窗上升和下降均正常。说明以下部位正常。

◆ 左后 K1、右后 J1 电动车窗升降器开关进火线保险丝正常，包括 RR-DOOR（20A）、RL-DOOR（20A）、POWER（30A 易熔丝）正常。

◆ 电动车窗升降器主开关总成 I3 的 15#针脚与右前 H7 电动车窗升降器开关的 2#针脚导线连接正常。

◆ 右前 H7 电动车窗升降器开关在上升（UP）时，H7 开关内部 3#和 4#针脚触点接触正常。

◆ 右前 H8 电动车窗升降器电动机总成正常。

通过以上分析，造成操纵驾驶员侧电动车窗升降器主开关，右前车窗不能上升（UP）和下降（DOWN），操纵右前 H7 电动车窗升降器开关，右前车窗能上升（UP），但不能下降（DOWN）的故障可能性有如下几方面。

◆ 电动车窗升降器主开关总成 I3 损坏。

◆ 右前 H7 电动车窗升降器开关损坏。

◆ 电动车窗升降器主开关总成 I3 的 16#针脚与右前 H7 电动车窗升降器开关 5#针脚之间的电路出现断路。

步骤二　点火开关置 OFF，拆卸右前 H7 电动车窗升降器开关和导线连接器，如图 4.132（a）、（b）所示。

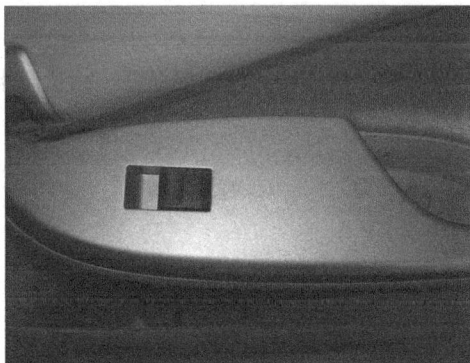

（a）右前 H7 电动车窗升降器开关　　　（b）右前 H7 电动车窗升降器开关连接器

图 4.132　右前 H7 电动车窗升降器开关和导线连接器

步骤三　将 H7 处于下降（DOWN）位置，测量开关 3#和 1#的下降功能，测试结果正常，如图 4.133 所示。

步骤四　拆卸驾驶员侧电动车窗升降器主开关 I3 和导线连接器，如图 4.134（a）、（b）所示。

图 4.133　H7 电动车窗升降器开关下降功能正常

（a）驾驶员侧电动车窗升降器主开关 I3　　　　（b）驾驶员侧电动车窗升降器主开关 I3 连接器

图 4.134　驾驶员侧电动车窗升降器主开关 I3 和导线连接器

步骤五　使用万用表电阻挡，测量 I3 的 16#插座与 H7 的 5#插座之间的导通性，测量结果异常，如图 4.135 所示。

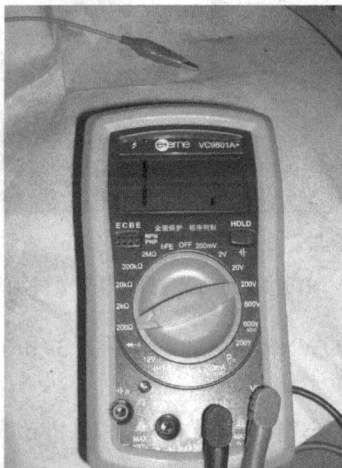

图 4.135　I3 的 16#插座与 H7 的 5#插座之间断路

步骤六　检查导线断路点并排除故障，恢复所有连接器的连接，检查故障症状是否有改变，结果如下。

> 提示
>
> 点火开关置 ON，操纵驾驶员侧电动车窗升降器主开关 I3 相应功能按键后，所有车窗均能上升（UP）和下降（DOWN），操纵右前 H7 电动车窗升降器开关，右前车窗上升（UP）和下降（DOWN）功能恢复正常。
>
> 电动车窗升降器主开关 I3 的 16#插座与 H7 的 5#插座之间导线断路是造成该故障的最终和唯一原因。

操作六　故障排除后的工作

车辆维修后的清洁、整理工作，参考模块四课题一操作三的作业项目。

课题八　自动空调系统故障诊断与排除案例

空调是空气调节的简称，是对空气进行冷却、加热或除湿的处理过程，使空气的温度、湿度在给定的条件下得到控制，满足人们对舒适性的要求。

制冷的原理古今中外是相同的，即利用热从温度较高区域流至温度较低区域的特性，汽车空调就是利用这一特性发展起来的。早期汽车空调系统的进出风系统、冷气系统和暖风系统互相独立，且都是手动控制的，单凭人的感觉来调节开关，因而温度、湿度和风量很难控制。近几年来，随着电子计算机在汽车上的广泛应用，使得空调系统的控制效果和性能越来越高，这种电子控制的自动空调系统能进行全天候的空气调节，集制冷、采暖、通风于一体，在人为设定的最佳温度、湿度和风量的前提下，可进行多挡位、多模式的微调，同时，还可以进行故障自诊断，给维修工作带来方便。

空调经过几十年的发展，已经由最初的奢侈品成为许多汽车厂家的标准配置，改善乘坐舒适性，使人躲避高温和严寒，也可以使乘员远离灰尘和花粉的污染。汽车空调的销售、维护和修理需求直线上升，因此，应充分认识到学习和掌握空调的工作原理、构造以及修理方法的重要性。

【基础知识】

一、自动空调与手动空调的区别

汽车内部温度是舒适性的重要指标。车内温度取决于车外温度、空气流量以及太阳辐射的大小。当车外温度超过 20℃ 以上，车内的舒适温度只能靠冷风降温达到。有别于传统的手动空调，高档的全自动区域空调智能地将车辆分为多个区域，并起动高温制冷、低温送风的功能，最大程度地合理利用电量，这也是自动空调比手动空调更省电、省油的原因。

1. 控制系统的区别

自动空调和手动空调的机械部分基本是一样的，机械部分的故障诊断方法也是相同的，主要区别在空调的控制系统，自动空调比手动空调增加了许多传感器，所有的执行部件如水阀、风门都由电机驱动，由电脑统一控制，而且，自动空调也可以像手动空调一样使用。

2．空调操作的区别

汽车空调的控制因素主要有两个，一是通过调节空气混合控制风门及其连动的水阀控制开关的位置来控制出风口的温度；二是调节鼓风机的转速来控制出风口的风量。手动空调是按照驾驶员设定的出风口温度和固定的鼓风机转速而不断工作的。例如，一辆汽车装备的是手动空调系统，如果驾驶员在比较热的天气下进入车内，开始时必然将温度设为最低，风量最高，而且为直吹，但随着温度的下降，就要将温度调高一点，风量小一点，或改变风向，这种动作在行驶过程中可能要重复许多次，这就是手动空调。

自动空调通过检测车内温度、车外温度和太阳辐射等能够根据驾驶员设定的温度值自动调节空气混合控制风门及水阀的位置（即调节出风口的温度）、鼓风机的转速，将车内温度保持在设定值，同时，自动空调能控制内、外循环。例如，在炎热的天气，刚刚进入汽车就起动空调系统，将温度设定在 24℃，空调开始工作时将会以较大的风量以直吹的方式，迅速制冷，随着温度的下降，风量减小，风向会在不同的方式间进行有序的切换，随着天气的改变，系统会自动改变出风温度和吹风方向。

3．温度设定值含义的区别

手动空调系统是通过手动改变风板和水阀的位置来改变温度值，变风板和水阀的位置一经设定就不会改变，而且出风温度是模糊的感觉温度，不能设定准确出风温度的具体值。自动空调的设定值是给系统设定一个准确的温度参数，自动空调会调节所有部件的协调工作，调节风板、水阀的位置以及鼓风机的转速围绕着设定值不断调整，驾驶员只要直接设定需要的温度。

4．自动空调系统具有自诊断功能

能与故障诊断仪器进行连接，进入自动空调系统后能执行读取故障代码、传感器和执行器的动态数据以及对执行器进行不解体的主动测试等功能，而手动空调系统无此项功能。

二、自动空调的组成

汽车空调系统为了实现自动化控制，除了基本部件外，还有一系列的控制元件、传感器和调节执行装置。

1．控制器

俗称空调控制单元或自动空调放大器，自动空调控制单元有两种：一种是 IC（集成电路）；另一种是微电脑控制型。现代汽车技术中主要应用微电脑控制型的空调放大器。微电脑型自动空调采用的传感器的信号是独立、直接输入到空调的电脑中，电脑根据预定程序进行识别、计算、控制执行器动作。自动控制系统由鼓风机转速、空气混合控制、吹风模式控制、进气方式控制和压缩机控制组成，如图 4.136 所示。

2．常用传感器

常用传感器有车内温度传感器、环境温度传感器、蒸发器温度传感器、冷却液温度传感器、日照光度传感器和压力传感器。

（1）车内温度传感器。其作用是在获得温度信号后，将数值显示在空调控制面板的电子显示屏上，让驾驶员得知车内的温度情况，同时也将数值传给空调控制单元，为电子控制系统提供必需的车内温度的参考，以保证有适当的出风口温度。

车内温度传感器主要有两种：一种是吸气器型车内温度传感器；另一种是马达型车内温度传感器。吸气器型是利用空气受热密度变小的原理，使车内空气流过热敏电阻。马达型是利用电动马达吸入车内空气,使之流过热敏电阻。现在常用的是吸气器型车内温度传感器,其结构简单,无噪声,故障率低,安装在吸气管内,为了精确的获得车内的温度值,由吸气器将少量的车内空气吸入吸气器,使空气流过热敏电阻,通过测定流动空气的温度来确定车内的温度,如图4.137所示。

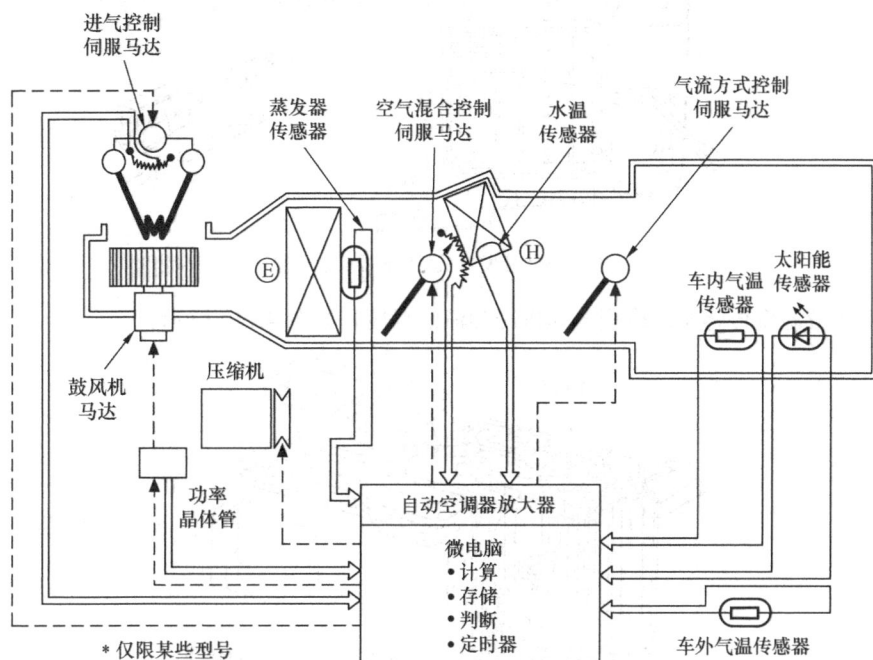

图 4.136　微电脑控制型自动空调控制示意图

　　(2)环境温度传感器。环境温度传感器是一个热敏电阻,常安装在散热器附近。获得温度信号后,将数值显示在空调控制面板的电子显示屏上,让驾驶员得知车外的温度情况,同时也将数值传给空调控制单元,为空调控制单元提供必需的外界温度的参考,以保证有适当的出风口温度,为防止汽车空调对车外温度突然的变化而不断作出反应,以树脂将其塑封,所检测到的车外温度为平均值,这样会使空调的控制更稳定,如图4.138所示。

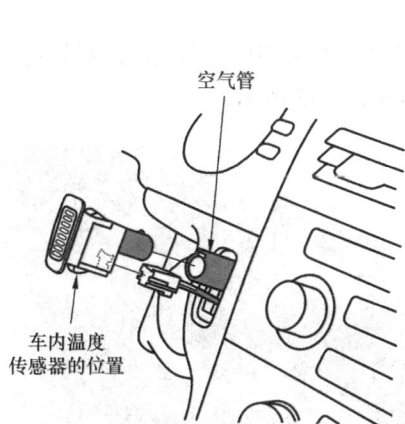

图 4.137　车内温度传感器安装位置　　　　图 4.138　环境温度传感器安装位置

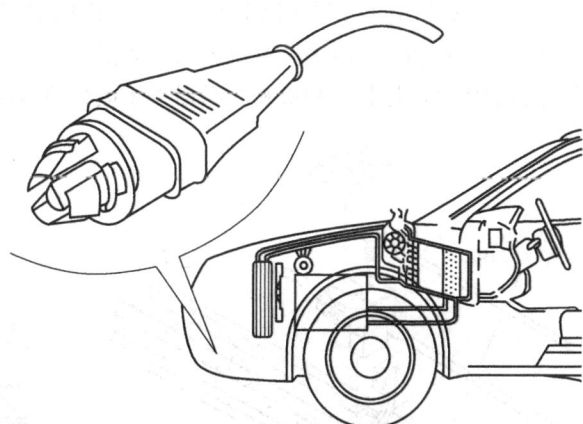

　　(3)蒸发器温度传感器。蒸发器温度传感器是一个随温度变化而改变电阻值的电阻器,安装

在蒸发器的格栅中，用来检测蒸发器出口的空气温度，如图 4.139 所示。

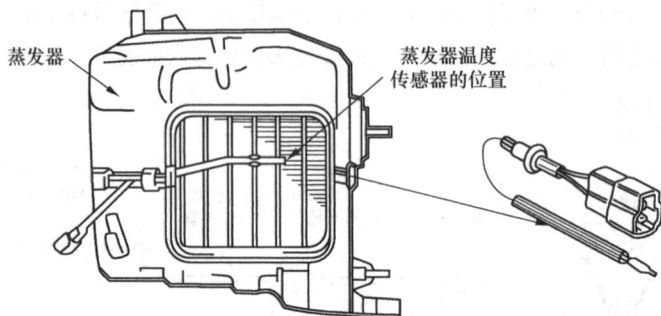

图 4.139　蒸发器温度传感器安装位置

（4）冷却液温度传感器。检测发动机冷却液的温度，如图 4.140 所示。

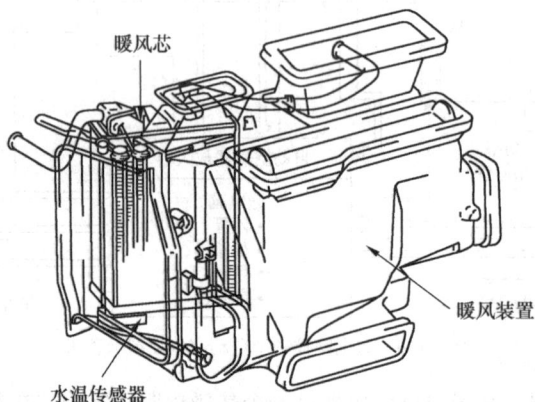

图 4.140　冷却液温度传感器安装位置

（5）太阳辐射传感器。或称日照光度传感器，一般安装在风挡的正中央，能够充分感受阳光的地方。感应照射在汽车上阳光的热负荷，空调控制单元将日照负荷与车内温度进行比较，更加精确地确定出风口多冷才能保证驾驶员设定的温度值。采用光电二极管检测太阳的辐射，控制单元为其提供 5V 的电压（呈正比值变化），如图 4.141 所示。

（6）压力传感器。将空调系统内的压力值以电压的形式传输给空调控制单元，控制单元根据该传感器的信号，控制压缩机和冷凝器电子风扇的转速，如图 4.142 所示。

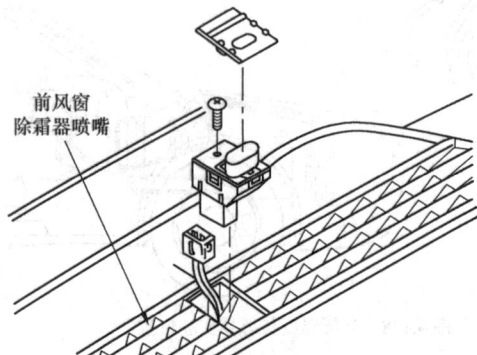

图 4.141　日照光度传感器安装位置

图 4.142　压力传感器安装位置

3．常用执行器

常用执行器有鼓风机电动机、压缩机电磁阀或离合器、空气混合控制伺服电动机、模式控制伺服电动机和进气控制伺服电动机。

（1）鼓风电动机和鼓风机控制模块。对于任何给定的电子环境控制的信号，鼓风机控制模块都有预定的控制电压值，利用不同的电压信号来控制鼓风机的转速，实现对鼓风机的无级变速控制，如图 4.143 所示。

图 4.143　鼓风电动机和鼓风机控制模块安装位置

（2）压缩机电磁阀或离合器。空调控制电脑根据各种参数进行控制，包括发动机冷却液温度、发动机转速、外界温度、车内温度、日照温度、空调系统设定温度等，这些因素决定了压缩机排量的改变或控制离合器接合与分离。图 4.144 所示为固定排量的压缩机。

（3）其他动力元件。有空气混合控制伺服电动机、模式控制伺服电动机和进气控制伺服电动机，常用形式有 5 线电位计式伺服电动机和 3 线总线控制的伺服电动机两种，图 4.145 所示为电位计式的伺服电动机。

图 4.144　空调系统压缩机

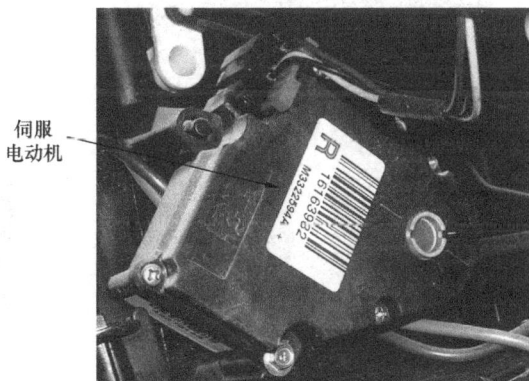

图 4.145　伺服电动机

【课题实施】

下面介绍丰田 COROLLA 1.6 AT GL 车型自动空调系统故障诊断与排除方法，所用车型带自动灯光控制，采用可变排量压缩机。

操作一 实施车辆诊断与维修前的准备工作和常规检查项目

步骤 实施车辆维修前准备工作和车辆诊断与维修前常规检查项目，参考模块四课题一操作一、操作二的作业项目。

操作二 车辆故障诊断维修前的安全确认

步骤 确认自动变速器操纵手柄位于驻车 P 位，拉起驻车制动操纵手柄。

操作三 教师预先设置故障

步骤 教师设置自动空调系统故障。故障设置范围主要包括以下几个方面。

（1）自动空调系统相关保险丝，包括 ECU-IG NO.2（10A）、HTR-1G（10A）、ECU-B2（10A）、SHORT PIN 短路销，如图 4.146（a）、（b）、（c）所示。

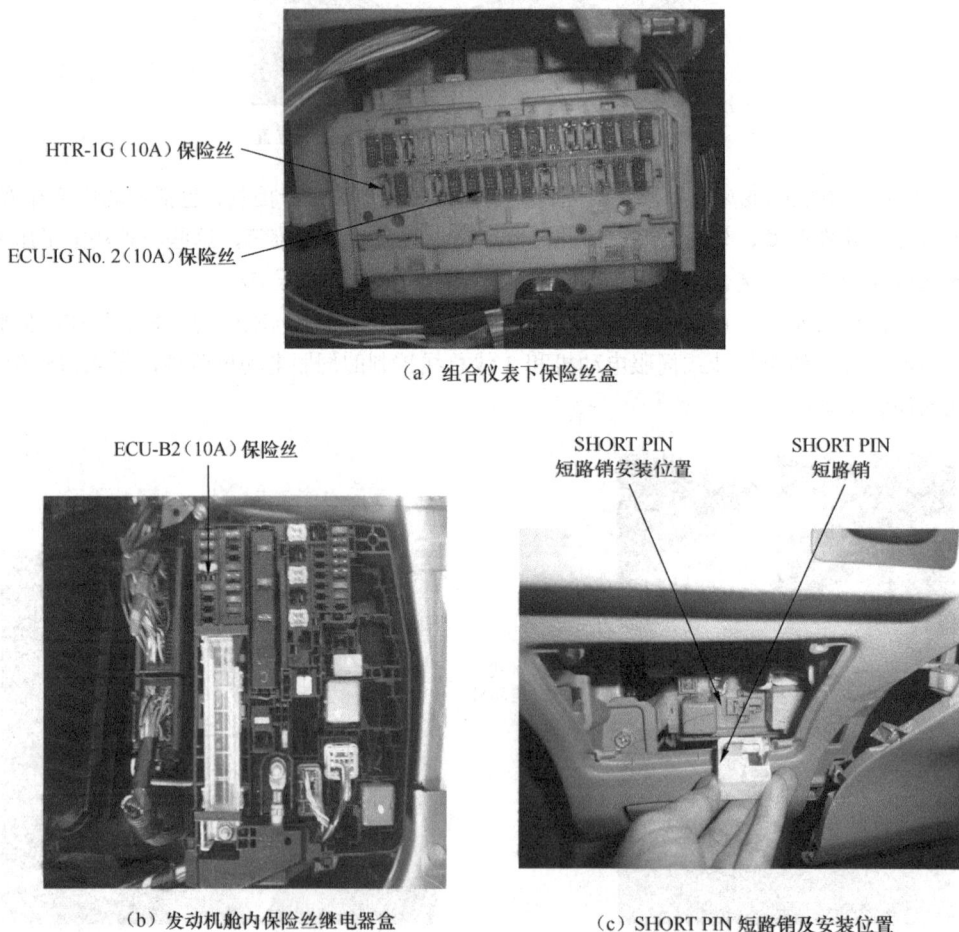

（a）组合仪表下保险丝盒

（b）发动机舱内保险丝继电器盒

（c）SHORT PIN 短路销及安装位置

图 4.146 自动空调系统相关保险丝位置

（2）车内温度传感器、环境温度传感器、蒸发器温度传感器、冷却液温度传感器、日照光度传感器和压力传感器元件或线路。

（3）鼓风机电动机、压缩机电磁阀、空气混合控制伺服电动机、模式控制伺服电动机和进气控制伺服电动机元件或线路。

（4）空调放大器或空调控制面板，如图 4.147（a）、（b）所示。

空调放大器

（a）空调放大器安装位置　　　　　　　　（b）空调控制面板安装位置

图 4.147　空调放大器或空调控制面板安装位置

操作四　确定故障诊断方向

步骤　起动发动机，运行空调系统，确定故障症状，如图 4.148 所示。

图 4.148　故障出现时控制面板状态

提示

空调系统故障症状如下。

◆ 起动发动机，运行空调系统，发现空调控制面板显示屏指示灯亮，但显示屏出风模式控制、内外循环模式控制、温度、鼓风机转速都没有显示，压缩机和鼓风机均不工作，整个空调系统操作失控。

◆ 使用故障诊断仪可以进入自动空调系统读取故障代码，没有发现故障代码。

◆ 读取自动空调系统数据流，环境温度（出现-23.3℃为断路故障；65.95℃为短路故障）、车内温度（出现-6.5℃为断路故障；57.25℃为短路故障）、蒸发器温度传感器（出现-29.7deg 为断路故障；59.55deg 为短路故障）没有出现极限替代值，说明上述传感器元件本体、线路以及空调放大器正常。

◆ 压力传感器的数据流显示 0.7MPa 左右，说明空调系统内部压力正常。

◆ 由于压缩机无法工作，压缩机电磁阀控制电流为 0.00A。

◆ 数据流中出风模式控制、内外循环模式控制、温度、鼓风机转速控制的脉冲数不能改变，这个现象与空调控制面板无法操作的故障现象吻合。

操作五 对空调系统不能正常工作的故障可能部位进行检测

步骤一 分析自动空调系统控制电路，如图 4.149 (a)、(b)、(c)、(d)、(e)、(f) 所示。

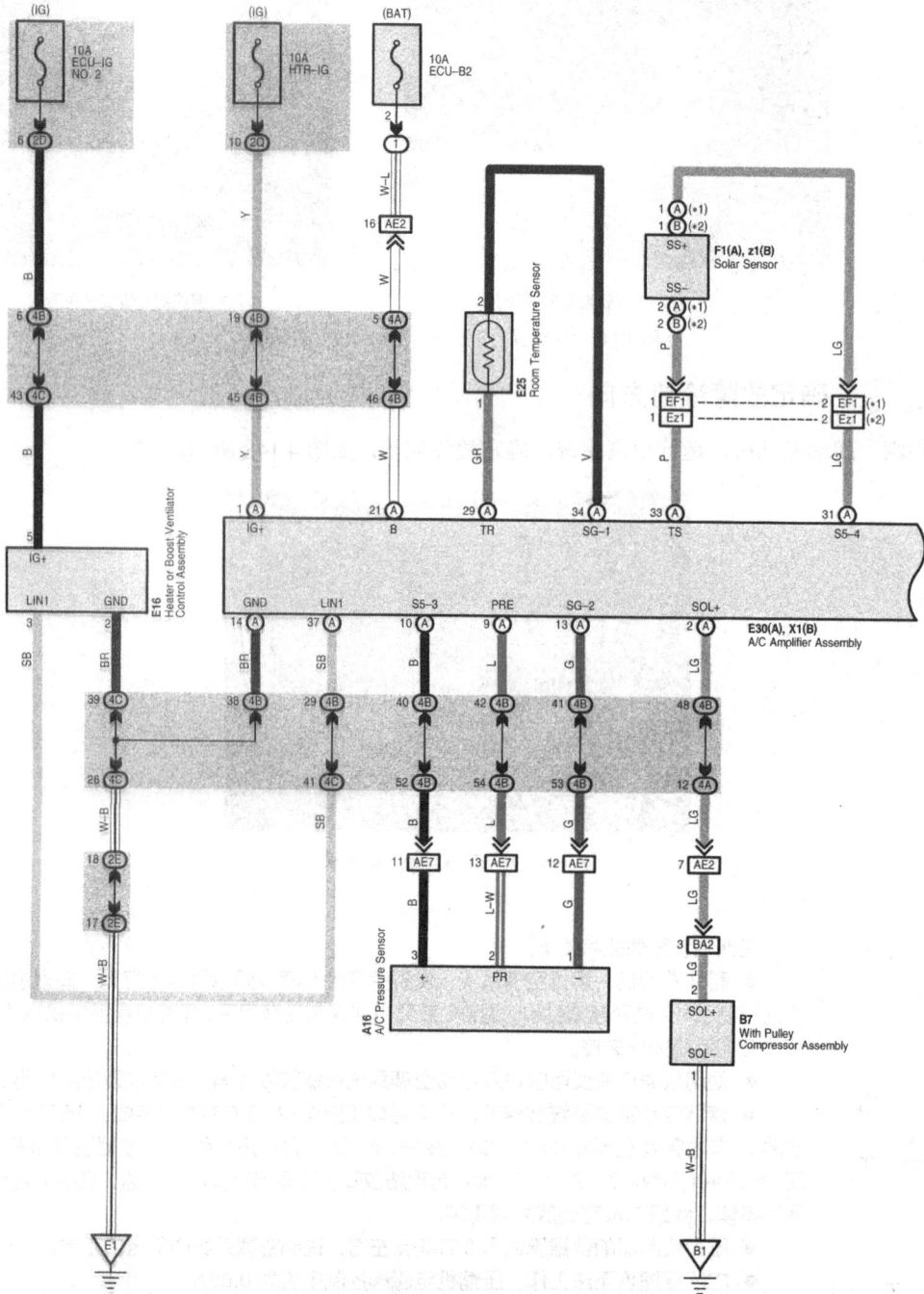

(a)

图 4.149 自动空调系统电路

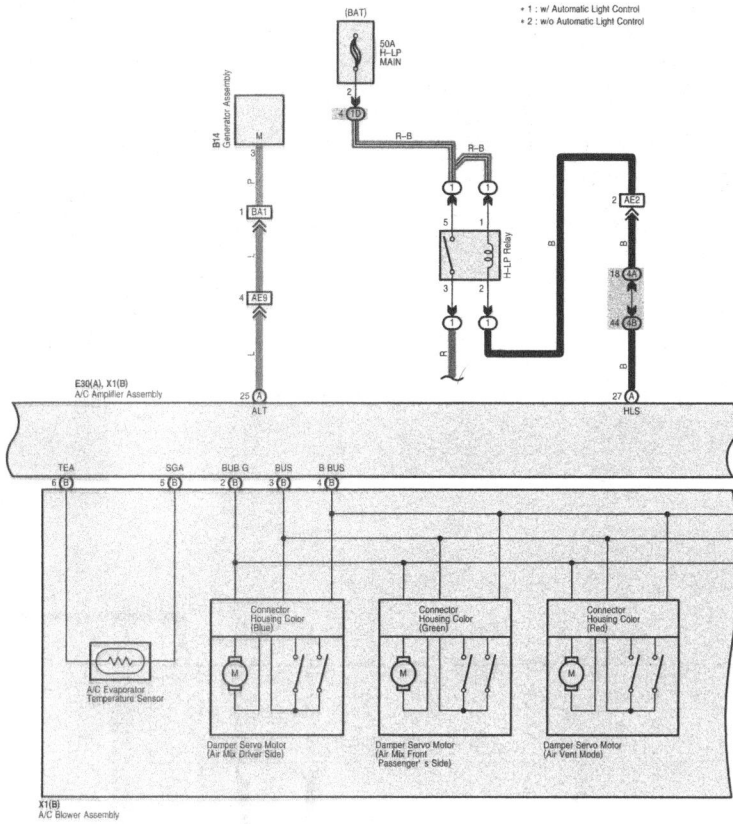

（b）

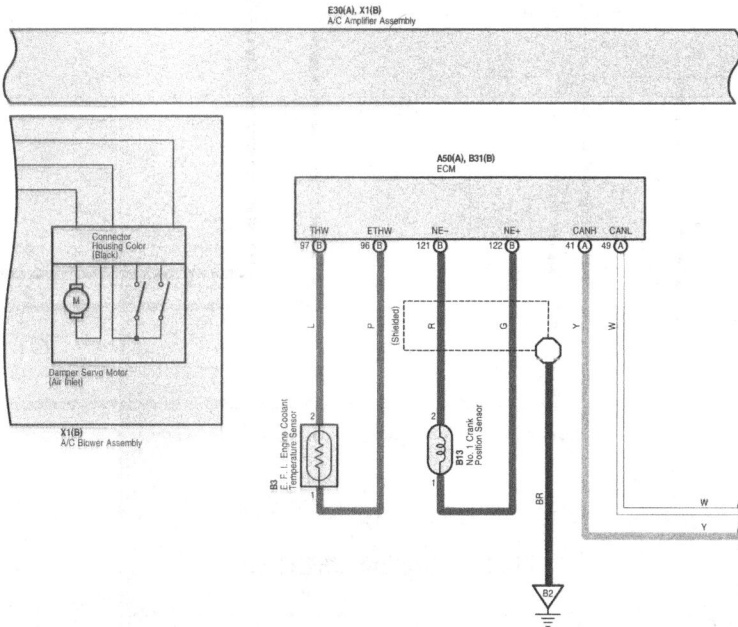

（c）

图 4.149　自动空调系统电路（续）

* 3 : Optitron Meter
* 4 : Except Optitron Meter

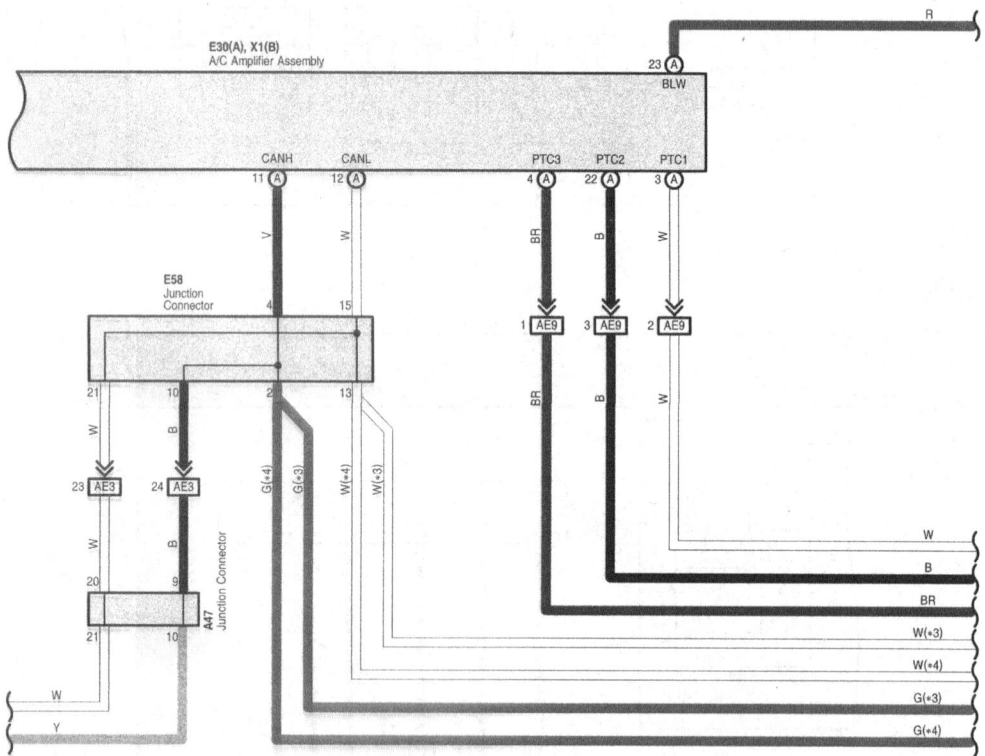

（d）

图 4.149　自动空调系统电路（续）

（e）

图 4.149 自动空调系统电路（续）

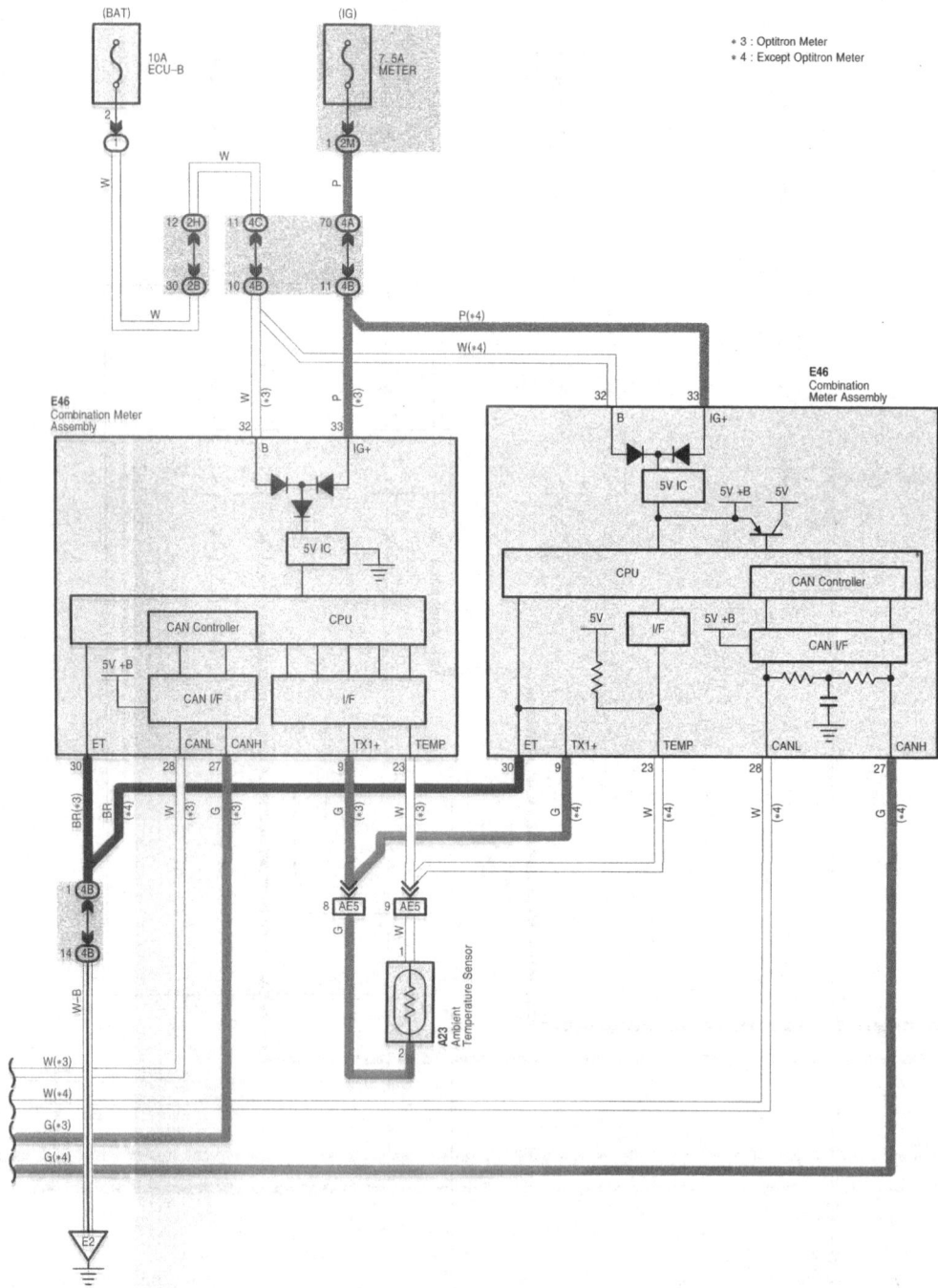

（f）

图 4.149 自动空调系统电路（续）

空调系统故障症状分析如下。

◆ 起动发动机,运行空调系统,发现空调控制面板显示屏指示灯亮,说明空调控制面板 E16-5 在点火开关 ON 时得到了火线,ECU-IG NO.2(10A)保险丝正常,保险丝出线到 E16-5 线路正常,E16-2 搭铁正常。

◆ 使用故障诊断仪可以进入自动空调系统读取故障代码和数据流,说明空调放大器 E30-1 在点火开关 ON 时得到了火线,E30-21 得到了蓄电池火线,HTR-1G(10A)、ECU-B2(10A)保险丝正常,保险丝出线到 E30-1 和 E30-21 线路正常,E30-14 搭铁正常,E30-11(CAN H)和 E30-12(CAN L)通信系统正常。

通过以上分析,造成空调系统通过控制面板无法正常操作并工作的故障可能性有如下几方面。

◆ 空调控制面板损坏。

◆ 空调放大器损坏。

◆ 空调控制面板开关的各种信号没有能够与空调放大器进行交换,即两部件之间的 LIN 线有故障。

步骤二 拆卸中央操控台两侧的装饰板,如图 4.150 所示。

两侧的装饰板

图 4.150 拆卸中央控制台两侧装饰板

用起子拆卸装饰板时,请用布包裹住起子头部,防止在拆卸时造成损坏或划痕。

步骤三 向外拉出空调中央出风口,拔下危险警告灯控制开关,拆卸播放器总成的固定螺栓,拔下播放器总成的连接器和天线,如图 4.151 所示。

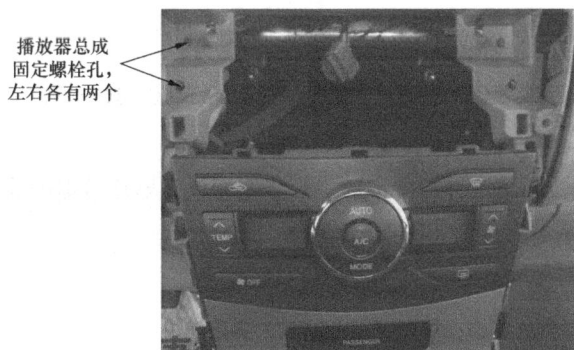

播放器总成固定螺栓孔,左右各有两个

图 4.151 拆卸中央出风口和播放器总成

步骤四　拔下自动空调控制面板和导线连接器，如图 4.152 所示。

步骤五　打开点火开关，测量控制面板 E16-3 对地电压，测量结果异常，如图 4.153 所示。

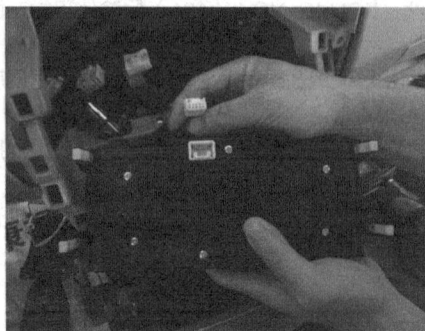

图 4.152　空调控制面板和导线连接器

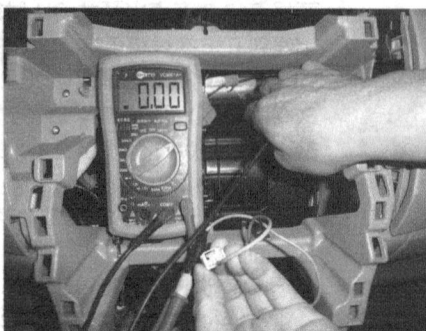

图 4.153　在控制面板侧测量 LIN 对地电压

提示

点火开关置 ON 时，在控制面板侧测量 LIN 线对地电压应该有 8V 左右的电压，如果用示波器采集波形，应为脉冲信号电压，此时，控制面板的故障可能性可以暂时忽略。

步骤六　将点火开关 OFF，拆卸空调放大器导线，拔下 E30 和 X1 连接器，如图 4.154 所示。

步骤七　使用万用表的电阻挡，测量 E16-3 与 E30-37 之间的导线电阻，测量结果异常，如图 4.155 所示。

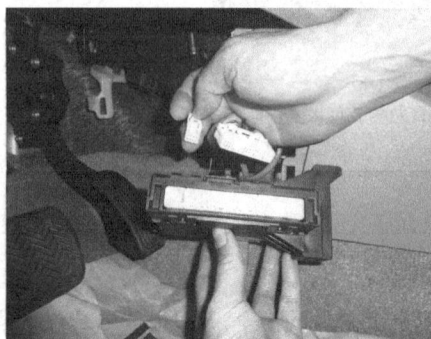

图 4.154　拆卸空调放大器和导线连接器

图 4.155　测量 LIN 线电阻

提示

检查到此步骤，空调放大器的故障可能性可以暂时忽略。

步骤八　检查 LIN 线断路点并排除故障，恢复空调放大器连接器的连接，再次测量控制面板 E16-3 对地电压，结果显示正常，如图 4.156 所示。

提示

检查到此步骤，可以确定空调放大器正常。

步骤九 将点火开关 OFF，恢复控制面板导线连接器的连接，运行空调系统，控制面板显示正常，如图 4.157 所示。

图 4.156 在控制面板侧测量 LIN 对地电压

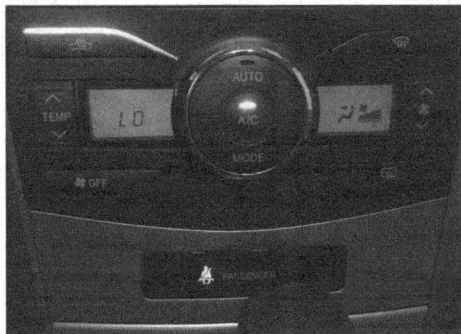

图 4.157 控制面板操作功能正常

步骤十 安装所有拆卸的部件，起动发动机，再次运行空调系统，此时，空调系统温度调节、内外循环模式调节、出风模式调节和鼓风机转速调节功能均正常。

> 提示 空调放大器连接器 E30-37 与控制面板连接器 E16-3 之间导线断路是造成该故障的最终和唯一原因。

操作六 故障排除后的工作

车辆维修后的清洁、整理工作，参考模块四课题一操作三的作业项目。

课题九 车载网络系统故障诊断与排除案例

随着汽车技术的发展，在汽车上采用的计算机微处理芯片数量越来越多，多个处理器之间相互连接、协调工作并共享信息构成了汽车车载电脑网络系统。

为了解决信息共享、减少布线问题以及满足政府排放法规要求，汽车制造商和相关组织开发了汽车网络，目前主要的汽车网络互联规范有德国 BOSCH 最早开发推出的欧洲规范 CAN 和美国汽车工程师协会（SAE）开发的美国规范 J1850。其他的总线类型（如 VAN、TTP 等）在汽车内部网络也有使用，不过 CAN 和 J1850 基本上已经成为事实上的标准。当今的汽车技术正在高速发展，汽车制造商、汽车配件制造商、汽车芯片以及软件商的技术发展都在推动着汽车技术的快步前进。汽车系统电子化、模块化、信息化和网络化的发展趋势，将使汽车的安全性和各项功能得到进一步的提高，生产成本将会进一步下降。

【基础知识】

一、汽车常用通信系统标准和传输介质

通过一根或两根数据线，在电控单元间传递数字数据信号，CAN 表示控制单元通过网络交换数据，通常应用在汽车、数控机床、工程机械等领域。

1. CAN 标准

CAN Bus 采用标准化 CAN 数据通信协议通信系统和多主工作方式，节点之间不分主从，节点之间有优先级之分。通信方式灵活，可实现点对点、一点对多点及广播式传输数据，无需调度。

CAN 采用非破坏性总线仲裁技术，优先级发送，可大大节省总线冲突仲裁时间，在重负荷下表现出良好的性能。

目前，汽车上主要有两条 CAN 总线，即低速（L）与高速（H）CAN 总线，L 线路工作在 125kbit/s 以内，主要控制车身及舒适系统（中央门锁、车窗、天窗、收音机、座椅、安全气囊和综合显示仪表等）；H 线路工作在 125kbit/s 以上，主要控制动力系统（发动机、自动变速器、制动系统以及防侧滑系统等）。随着汽车技术的发展，总线的数量会越来越多，功能越来越强大。亚洲汽车厂商的汽车网络虽然没有自己开发的规范，但多数厂商的汽车网络规范选择了 CAN，在中国 CAN 也占多数。

2. J1850 标准

J1850 也是采用载波传感、多路存取/碰撞分辨的仲裁规程。当多个节点同时发送数据时，优先级低的节点重新发送，优先级高的节点信息则连续传送至其目的地。J1850 的速率远低于 CAN，目前部分北美的发动机和变速器系统使用了速率更高的 CAN 进行通信，但美国大量的检测工具都是按照美国加州空气资源委员会和环境保护局（EPA）规定基于 J1850 的，这就需要有一个网关将 J1850 的检测工具接入 CAN。因此，SAE 正在调研将测试工具改为 CAN 的可能性。

3. 汽车网络使用的传输介质

主要有同轴电缆、双绞线、光纤电缆和无线电。光纤电缆以其抗电磁干扰、信号传输速度快和音频响应好的优点，将逐渐取代传统的同轴电缆和双绞线。特别值得一提的是短程无线通信标准——蓝牙（Bluetooth）技术在汽车应用中的实现，使汽车网络更加丰富多彩。

二、CAN-BUS 基本原理

1. 数据格式

CAN 每个信息由 7 个部分构成，这就是信息的基本框架，称为数据域，如图 4.158 所示。

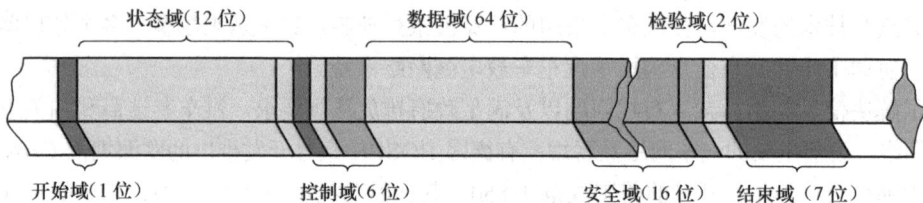

图 4.158 CAN 信息构成

（1）开始域（1 位）。信息格式的开始，将要往 CAN-BUS 发数据的标志，大小为一位，状态为显性（1）。

（2）状态域（12 位）。数据的优先权，大小为 12 位纯数据。

（3）控制域（检查域 6 位）。表示数据的大小即字节长度（显示数据域中包含的信息项目）。

（4）数据域（64 位）。被传递到其他控制单元的信息所在位置（此信息被传到其他控制单元）。

（5）安全域（16 位）。发射数据和接收信息的控制单元检查和比较传递数据所发生变化的错误（检测传递数据中的错误）。

（6）检验域（2 位）。每个控制单元，通过这两位被确认已经正确接受信息，否则将重发数据。

（7）结束域（7 位）。通过 7 位隐形（0）显示，表示该信息数据传递结束，这里是显示错误并重新发送数据的最后一次机会。

2．CAN BUS 硬件组成

每个控制单元内的控制器和收发器、两个终端电阻和两条传输线，如图 4.159 所示。

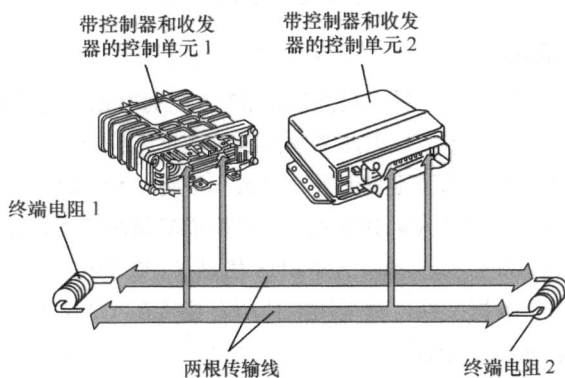

图 4.159　CAN BUS 硬件组成

（1）控制器。接收在控制单元微处理器中传递的数据信号，然后传递它们到收发器；并能反向传递。

（2）收发器。一个发射器和一个接收器的组合，收发器将从控制器接收的数据转化成能够通过 CAN-BUS 传递的电信号；并能反向传递。

（3）终端电阻。是一个电阻器，防止数据传输终了时，被反射回来，产生波形叠加破坏数据，安装在控制单元内部或外部。

（4）传输线。被用于双向传输数据的导线，分成 CAN High 高位线和 CAN Low 低位线。

3．数据信息传递过程

（1）提供数据。相应控制单元向 CAN 控制器提供需要发送的数据。

（2）发射数据。CAN 收发器接收 CAN 控制器传来的数据并转化为电信号传递。

（3）接收数据。CAN BUS 网络中所有其他控制单元，作为潜在的接收器。

（4）检查数据。收到信号的控制单元，评估该信号是否与其功能有关。

（5）使用数据。如果接收到数据是相关的，控制单元接受并处理，否则忽略。

4．数据信息享用优先权的判定原则

CAN BUS 数据信息享用优先权的判定采用反逻辑原理，所有控制单元同时通过 CAN BUS 发射信息，为避免数据碰撞，在 12 位的状态域中预先定义数据的优先权，CAN BUS 发射器产生逻辑值，其作用相当于开关，一位数据在逻辑上只能是"0"显性信号或"1"隐性信号中的一种状态。发射隐性电位的控制单元，若检测到一个显性电位，那么该控制单元停止发射，转为接收。

5．信息传递过程中噪声和干扰问题的解决方法

汽车在使用过程中，发动机高压点火、电话通信以及周围电磁干扰源会发出电磁波，导致在总线上产生感应电压。为了避免外界电磁波干扰和向外辐射，两条数据线相互缠绕，规定绞距为 20mm。两条数据线传递相同信号，但数值互为镜像（对称），即便有干扰，两个信号的电位差也不会变化，如图 4.160 所示。

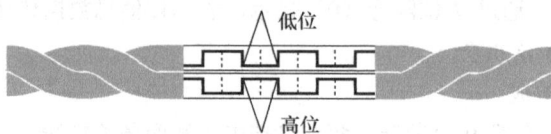

图 4.160 数据线相互缠绕

三、CAN BUS 的运用

由于单个局域网系统容量所限，最多只能连接 32 个控制单元，而随着汽车技术的不断发展，车辆上使用电子控制的装置越来越多，因此考虑到各控制单元信息传递速率的差别和信号电压的不同，并且低速率的控制器和收发器比较便宜，多数车型将 CAN BUS 分为几个系统。如大众车系途安、速腾，采用 PQ35 平台的 CAN BUS 系统，将整个车辆通信系统分成 CAN BUS 动力（500 kbit/s）、CAN BUS 舒适（100 kbit/s）和 CAN BUS 信息（100 kbit/s），这几种总线的传输速度是不同的，所以不能直接进行数据交换，故采用能使所有连接在 CAN 总线上的控制单元实现数据交换的网关 Gateway，如图 4.161 所示。

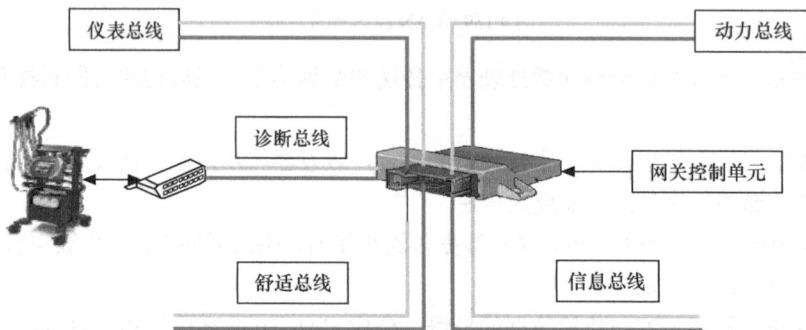

图 4.161 PQ35 平台的 CAN BUS 系统

网关的安装位置有两种，一种安装在组合仪表内，另一种安装在车载网络控制单元内，如 SKODA、POLO 灯车型，如图 4.162 所示。

图 4.162 POLO 2002 年型

【课题实施】

下面介绍丰田 COROLLA 1.6 AT GL 车型车载网络系统故障诊断与排除方法，该车型不带网关 Gateway。

操作一 实施车辆诊断与维修前的准备工作和常规检查项目

步骤 实施车辆维修前的准备工作和车辆诊断与维修前常规检查项目，参考模块四课题一操作一、操作二的作业项目。

操作二 车辆故障诊断维修前的安全确认

步骤 确认自动变速器操纵手柄位于驻车 P 位，拉起驻车制动操纵手柄。

操作三 教师预先设置故障

步骤 教师设置车载网络系统故障。故障设置范围主要包括以下几个方面。

（1）组合仪表总成、P/S 动力转向 ECU 总成、A/C 空调放大器总成、主车身电脑、SRS 中间气囊传感器总成、ABS 制动执行器总成、发动机和变速器控制电脑 ECM。

（2）总线控制系统中的节点 E58 和 A47，即短路器，如图 4.163（a）、（b）所示。

（3）某系统 CAN H 线或 CAN L 线断路。

（4）某系统 CAN H 线与 CAN L 线短路。

（5）某系统 CAN H 线或 CAN L 线与车身短路。

（6）某系统 CAN H 线或 CAN L 线与电源火线短路。

（7）终端电阻断路。

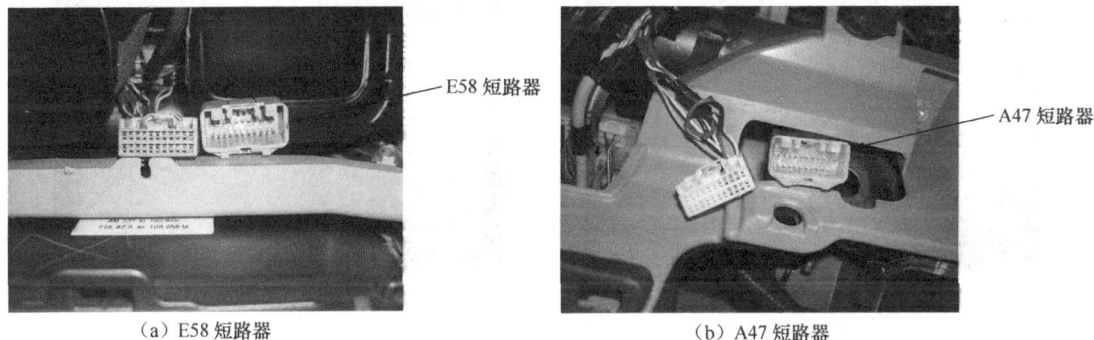

（a）E58 短路器   （b）A47 短路器

图 4.163 设置故障

操作四 确定故障诊断方向

步骤一 点火开关置 ON 位置，观察组合仪表各电控单元的指示灯，确定故障症状，如图 4.164 所示。

> 故障症状如下。
> 点火开关置 ON 时，组合仪表上发动机故障指示灯、PS 动力转向系统指示灯常亮，SRS 安全气囊指示灯熄灭后又亮起。

步骤二 起动发动机，发动机可以起动，运行正常，点火开关置 OFF，连接故障诊断仪，并再次将点火开关置 ON，使用 COMMUNICATION BUS CHECK 功能，检查连接在总线系统的所有电子控制单元，如图 4.165 所示。

步骤三 选择 COMMUNICATION BUS CHECK 功能，故障诊断仪能读到总线系统内的电子控制单元，如图 4.166 所示。

图 4.164　点火开关置 ON 时仪表指示灯状态

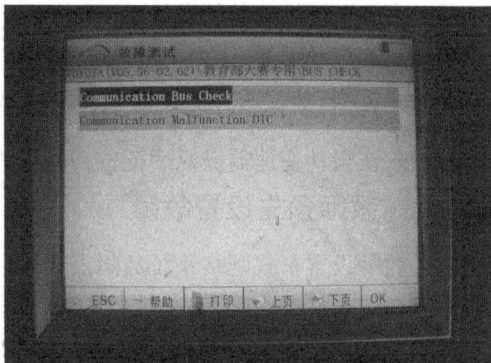

图 4.165　COMMUNICATION BUS CHECK 功能界面

步骤四　选择发动机和自动变速器控制单元 ECM，诊断仪器无法进入该电子控制系统，如图 4.167 所示。

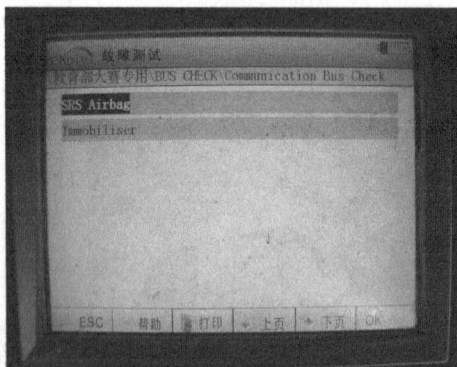

图 4.166　故障诊断仪读到的总线系统控制的控制单元

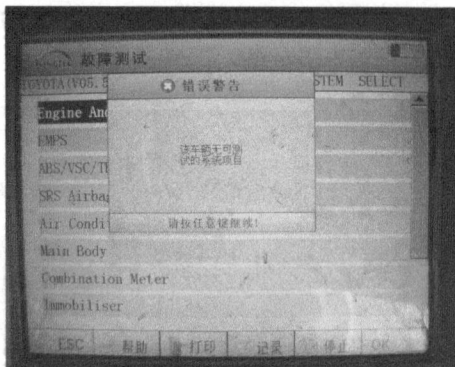

图 4.167　故障诊断仪无法进入 ECM

故障症状分析如下。

◆ 点火开关 ON 时，组合仪表上发动机故障指示灯、PS 动力转向系统指示灯常亮，SRS 安全气囊指示灯熄灭后又亮起，使用故障诊断仪无法进入发动机和自动变速器控制单元 ECM，但发动机可以起动，并且运行正常，该故障现象明显区别于课题五中 ECM 电源系统和 VC 电路的故障现象。

◆ 使用故障诊断仪 COMMUNICATION BUS CHECK 功能，由于只读到了 SRS AIRBAG 和 IMMOBILISER 两个系统，所以疑似 CAN 总线系统故障。

注意：

进入可以读到的系统，读取故障代码，观察是否有关于 CAN 总线系统的故障代码（U 系列代码），如有相关故障代码，或没有代码但有明显关于总线系统故障现象，可以在 DLC3 诊断连接器（连接器编号 E11）上进行相关测量。

操作五　对 CAN 总线系统故障可能部位进行检测

步骤一　分析 CAN 总线系统控制电路，如图 4.168（a）、（b）、（c）所示。

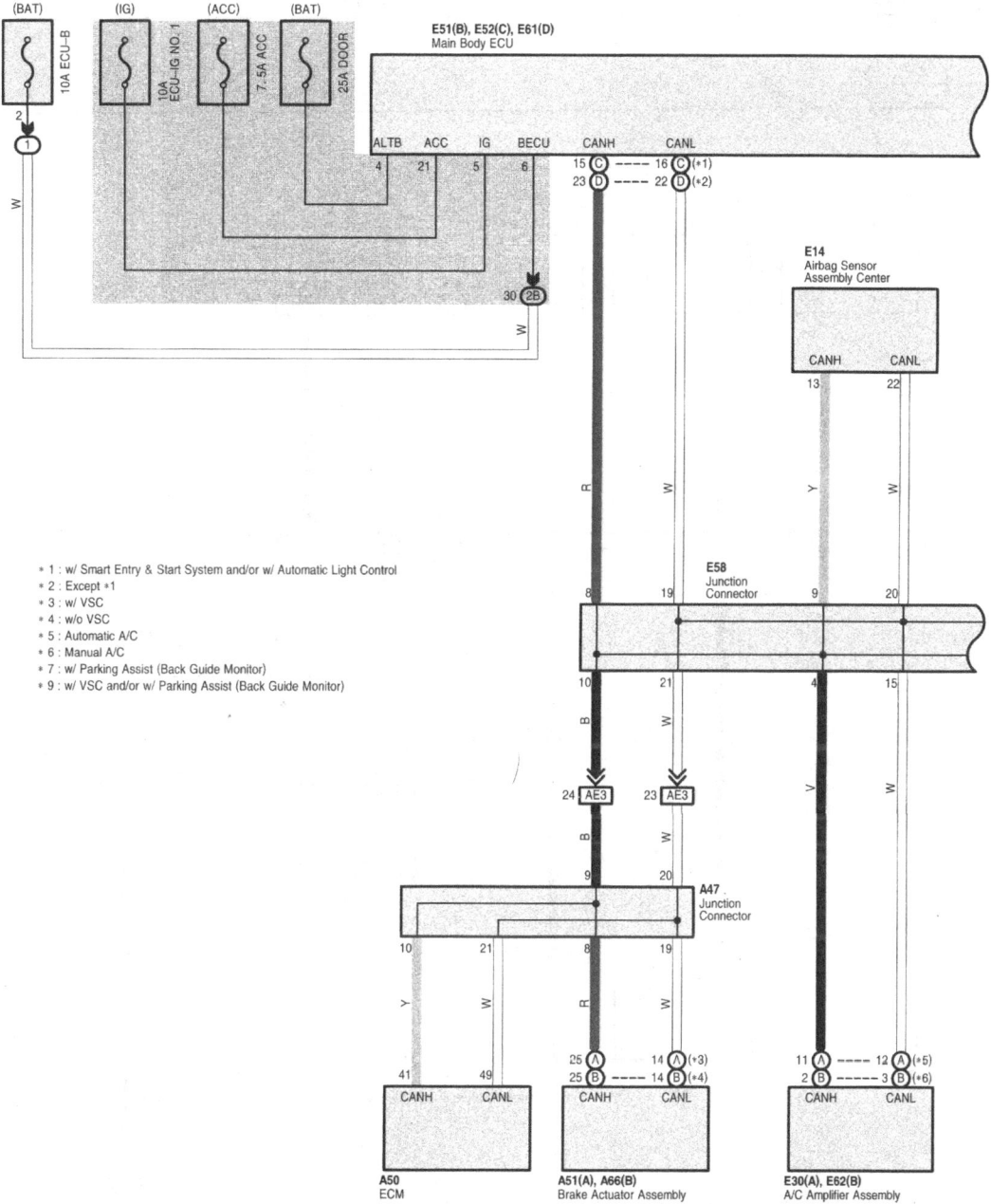

* 1 : w/ Smart Entry & Start System and/or w/ Automatic Light Control
* 2 : Except *1
* 3 : w/ VSC
* 4 : w/o VSC
* 5 : Automatic A/C
* 6 : Manual A/C
* 7 : w/ Parking Assist (Back Guide Monitor)
* 9 : w/ VSC and/or w/ Parking Assist (Back Guide Monitor)

（a）

图 4.168　CAN 总线系统电路

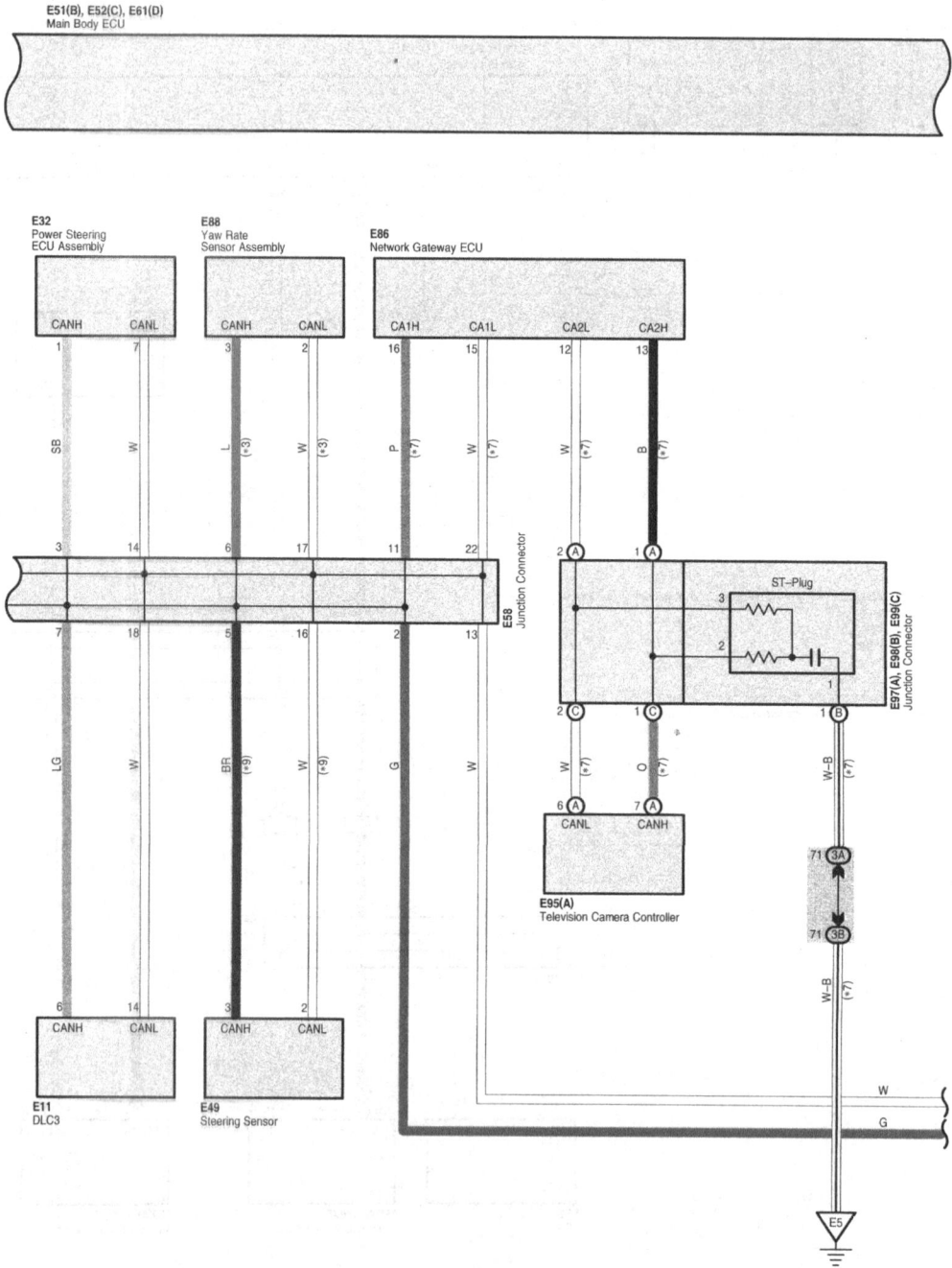

（b）

图 4.168　CAN 总线系统电路（续）

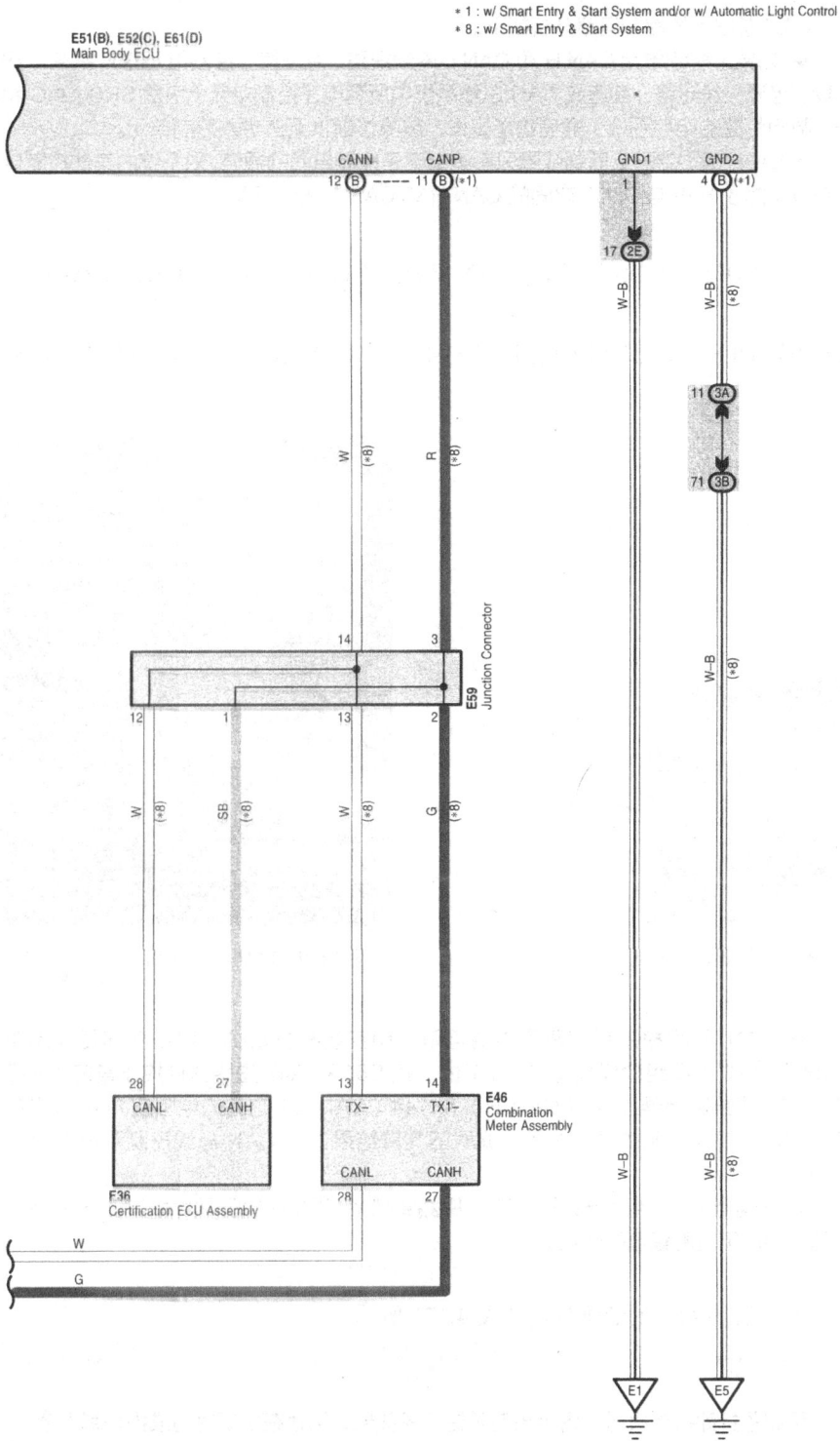

（c）

图 4.168　CAN 总线系统电路（续）

CAN 总线系统控制电路分析如下。

◆ 如果某控制单元 CAN H 和 CAN L 两线短路，或是某个控制单元的 H 线或 L 线与车身、电源火线短路，会造成 CAN 总线系统中所有电子控制单元（包括 SRS、A/C 和仪表上故障灯亮的电控系统）通信功能丧失，故障诊断仪无法进入控制单元。

◆ CAN H 和 CAN L 断路故障只影响本电子控制单元的通信，对系统内其他控制单元无影响（除了 E58 与 DLC3 之间的 CAN H 或 CAN L 线断路）。

步骤二　在诊断插座 DLC3 连接器上找到 CAN H 线（E11-6）和 CAN L 线（E11-14），如图 4.169 所示。

步骤三　点火开关置 OFF，使用万用表电阻挡 E11-6 和 E11-14 之间测量电阻，测量结果异常，如图 4.170 所示。

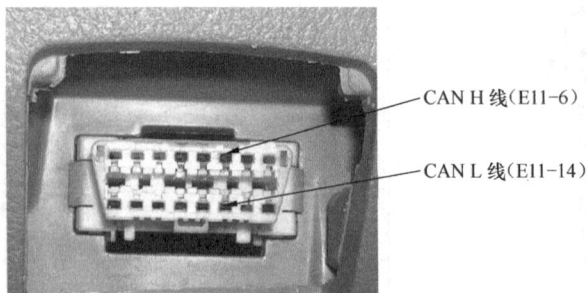

图 4.169　诊断插座 DLC3

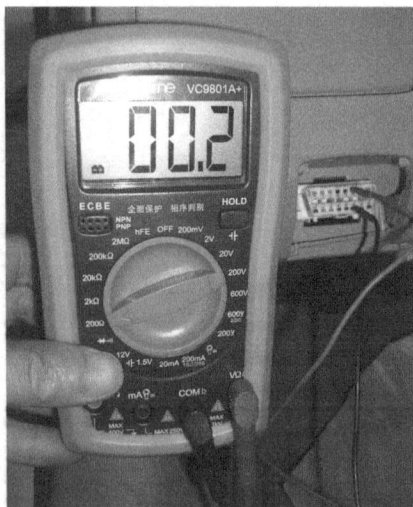

图 4.170　在 DLC3 处测量总线系统电阻

◆ CAN 总线控制系统两个终端电阻分别安装在发动机、自动变速器控制单元 ECM（126Ω）和组合仪表（126Ω）内，在 E58 和 A47 短路器连接正常的条件下，在 DLC3 诊断连接器上 6#（CAN H）和 14#（CAN L）之间的电阻应为 62Ω 左右，即形成两个终端电阻的并联关系，此时的测量结果说明 CAN 总线控制系统 H 线和 L 线短路。

◆ 测量电阻时，点火开关置 OFF，并拔掉 KEY，不要惊扰任何负载（包括开关车门），否则会引起电阻测量值的变化。

步骤四　拆卸中央操控台两侧的装饰板，如图 4.171 所示。

用起子拆卸装饰板时，请用布包裹住起子头部，防止在拆卸时造成损坏或划痕。

步骤五　向转向盘方向拔下组合仪表护罩，如图 4.172 所示。

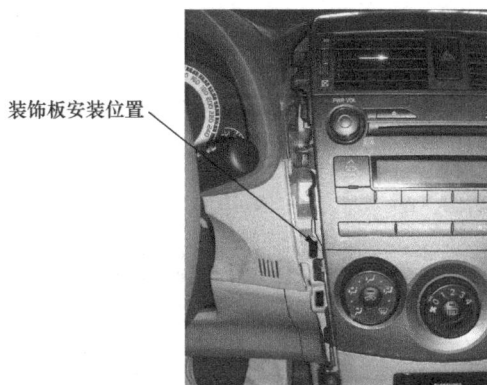

图 4.171 拆卸中央操控台左侧的装饰板

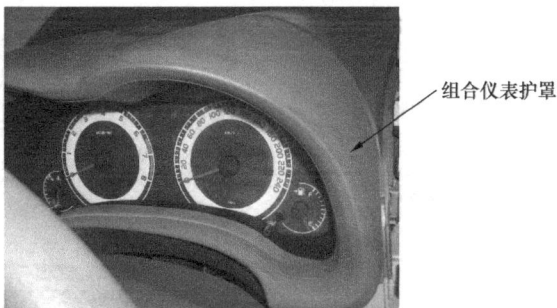

装饰板安装位置

图 4.172 组合仪表护罩

组合仪表护罩

步骤六 使用十字起子拆卸组合仪表固定螺栓，如图 4.173 所示。

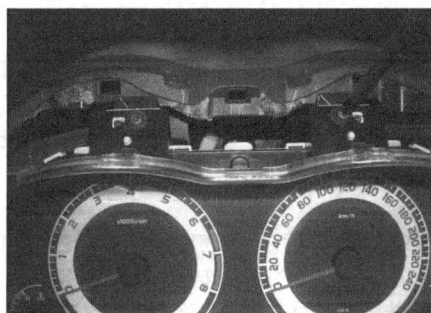

图 4.173 拆卸组合仪表

步骤七 维持万用表在 E11-6 和 E11-14 之间测量电阻，断开 A47 短路器，如图 4.174 所示。

图 4.174 断开 A47 短路器

断开 A47 短路器之后的结果分析如下。

◆ 根据万用表在 E11-6 和 E11-14 之间测量电阻呈现 H 线、L 线短路的异常数据，维持万用表的测量状态，断开 A47 短路器，此动作的目的是将发动机、自动变速器控制单元 ECM 和 ABS 制动执行器总成从 CAN 总线控制系统中排除，通过万用表显示的数据确定短路故障是在 A47 短路器之前还是之后的控制单元或线路上。

◆ 断开 A47 短路器之后，万用表在 E11-6 和 E11-14 之间仍然呈现 H 线、L 线短路的异常状态，说明短路故障在 A47 短路器之前，发动机、自动变速器控制单元 ECM 和 ABS 制动执行器总成连接到 A47 的线路以及 A47 短路器是否有故障可以暂时忽略。

步骤八　维持万用表在 E11-6 和 E11-14 之间测量电阻，拆卸空调中央出风口，断开 E58 短路器，如图 4.175 所示。

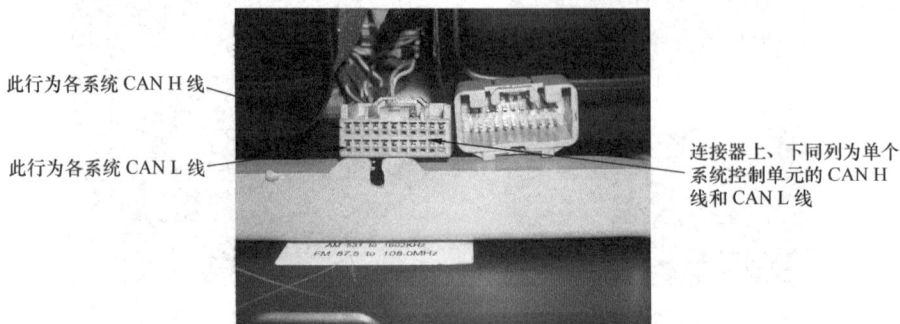

此行为各系统 CAN H 线

此行为各系统 CAN L 线

连接器上、下同列为单个系统控制单元的 CAN H 线和 CAN L 线

图 4.175　断开 E58 短路器

> 提示
>
> 断开 E58 短路器之后的结果分析如下。
> ◆ 根据万用表在 E11-6 和 E11-14 之间测量电阻呈现 H 线、L 线短路的异常数据，维持万用表的测量状态，断开 E58 短路器，此动作的目的是确定 E58-7 与 DLC3-6 和 E58-18 与 DLC3-14 连接导线是否短路。通过万用表显示的数据确定短路故障是在 E58 短路器之前还是之后的控制单元或线路上。
> 结果分析如下。
> ◆ 断开 E58 短路器之后，万用表在 E11-6 和 E11-14 之间呈现断路状态，说明 E58-7 与 DLC3-6 和 E58-18 与 DLC3-14 连接导线未短路。
> ◆ 确定短路故障在通过 E58 短路器连接的控制单元或连接导线上。包括组合仪表总成、动力传向 ECU 总成、空调放大器总成、主车身电脑、中间气囊传感器总成、各控制单元与 E58 短路器连接导线以及 E58-10 与 A47-9 和 E58-21 与 A47-20 的连接导线是否短路，E58 短路器是否有故障可以暂时忽略。

步骤九　使用万用表电阻挡，依次对连接在 E58 上各控制单元的 CAN H 线和 CAN L 线进行测量，如图 4.176 所示。

> 提示
>
> 测量结果分析如下。
> 使用万用表电阻挡，依次对连接在 E58 上各控制单元的 CAN H 线和 CAN L 线进行测量，当测量到 E58-2 和 E58-13 时，组合仪表控制单元以及连接导线呈现短路状态。

步骤十　维持万用表在 E58 处测量状态，断开组合仪表导线连接器，如图 4.177 所示。

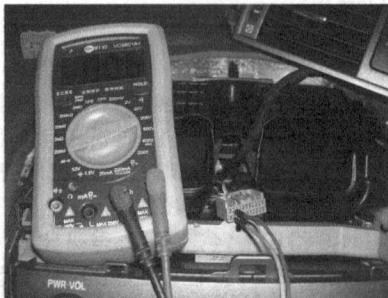

图 4.176　确定短路故障控制单元　　　　　图 4.177　断开组合仪表导线连接器

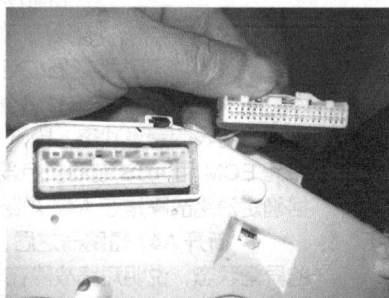

> 维持万用表在 E58 处测量状态，断开组合仪表导线连接器，该动作的目的是为了确定短路故障是出在连接导线还是组合仪表控制单元。

步骤十一　断开组合仪表导线连接器后，观察万用表测量状态，如图 4.178 所示。

步骤十二　测量组合仪表控制单元 E46-27（CAN H）和 E46-28（CAN L）插针，测量结果异常，如图 4.179 所示。

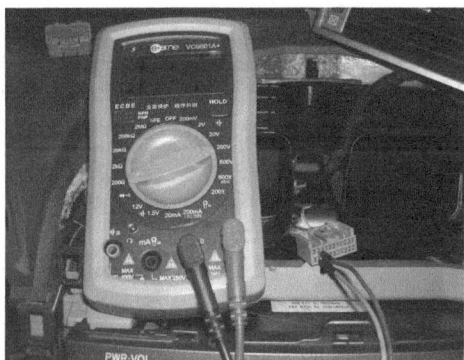

图 4.178　组合仪表控制单元 CAN H 线与 CAN L 线未短路

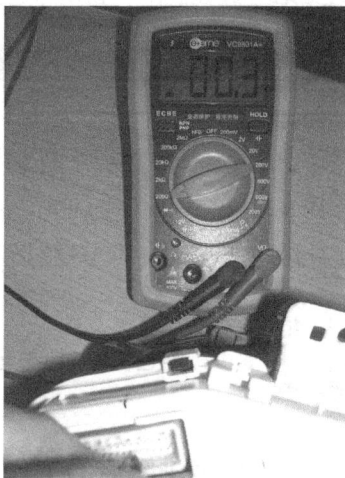

图 4.179　损坏的组合仪表控制单元

步骤十三　更换组合仪表控制单元，恢复组合仪表控制单元导线连接器和 E58、A47 短路器的连接，使用万用表电阻挡测量 E11-6 与 E11-14 之间的电阻，测量结果正常，如图 4.180 所示。

图 4.180　在 E11-6 与 E11-14 之间测量电阻

步骤十四　将故障诊断仪连接到 DLC3 诊断连接器上，点火开关置 ON，使用 COMMUNICATION BUS CHECK 功能，检查连接在总线系统的所有电子控制单元，如图 4.181（a）、（b）所示。

| (a) | (b) |

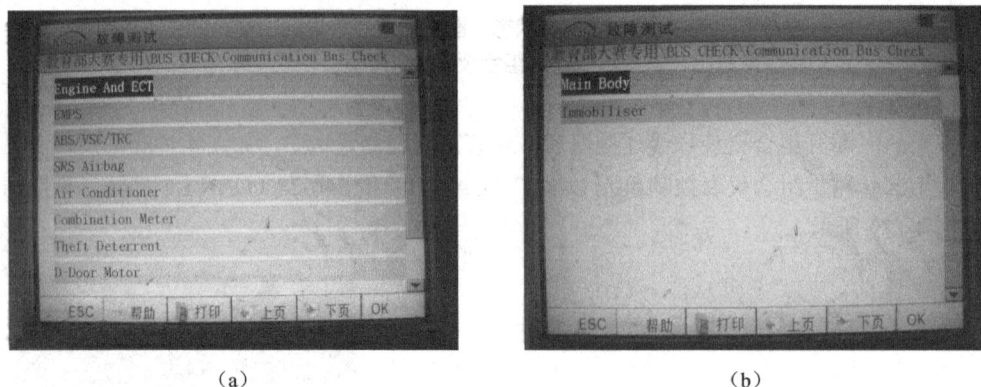

图 4.181　故障诊断仪读到的总线系统控制的控制单元

步骤十五　点火开关置 OFF，安装所有拆卸的部件，起动发动机，组合仪表上所有控制单元的指示灯在自检后熄灭，CAN BUS 总线系统恢复正常。

> 组合仪表控制单元内部短路是造成该故障的最终和唯一原因。

操作六　故障排除后的工作

车辆维修后的清洁、整理工作，参考模块四课题一操作三的作业项目。

模块总结

现代汽车在安全性、环保性和经济性法规推动下采用了许多高新技术，这就给汽车故障诊断工作提出了相当高的要求，故障机理的复杂性分析、诊断手段多样性运用、诊断参数的精确性测试、分析判断的准确性把握等方法和技术已经成为汽车故障诊断技术发展的目标，故障诊断技术从传统的经验体系向现代的科学诊断体系的发展过程中，不仅要求完善和发展汽车诊断测试技术、研发新型高效的诊断设备，还要具备有实际应用价值的汽车故障诊断理论体系，运用实用的汽车故障诊断方法。汽车故障诊断测试技术的提高和故障诊断方法的改进是汽车故障诊断技术发展的重要方向，同时也是建立汽车故障诊断科学体系的重要基础。

本模块本着从易到难的梯度，研发出一系列具有典型性、指导性的课程，主要内容包括汽车故障诊断维修前期准备和维修后的整理工作；发动机电子控制系统有故障代码的故障诊断与排除案例（故障生成的条件、故障代码分析和数据流分析）；发动机电子控制系统无故障代码但有症状的故障诊断与排除案例（尾气参数的采集与分析）；发动机无法起动着车故障诊断与排除案例；电子控制单元电源电路故障诊断与排除案例；车辆照明系统故障诊断与排除案例；安全舒适性系统故障诊断与排除案例；自动空调系统故障诊断与排除案例以及车载网络系统故障诊断与排除案例。通过对汽车典型故障的实车诊断分析，培养学生的诊断思路，使学生掌握必要的诊断工具和诊断方法，学会运用现代汽车检测诊断设备对汽车进行不解体的故障诊断，提高学生故障机理复杂性分析能力、诊断手段多样性运用能力、诊断参数精确性测试能力、分析判断准确性把握能力，使我们的学生能够兼顾经验诊断和仪器诊断分析，学会运用现代汽车故障诊断的工艺化流程。

电子控制系统基本构成和控制原理的掌握，是指导故障诊断与维修的理论基础，也是维修人员的薄弱环节，在此，我们结合了近几年职业类学校汽车运用与维修比赛的主要车型丰田COROLLA 各控制系统的故障进行了总结归纳，并穿插了大量诊断与维修实例，使理论与实践联系更加紧密，通过对故障实例的剖析，提倡故障诊断思路的培养，使复杂的理论知识变得通俗易懂。

思考与练习

（1）为什么要在维修诊断车辆前、后期，采取必要的准备和清洁、整理工作？

（2）诊断维修车辆前期准备工作有哪些？维修结束后的工作有哪些？

（3）维修手册针对故障代码的检查步骤是否有遗漏的检查项目？

（4）如果故障诊断维修前空气流量传感器信号波形在 B2-5连接器处采集，而所做波形如图 4.182 所示，故障范围该如何分析确定？

（5）如果故障诊断维修前空气流量传感器信号波形在 ECM的 B31-118 连接器处采集，而所做波形如图 4.183 所示，故障范围该如何分析确定？

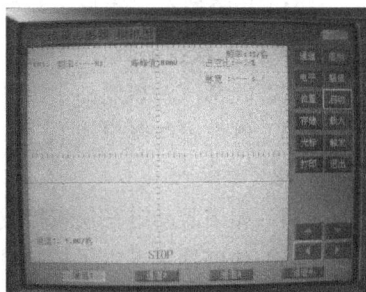
图 4.182

（6）如果故障诊断维修前空气流量传感器信号波形在ECM 的 B31-118 连接器处采集，而所做波形如图 4.184 所示，故障范围该如何分析确定？

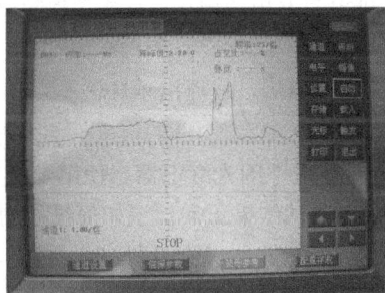
图 4.183

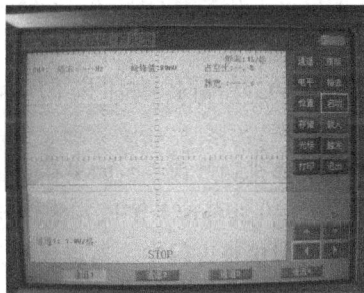
图 4.184

（7）维修手册针对故障代码的检查步骤是否有遗漏的检查项目？

（8）根据温度传感器故障代码的成立条件，是否有其他的故障检查方法？

（9）如果温度传感器信号线与搭铁线或车身之间短路，在 ECM 连接器未断开，点火开关 ON状态下，两根导线之间会有 5V 电压吗？

（10）如果温度传感器信号线或搭铁线任一导线断路，在 ECM 连接器未断开，点火开关 ON状态下，两根导线之间会有 5V 电压吗？

（11）在 ECM 连接器未断开，点火开关 ON 状态下，信号线与搭铁线之间有 5V 电压，如果还是报温度传感器电路高或低输入的故障代码，应该如何判断？

（12）如果没有出现温度传感器电路高或低输入的故障代码，但数据中显示的温度与实际温度相差很大，会有哪些故障原因？如何进行故障诊断与排除？

（13）在实际维修中，如果更换了点火线圈和火花塞后，该气缸如果还是工作异常，还应该检查什么？

（14）该故障为什么不检查工作异常的点火线圈电路和 ECM？

（15）该故障如果不通过主动测试断缸功能，是否可以通过其他数据流看出工作异常气缸？

（16）如果是通过主动测试断缸功能，确定单个气缸工作异常，通过动态数据流和尾气分析，确定混合气过稀，故障应该如何排除？

（17）失火是不点火概念吗？

（18）发动机电子控制系统怎样监测失火故障？

（19）排气污染物的控制系统主要有哪些？

（20）非排气污染物的控制系统主要有哪些？

（21）排除该车无法起动着车故障时，为什么不使用燃油压力表测试系统压力？如果需要，什么时候使用比较合适？

（22）正常汽油机燃油供给系统的压力是多少？

（23）继电器控制出线 Fc 线（控制线圈出线）的状态是变化的吗？如果是变化的，变化的条件是什么？如何变化？

（24）如果起动时在仪表接线盒 2A-8 处测量没有蓄电池电压，应该如何进行下一步的检查？

（25）传感器输入电子控制单元的信号有哪两种？

（26）电脑内部电源输出的 5V 恒定电压电路有哪些类型？

（27）电子控制单元的电源电路有哪几部分？

（28）哪些元件使用 ECM 的 VC 电源？

（29）如果点火开关置 ON，在 ECM A50-2、A50-1 处没有蓄电池电压，且相关保险丝均正常，如何进行检查？

（30）检查 VC 电路时，如果拔下所有指定传感器的连接器后，故障指示灯仍不点亮，如何进行检查？

（31）在故障排除过程中，如果在点火开关置 OFF 时。拔下闪光继电器，使用发光二极管测试灯在继电器座的 5#插座处测试左侧转向开关地线信号，测试结果正常，该如何进行判断？

（32）在故障检查过程中，当点火开关置 OFF 时，拆卸组合开关的前后护板，拔下灯光开关总成 E60 的导线连接器之后，除了使用万用表电阻挡测量灯光开关总成 E60 的导线连接器 5#插座与闪光继电器插座 5#插座之间的电阻之外，还有其他方法吗？

（33）在点火开关置 OFF 时，按下危险警告灯开关 E41 后，如果所有左、右侧转向灯包括组合仪表上转向信号指示灯都不闪亮，该如何进行诊断？

（34）在点火开关置 OFF 时，按下危险警告灯开关 E41 后，如果所有左、右侧转向灯包括组合仪表上转向信号指示灯都正常闪亮，而在点火开关 ON，向左、向右开启左、右转向灯，左、右侧转向灯包括组合仪表上转向信号指示灯都不闪亮，该如何进行诊断？

（35）在点火开关置 ON 时，操纵驾驶员侧电动车窗升降器主开关 I3 相应功能按键后，如果所有车窗都能上升（UP）和下降（DOWN），而在操纵任何一个乘客侧电动车窗升降器开关，车窗不能上升（UP）或不能下降（DOWN），该如何进行诊断？

（36）在点火开关置 ON 时，操纵驾驶员侧电动车窗升降器主开关 I3 相应功能按键后，如果某侧车窗不能上升（UP）和下降（DOWN），操纵相关侧乘客侧电动车窗升降器开关，车窗也不能上升（UP）和下降（DOWN），该如何进行诊断？

（37）在点火开关 ON，操纵驾驶员侧电动车窗升降器主开关 I3 相应功能按键后，如果所有车窗都不能上升（UP）和下降（DOWN），操纵相关侧乘客侧电动车窗升降器开关，车窗能上升（UP）和下降（DOWN），该如何进行诊断？

（38）如果驾驶员侧电动车窗没有一键式下降功能，该如何进行诊断？

（39）在上述故障现象中，打开点火开关，测量控制面板 E16-3 对地电压，如果测量电压有 8V 左右的电压，该如何判断故障点？

（40）如果测量空调放大器连接器 E30-37 与控制面板连接器 E16-3 之间导线电阻正常，是否可以判定为空调放大器损坏？并说明原因。

（41）如何利用自动空调系统控制面板上的按键进行系统故障代码读取和执行器动作测试？

（42）如果读取自动空调系统的故障代码 B1421，代码含义为乘客侧日照光度传感器故障，是否需要检查？检查该代码故障的前提条件是什么？

（43）在上述故障现象中，使用万用表电阻挡在 DLC3 诊断连接器 E11-6 和 E11-14 之间测量电阻，测量结果为短路状态，如果在断开 A47 短路器之后，万用表在 E11-6 和 E11-14 之间没有呈现 H 线、L 线短路，该如何判断故障点？

（44）在上述故障现象中，断开 A47 短路器之后，万用表在 E11-6 和 E11-14 之间仍然呈现 H 线、L 线短路的异常状态，说明短路故障在 A47 短路器之前，发动机、自动变速器控制单元 ECM 和 ABS 制动执行器总成连接到 A47 的线路以及 A47 短路器是否有故障可以暂时忽略，如果断开 E58 短路器之后，万用表在 E11-6 和 E11-14 之间仍然呈现短路状态，该如何判断故障点？

（45）如果通过万用表在 DLC3 诊断连接器 E11-6 和 E11-14 之间测量电阻，测量结果为 122Ω 左右，该如何判断故障点？

参 考 文 献

1. 朱军. 汽车故障诊断方法 [M]. 北京：人民交通出版社，2008.
2. 李东江. 汽车维修基本技能 [M]. 南京：江苏教育出版社，2009.
3. 杨庆传. 汽车故障诊断与检测技术 [M]. 北京：人民交通出版社，1999.
4. 杨海泉. 汽车故障诊断与检测技术 [M]. 北京：人民交通出版社，2004.